国家社科基金后期资助项目
出版说明

后期资助项目是国家社科基金设立的一类重要项目，旨在鼓励广大社科研究者潜心治学，支持基础研究多出优秀成果。它是经过严格评审，从接近完成的科研成果中遴选立项的。为扩大后期资助项目的影响，更好地推动学术发展，促进成果转化，全国哲学社会科学工作办公室按照“统一设计、统一标识、统一版式、形成系列”的总体要求，组织出版国家社科基金后期资助项目成果。

全国哲学社会科学工作办公室

国家社科基金
GUOJIA SHEKE JIJIN HOUQI ZIZHU XIANGMU
后期资助项目

中国死刑控制实证研究

Empirical Study on the Death Penalty Control in China

陈海平 著

法律出版社
LAW PRESS·CHINA
——北京——

图书在版编目(CIP)数据

中国死刑控制实证研究 / 陈海平著. -- 北京 : 法律出版社, 2025
ISBN 978-7-5197-9121-6

Ⅰ. ①中… Ⅱ. ①陈… Ⅲ. ①死刑－司法制度－研究－中国 Ⅳ. ①D924.124

中国国家版本馆 CIP 数据核字(2024)第 092335 号

中国死刑控制实证研究
ZHONGGUO SIXING KONGZHI SHIZHENG YANJIU

陈海平 著

责任编辑 屈 瑶
装帧设计 李 瞻

出版发行 法律出版社
编辑统筹 学术·对外出版分社
责任校对 王 丰
责任印制 胡晓雅 宋万春
经 销 新华书店

开本 710 毫米×1000 毫米 1/16
印张 16.5 **字数** 276 千
版本 2025 年 5 月第 1 版
印次 2025 年 5 月第 1 次印刷
印刷 北京建宏印刷有限公司

地址:北京市丰台区莲花池西里 7 号(100073)
网址:www.lawpress.com.cn
投稿邮箱:info@lawpress.com.cn
举报盗版邮箱:jbwq@lawpress.com.cn
销售电话:010-83938349
客服电话:010-83938350
咨询电话:010-63939796

书号:ISBN 978-7-5197-9121-6
定价:78.00 元
凡购买本社图书,如有印装错误,我社负责退换。电话:010-83938349

基金项目
国家社会科学基金后期资助项目，项目批准号：18FFX051

序　言

第二次世界大战结束以来，随着人权运动的勃兴，国际社会越来越关注死刑存废问题，限制直至废除死刑的趋势越来越明显。联合国及其下属有关组织通过的公约与宣言对死刑的态度越来越坚决，经历了从限制到废除的转变。考察国际死刑动向可知，世界上已有 144 个国家废除或事实上废除了死刑，欧洲保留死刑的国家仅有白俄罗斯，非洲、美洲已有过半数国家废除了死刑，亚洲依然有过半数国家保留并执行死刑。值得注意的是，世界上人口过亿的 15 个国家中，尚有 13 个国家保留死刑，有一半以上的人口生活在尚未废除死刑的国家和地区，死刑控制依然是一个国际性的难题。

死刑控制的精神实质是在死刑的极端严厉性、后果不可挽回性与死刑的必要性之间保持适度的平衡。联合国大会 1966 年通过的《公民权利和政治权利国际公约》、1989 年通过的《旨在废除死刑的〈公民权利和政治权利国际公约〉第二项任择议定书》、2016 年通过的《暂停使用死刑》的决议，以及联合国经社理事会 1984 年通过的《关于保护面对死刑的人的权利的保障措施》①等国际公约与宣言，设定了废除死刑的终极目标，呼吁保留死刑的国家和地区全面暂停执行死刑，并提出了严格控制死刑适用的要求：在实体法上要严格限制死刑的适用范围，“只有最严重的罪行可判处死刑”，并且明确限定“最严重的罪行”应理解为“只限于对蓄意而结果为害命或其他极端严重的罪刑”，②即故意致人死亡或致其他极其严重后果的犯罪；在程序法上要“提供确保审判公正的各种可能的保障”，③即按照《公民权利和政治权利国际公约》第 14 条的要求设定公正的诉讼程序，确保死刑适用的公正与准确，并提供有效的救济渠道；在行刑程序中要尽量以减轻痛苦的方式执行，即保证死刑执行的文明与人道。

---

① 联合国经济及社会理事会 1984 年 5 月 25 日第 1984/51 号决议通过，原始文本曾用《关于保护死刑犯的权利的保障措施》，联合国中文官网目前在用名称为《关于保护面对死刑的人的权利的保障措施》。

② 联合国经济及社会理事会第 1984/51 号决议《关于保护面对死刑的人的权利的保障措施》第 1 条。

③ 联合国经济及社会理事会第 1984/51 号决议《关于保护面对死刑的人的权利的保障措施》第 5 条。

“接受公正审判的权利”是法治国家每一个人所享有的一项基本权利,也是国际人权法确认的基本人权之一,在关于刑事司法的国际准则体系中居于核心地位。《公民权利和政治权利国际公约》第14条集中规定了“公正审判”的最低限度要求,我国政府已于1998年10月签署了该公约,尚待全国人大常委会批准。

基于国情的限制,决策层认识到并多次宣示我国短期内尚不具备废除死刑的条件,法学界也认同短期内难以从立法上废除死刑的现实,学术研究的重点已从死刑存废论争转向死刑控制。立法上适当削减死刑罪名,司法上严格控制死刑的适用,事实上已成为我国死刑控制的基本路径。尤其在立法上死刑罪名削减空间不断压缩的情况下,通过法律程序保障死刑被告人接受公正审判的权利,尽快达到国际公认的公正审判标准,保证死刑适用完全符合实体法上的罪行要件和证据法上的证明标准,是我国死刑控制更为务实的策略。

2005年以来,最高人民法院收回了死刑核准权并出台了大量确保死刑准确适用的司法解释,立法机关通过两次修改刑法,削减了部分死刑罪名;《刑事诉讼法》经过2012年、2018年两次修改,在尊重和保障人权方面作出了更加充实的规定。再加上宽严相济刑事政策的深入实施和以审判为中心的诉讼制度改革不断推进,中国刑事法治建设取得了长足的进步。在此过程中,死刑适用的实体标准越来越严格,死刑适用的数量大幅度减少,死刑案件的司法程序越来越公正,极少数死刑案件的错判也在各方面的积极努力下得到纠正。可以说,我国死刑的控制取得了显著成效。

2021年1月,中共中央印发的《法治中国建设规划(2020－2025)》(十二)提出:“深化以审判为中心的刑事诉讼制度改革。健全侦查机关调查收集证据制度,规范补充侦查、不起诉、撤回起诉制度。完善庭前会议、非法证据排除制度,规范法庭调查和庭审量刑程序,落实证人、鉴定人、侦查人员出庭作证制度,完善技术侦查证据的法庭调查和使用规则。”要落实上述改革任务,必须牢固树立公正审判的理念,从立法上确立言词直接原则、庭审中心原则和有效辩护原则,在证据制度上强化检察机关的举证责任,完善非法证据排除规则,严格落实疑罪从无规则,真正建立以一审庭审为中心的事实认定机制,特别是要把死刑案件等重大刑事案件是否实现庭审实质化作为重点。因为死刑适用的司法程序公正与否,是我国整个刑事司法制度公正与否的标志,也是死刑能否得到有效控制的必要条件。必须清醒地认识到,我国的死刑控制与国际公约的要求尚有距离:从实体法方面看,现存46个死刑罪名整体数量过大,而且其中尚存有大量非致命性犯罪;从程序法方面看,死刑案件的诉讼程序与国际公约规定的“公正审判”标准尚有明显差距;从司法实践情况看,死刑案件的司法程序受到“重刑主义”观念的强烈冲击和外界的较多干预,相关法律解释规定的死刑司法程序本身公正性不足,尤其在死刑案件的辩护权保障、量刑程序以及死刑复核程序等方面,有的问题还比较突出。

最近十多年来,实证研究方法几乎已成为我国法学研究的基本方法。然而,长期以来我国对死刑问题秘而不宣,信息公开不足,致使死刑问题相关的实证研究资料数量有限、收集不易,尤其立足于大样本数据的实证研究更是艰难,死刑问题相关的实证研究成果相对有限。陈海平博士多年来一直专注于死刑问题研究,以中国、日本死刑为研究重点,以实证研究、比较研究为核心方法,开展中国死刑控制的实证研究、推进日本死刑控制的比较研究。这部《中国死刑控制实证研究》,正是其十余年来致力于死刑案件大样本数据实证研究的成果。

《中国死刑控制实证研究》基于网络公开的近2.5万例死刑案件,分析了中国死刑控制面临的国际环境,揭示了中国死刑控制的现状与进展,致力于探索中国死刑控制的优化策略,反思了死刑程序改革,提出了死刑复核程序三审化、死刑量刑程序独立化的主张,并对死刑案件的辩护权保障、庭审实质化、关键证人出庭等问题进行了细致考察,在深入分析问题成因的基础上,提出了未来改革完善的建设性方案。该书填补了国内死刑问题大样本实证研究的空白,为学术界和实务界提供了丰富、可靠的实证研究资料,书中提出的很多建议对于推进死刑程序的正当化改革具有重要的参考价值。

从刑事一体化角度来看,本书还存在一些不足。例如,虽然名为“死刑控制”研究,但对死刑的适用标准、量刑情节等问题未作深入探讨;同时,虽然研究重点是死刑适用程序的改革,却并未涉及死刑的证明标准问题。这些不得不说是本书的缺憾,希望作者在未来的进一步研究中予以关注。

作为海平在博士学习阶段的导师,欣闻其潜心努力多年的研究成果出版在即,深感欣慰,也希望海平继续潜心科研,为学界贡献更多有分量、有价值的研究成果。

是为序。

上海交通大学凯原法学院讲席教授、博士生导师
中国刑事诉讼法学研究会副会长
孙长永
2023年10月15日

目　录

表目录

图目录

引言:中国死刑控制的国际环境

死刑存废问题,法学界已争论了数百年,存置派和废止派论辩相当激烈,甚至在废除死刑国家和地区数量的统计,也都有两种大相径庭的方法,分歧的焦点在于对满足“十年未执行死刑”的“事实上废除死刑”国家归类,死刑存置论者将其划归为保留死刑的行列,死刑废止论者将其纳入废除死刑的行列。

截至2023年9月,世界上已有144个国家和地区废除或事实上废除了死刑,其中112个国家废除了所有犯罪的死刑、9个国家废除了普通犯罪的死刑、23个国家事实上废除了死刑,还有54个国家和地区保留死刑。① 据大赦国际统计,全球已知死刑执行数量呈上升趋势,2022年已知的死刑执行(未计入中国)比2021年增加了53%,涉及毒品相关罪行被执行死刑的人数显著增加。②

在欧洲,白俄罗斯成为唯一保留死刑的国家;在非洲,废除死刑的国家已超过半数;在美洲,近六年中仅有美国、圭亚那、特立尼达和多巴哥有过死刑判处,美国是美洲唯一连续14年执行死刑的国家;在亚洲,菲律宾、蒙古等国已废除死刑,韩国已停止执行死刑25年,过半数国家依然保留并执行死刑。亚洲已经成为世界死刑适用最多的区域,据大赦国际披露的数据,伊朗、沙特阿拉伯、伊拉克、日本、新加坡、印度尼西亚、巴基斯坦、也门、孟加拉等国近年均有较大数量的死刑判处和执行。③

美国是目前仍然坚决保留死刑,并且是较多执行死刑的发达国家之一。据美国刑罚学家大卫·加兰德的研究④:死刑作为重要的政治和社会制度,具有不可忽视的政治和社会效用;联邦制下的分权制衡、地方主义和民粹主义共同作用,导致美国难以废除死刑;在1976年以来的美国法院死

---

① 美国死刑信息中心,https://deathpenaltyinfo. org/policy-issues/international/abolitionist-and-retentionist-countries,2023年9月18日访问。

② Death Sentences and Executions in 2022,载大赦国际,https://www. amnesty. org/en/,2023年9月18日访问。

③ Death Sentences and Executions in 2020,Death Sentences and Executions in 2021,Death Sentences and Executions in 2022,载大赦国际,https://www. amnesty. org/en/,2023年9月18日访问。

④ 李波:《美国废除死刑历程的法律社会学分析——以大卫·加兰德的死刑社会学研究为视角》,载《国外社会科学》2022年第5期。

刑话语中,可以发现美国死刑制度的三条重塑之路,即死刑的合理化、死刑的文明化、死刑的民主化。

观察美国死刑判处和执行的历史记录,无论是死刑判处还是死刑执行,均整体呈现出明显的下降趋势。民意对政治决策的捆绑与政客影响公众对死刑问题的判断力、陪审团的设立及被害人家属的死刑诉求等因素影响正掣肘着美国死刑废除的进程。① 2020 年,美国联邦政府时隔 17 年再启死刑执行,特朗普卸任总统前连续执行死刑 13 次,超越了此前 56 年之和,创下近 120 年新纪录。拜登在竞选总统、宣誓就职时曾多次承诺废除联邦死刑。2021 年 7 月 1 日,美国时任司法部长梅里克·加兰宣布暂停执行联邦死刑,拜登表态支持,成为首位反对死刑的美国总统。2022 年,美国执行死刑 18 人,若排除受新冠疫情防控影响而死刑执行较少的 2020 年、2021 年,仍然是 1991 年以来的最低纪录。据统计:1976 年以来,截至 2022 年 4 月 1 日,美国共执行死刑 1550 人,执行人数从 1999 年"峰值"的 98 人降低为 2021 年的 11 人;1998 年以来,美国终审判决死刑人数也呈急剧下降趋势,从 1998 年的 295 人下降至 2021 年的 18 人;1973 年以来,每年平均有 3.94 名死刑囚被改判无罪,已有 185 人活着走出死囚区;截至 2022 年年末,在押死刑囚共计 2414 人。② 盖洛普民意测验显示:近 15 年来,美国民众对死刑的支持率逐年下降:2007 年为 69%,2008 年为 64%,③ 2012 年为 63%,④2016 年为 60%,⑤2018 年为 56%,⑥2021 年为 54%;⑦拜登当选美国总统后,在研判联邦死刑政策时,一项新的研究表明,"美国人支持死刑的程度比 1976 年(现代死刑制度建立)以来的任何时候都低",民众对死刑支持率的不断走低,可能进一步推动了拜登总统对死刑的公开

① 徐岱:《美国死刑走向废除的障碍及启示》,载《吉林大学社会科学学报》2014 年第 6 期。

② 在美国死刑信息中心网站以"Year End Report + 年份"为关键词检索,可查阅所有年度报告。资料来源:https://documents.deathpenaltyinfo.org/pdf/FactSheet.pdf,2023 年 9 月 18 日访问。

③ DPIC's 2008 Year End Report 18 September 2008,http://www.deathpenaltyinfo.org/2008YearEnd.pdf.

④ U.S. Death Penalty Support Stable at 63% 18 September 2023,http://news.gallup.com/poll/159770/death-penalty-support-stable.aspx? version = print.

⑤ U.S. Death Penalty Support at 60%,资料来源:美国死刑信息中心,http://www.deathpenaltyinfo.org,2023 年 9 月 18 日访问。

⑥ Gallup Poll—Fewer than Half of Americans, a New Low, Believe Death Penalty is Applied Fairly,资料来源:美国死刑信息中心,http://www.deathpenaltyinfo.org,2023 年 9 月 18 日访问。

⑦ 2021 Gallup Poll: Public Support for Capital Punishment Remains at Half-Century Low,资料来源:美国死刑信息中心,http://www.deathpenaltyinfo.org,2023 年 9 月 18 日访问。

反对。①

美国死刑改革经历了以立法改革为中心向以司法控制为中心的转变,②“美国司法型死刑控制模式集程序上的‘双阶程序’与实体上的严格死刑标准、削减死刑范围以及引入法定加重情节限制死刑适用于一体”。③由于普通刑事犯罪不属于联邦专属管辖事项,刑事法律基本属于州的立法权限范围,死刑制度很大程度上属于州司法系统的法律问题。美国存在由联邦司法系统、华盛顿哥伦比亚特区、④军事司法系统、50 个州的司法系统等构成的 53 套司法系统。2020 年 7 月 14 日,美国联邦政府时隔 17 年后再次执行死刑;⑤美国军方自 1916 年以来共执行死刑 135 人,最近一次执行死刑是 1961 年 4 月 13 日,军事死囚区有 4 名囚犯等待执行。曾预定于 2008 年 12 月 10 日执行罗纳德·格雷(Ronald Gray)的死刑,后因该死刑囚临刑前申请启动人身保护令程序,执行程序不得不暂停,至今尚无结论。⑥ 随着弗吉尼亚州(2021 年)、科罗拉多州(2020 年)、新罕布什尔州(2019 年)、华盛顿州(2018 年)相继废除死刑,美国已有 23 个州废除了死刑;美国联邦政府(2021 年)与俄勒冈州(2011 年)、宾夕法尼亚州(2015 年)、加利福尼亚州(2019 年)等 3 个州已宣布停止执行死刑;⑦在保留并执行死刑的 24 个州中,越来越多的州近年来不再执行死刑,死刑终审判处

① 该研究由美国北卡罗来纳大学政治学教授 Frank R. Baumgartner 主持,于 2021 年 8 月 3 日发表在《华盛顿邮报》的 Monkey Cage 栏目。详见 As Biden Administration Mulls Federal Death-Penalty Policy, Study Finds U. S. Support for Capital Punishment at Lowest Point Since 1960s, http://www.deathpenaltyinfo.org,2023 年 9 月 18 日访问。

② 魏昌东:《美国宪法修正案与其死刑制度改革》,载《法学评论》2014 年第 1 期。

③ 魏昌东:《美国司法型死刑控制模式与中国借鉴》,载《法学》2013 年第 1 期。

④ 华盛顿哥伦比亚特区一直在争取成为美国第 51 个州,2021 年 4 月 22 日获美国国会众议院批准,但未能获得参议院批准。

⑤ 美联邦在现代死刑时代(1971 年至今)共执行 16 次死刑,其中 13 次都是特朗普政府执行的,集中于 2020 年 7 月至 2021 年 1 月的 6 个月。2020 年 7 月 14 日处决的 Daniel Lewis Lee,是时隔 17 年后首次死刑行刑,随后又执行了 Wesley Ira Purkey(7 月 16 日)和 Dustin Lee Honken(7 月 17 日)的死刑。特朗普总统任内执行死刑数量已超过过去 56 年的总和。参见 The Federal Government Restarts Federal Executions Amid Procedural Concerns and a Pandemic, DPIC Analysis: U. S. Enters Longest Period in 40 Years Without Any State Carrying Out an Execution Etc,资料来源:美国死刑信息中心,http://www.deathpenaltyinfo.org,2023 年 9 月 18 日访问。

⑥ 参见 DPIC RESOURCE: The Military Death Penalty, Descriptions of Cases for Those Sentenced to Death in U. S. Military, MILITARY Facts and Figures Etc,资料来源:美国死刑信息中心,http://www.deathpenaltyinfo.org,2023 年 9 月 18 日访问。

⑦ States with and without the death penalty – 2021, https://deathpenaltyinfo.org/state-and-federal-info/state-by-state,2023 年 9 月 18 日访问。

数、执行数、执行州不断减少,详见表 1。① 美国军方、华盛顿哥伦比亚特区、堪萨斯州 1976 年后均未执行过死刑,印第安纳州、宾夕法尼亚州 2009 年最后执行死刑,截至 2023 年 7 月 17 日,共有 14 个州至少十年未执行死刑,达到了"事实上废除死刑"的标准。易言之,美国军方、华盛顿哥伦比亚特区、14 个州已满足"十年未执行死刑"的条件,被认为"事实上废除死刑"。② 至此,美国 53 个司法系统中,已有美国联邦司法系统和 26 个州废除了死刑或宣布停止执行死刑,美国军方、华盛顿哥伦比亚特区、14 个州"事实上废除死刑",仅有 10 个州还在相对积极地执行死刑。

表 1　美国各州死刑判处、执行情况(2010 年至 2022 年)

年份	2010	2011	2012	2013	2014	2015	2016	2017	2018	2019	2020	2021	2022
判处人数/人	114	78	77	80	72	49	30	39	43	34	18	18	20
执行人数/人	46	43	43	39	35	28	20	23	25	22	17	11	18
执行州数/个	12	13	9	9	7	6	5	8	8	9	5	5	6

注:2020 年美国共执行死刑 17 人,其中联邦司法系统 10 人;2021 年美国共执行死刑 11 人,其中联邦司法系统 3 人。

虽然有关死刑的法律和程序在各州之间也存在着诸多不同,但所有州的死刑程序都必须遵守美国宪法和联邦最高法院相关判例规定的法律要求和程序限制。③ 自 20 世纪 70 年代以来,美国联邦最高法院通过判例对宪法第八修正案"禁止处以残酷和不寻常刑罚"条款的解释,认定死刑不存在违宪的问题,并通过一系列判例在死刑适用程序方面提出了诸多新要求,督促各州改革完善了各自的死刑程序,并由此推动美国迈进了死刑司法的"新时代"。④

考察美国司法控制死刑实践,可知其具有五大特色:⑤检察官的死刑指控是程序启动前提,明确死刑指控对于死刑案件具有特别意义;死刑案件审判过程被严格区分为定罪和量刑两个阶段,均需要陪审团参与并裁决;通过严格的死刑量刑程序,加大了死刑证明的难度,提高了死刑适用的

① DPIC's Year End Report (2010—2022),资料来源:美国死刑信息中心,http://www.deathpenaltyinfo.org,2023 年 9 月 18 日访问。

② States With No Recent Executions,资料来源:美国死刑信息中心,http://www.deathpenaltyinfo.org,2023 年 9 月 18 日访问。

③ [美]Jerome A. Cohen、赵秉志主编:《中美死刑制度现状与改革比较研究》,中国人民公安大学出版社 2007 年版,第 70 页。

④ [美]琳达·E. 卡特等:《美国死刑法精解》,王秀梅等译,北京大学出版社 2009 年版,第 2 页。

⑤ 陈海平:《美国死刑案件审判程序的特色考察》,载《河北法学》2011 年第 5 期。

门槛,保证了死刑适用的慎重;为死刑被告人和死刑犯提供多种救济程序,对于纠正错案、防止错杀意义重大;不但保证死刑案件的强制辩护,还强调并强化死刑辩护的有效性。

日本是坚决保留并执行死刑的发达国家之一。1989 年,在“泡沫经济”崩溃前夕,日本进入“平成”时代;2019 年,日本改元,“平成”时代落幕,“令和”时代开启;2020 年,超长执政的“安倍政权”谢幕。平成伊始的十年,被称为“失落的十年”,“泡沫经济”崩溃,长达十多年的持续不景气,就业进入“冰河期”,很多富豪一夜返贫,自杀率高居世界之巅,犯罪率一路飙升。平成时代在昭和时代司法改革的基础上,结合时代面临的社会需求,对刑事司法进行了多角度、全方位的改革,推出“严罚化”刑事政策,创设和推行裁判员制度,扩展国选辩护范围,各项制度协同推进,对死刑控制产生了一系列影响。①

日本的死刑问题,面临着官方立场和学界主张的重大分野。

在日本内阁府 1956 年以来的 11 次民意调查中,过半数的受访者认为死刑对犯罪具有威慑力,近八成的受访者普遍支持保留死刑。日本最高法院多次通过判例宣示了死刑不违宪的立场。日本政府也基于民意支持始终坚持着保留死刑的立场,认为死刑问题是“基于国民主权原则的国内政策问题”,“大多数国民的支持”成为日本政府保留死刑的正式理由。②1989 年联合国大会通过《死刑废止条约》③后,日本拒绝批准《死刑废止条约》的理由正是“民意的反对”,日本政府的态度是只要民意普遍反对,就不得不慎重考虑废除死刑。

与此相反,日本法学界,特别是刑事法学界的死刑存废之争,曾经一度特别激烈,形成了两种尖锐对立并颇具影响的主张。经过半个多世纪的论争,赞成废除死刑、呼吁立即停止执行死刑,早已成为刑事法学界的基本共识。正如有学者所言:法学界的“死刑存废论,没有绝对的存废之争,只是消极的存置论和阶段的废除论之争”,④“即便是存置论,也不认为死刑就是妥当的刑罚,存废论的对立并非死刑的‘妥当性’之争,只不过是死刑废止的‘方法论’之争而已”。⑤

---

① 有关日本死刑控制的论述,请参见陈海平:《日本死刑控制研究》,法律出版社 2022 年版。

② 佐藤舞「日本の世論は死刑を支持しているのか」法律時報 87 巻 2 号(2015 年)63 頁。

③ 中文名称《旨在废除死刑的〈公民权利和政治权利国际公约〉第二项任择议定书》,日本习惯称为《死刑废止条约》。

④ 土本武司「死刑存置論と廃止論の接近」芝原邦爾 = 西田典之 = 井上正仁編『松尾浩也先生古希記念論文集』上巻(有斐閣,1998 年)125 頁。

⑤ 平川宗信「死刑存廃論の法的理論枠組みについて」現代刑事法 3 巻 5 号(2001 年)11 頁。

日本现行《刑法》和"特别刑法"①共规定了19项法定刑含有死刑的罪名,②其中《刑法》规定了12项,"特别刑法"规定了7项。自从第二次世界大战结束以后,日本未发生过内战、军事力量入侵之类事件,所以内乱罪和外患罪(外患诱致罪、外患援助罪)实际上并未适用过,实践中日本死刑基本只用于杀人和强盗杀人案件。据日本纪实作家齐藤充功的统计:1945年至2017年10月,日本共终审判处死刑832人,共执行死刑718人;③据田锁麻衣子博士设立的特定活动非营利法人"CrimeInfo"的统计:1950年至2022年,日本共执行死刑621人,恩赦21人,执行前狱中死亡52人,释放5人;1957年至2022年,日本共终审判处死刑546人。④据笔者统计:1981年至2022年,日本共执行死刑148人、执行前狱中死亡40人、原判死刑被再审改判无罪4人、原判死刑被暂停执行1人、待执行死刑囚106人。⑤

从20世纪70年代后半期到90年代前半期的近20年中,日本死刑判处和执行日趋减少。自1995年奥姆真理教制造"东京地铁毒气案"以来,犯罪控制形势日趋严峻,日本开始推行"严罚化""重罚化"刑事政策,⑥多次修改刑法,提高严重犯罪的法定刑,⑦延长追诉时效,⑧官方对死刑适用的态度日趋积极。受刑事政策调整的影响,2006年日本各级法院共判处44例死刑,成为1980年以来宣判死刑最多的年份,⑨2007年又以

---

① 在日本,除了法典化的《刑法》以外,其他规定犯罪和刑罚的法律,被统称为"特别刑法",作为刑法的重要组成部分,在"刑法总则"的统括下,与《刑法》同等适用。

② 「刑法」(明治四十年法律第四十五号)による,RONの六法全書 on LINE。有关日本的死刑罪名,有19种、20种、21种等说法,可参见黎宏:《日本刑法精义 第2版》,法律出版社2008年版;周振杰:《日本死刑司法控制的经验及其借鉴》,载《法学》2017年第6期;张晶:《日本死刑基准及其逻辑构造——"永山事件"的展开》,载《法律适用(司法案例)》2018年第24期;张凌、于秀峰编译:《日本刑法及特别刑法总览》,人民法院出版社2017年版。

③ 斎藤充功『恩赦と死刑囚』(洋泉社2018年)5頁。

④ CrimeInfo「死刑執行数(1950~2022)」「死刑確定者 年末収容人員・入出所人員」「審級別死刑確定人員および無期懲役確定人員(1957~2022)」による,https://www.crimeinfo.jp。

⑤ 有关日本死刑罪名、死刑判处、执行人数统计,请参见陈海平:《日本死刑控制研究》,法律出版社2022年版。

⑥ 井田良「わが国における量刑法改革の動向」慶應法学7号(2007年)2頁。

⑦ 单罪从15年提高至20年,并合罪、再犯加重从20年提高至30年。

⑧ 2005年修改:可能判处死刑的,时效由15年延长为25年;可能判处无期惩役、禁锢的,时效由10年延长为15年。2010年进一步修改:致人死亡犯罪中,废止可能判处死刑的杀人罪、强盗杀人罪的时效,可能判处无期惩役、禁锢的,时效延长至30年,可能判处20年惩役、禁锢的,时效延长至20年,其他犯罪的时效延长至10年。

⑨ 倉橋基「裁判員制度導入後の量刑判断についての」龍谷大学大学院法学研究9号(2007年)130頁。

判处 47 例死刑再创新高。① 2012 年以后,死刑控制重回轨道,死刑适用明显克制,死刑判处人数不断走低,死刑司法控制渐入佳境。除 2018 年集中执行"东京地铁毒气案"的 13 名死刑囚外,死刑执行数量呈现出逐年下降趋势,见图 1。日本学者普遍认为:"严罚化"刑事政策引发的"日本死刑的危机"已被化解,死刑适用的裁量更加慎重,对死刑适用的论证更加严谨。

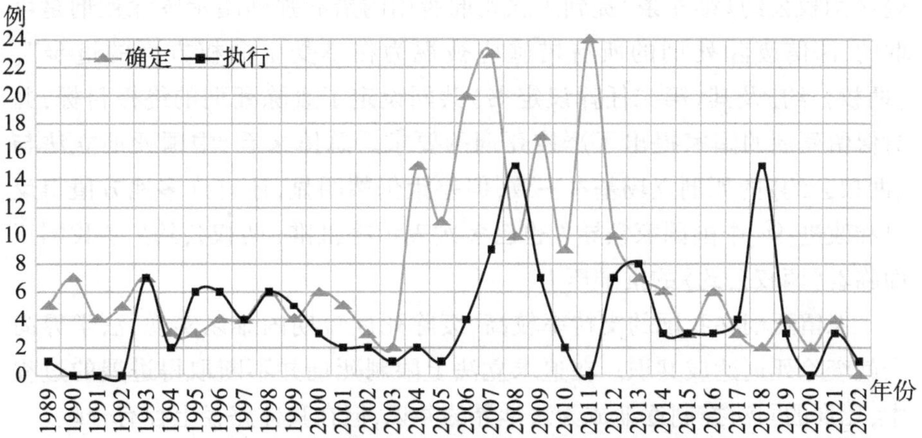

图1　日本死刑适用趋势(1989 年至 2022 年)

注:"确定"指死刑裁判生效,包括三审维持死刑、三审中撤诉、二审中撤诉。

日本通过司法控制死刑的模式,自成一派、独具特色,开辟了死刑控制的新路径:与美国倚重创设死刑特别程序的死刑控制模式不同,日本强调通过普通程序实现死刑慎用;死刑案件实行强制上诉的同时,赋予被告人通过撤回上诉终止强制审查的权利,在三审终审的原则与例外间实现了平衡;死刑执行的谨慎留给死刑犯广泛的再审请求空间,又在再审启动上把关极严,缓解了误判防范和司法权威间的紧张冲突;对于死刑案件的辩护保障,在美国式"有效辩护"模式之外另辟蹊径,一方面强化国选辩护的质量,另一方面借力民间法律援助的支持。

第二次世界大战后,人权保障运动勃兴,国际人权公约对死刑的基本态度,经历了从限制死刑到废除死刑的演变历程,②世界各国逐步形成了限制死刑适用乃至废除死刑的潮流。中国政府于 1998 年签署了联合国

① 柴寄雅子「死刑論議の諸前提」国際研究論叢 22 巻 1 号(2008 年)41 頁。

② 阴建峰、周恺:《我国死刑政策中的人权蕴含及其彰显》,载《人权》2022 年第 5 期。

《公民权利及政治权利国际公约》(以下简称《两权公约》)。[①]《两权公约》"不得克减"的第6条规定:"凡未废除死刑之国家,非犯情节最重大之罪,且依照犯罪时有效并与本盟约规定及防止及惩治残害人群罪公约不抵触之法律,不得科处死刑。"联合国大会1989年12月15日第44/128号决议通过并开放给各国签字、批准和加入的《旨在废除死刑的〈公民权利和政治权利国际公约〉第二项任择议定书》(以下简称《第二任择议定书》)[②]强调:《两权公约》第6条"提到废除死刑所用的措辞强烈暗示废除死刑是可取的,深信废除死刑的所有措施应被视为在享受生命权方面的进步"。《两权公约》及其《第二任择议定书》共同设定了废除死刑的终极目标,并对保留死刑的国家提出了严控死刑的要求。总体来看,中国死刑立法与《两权公约》的死刑立场基本一致,但差距仍然明显,还有许多地方值得反思和改进。[③] 中国国家领导人也已多次表示将批准《两权公约》,[④]我国正面临着《两权公约》的批准压力。

保留死刑在我国的支持率较高,废除死刑短期内难以实现,法学界尚未就废除死刑达成共识。在追求立法上限制死刑并不断取得进展的过程中,死刑的司法控制逐渐成为法学界的共识,但在具体路径上存有分歧。

实体法学者普遍主张"司法少判死刑",强调通过发挥民事赔偿、被害方谅解等酌定量刑情节的作用,严格死刑案件的定罪量刑标准,严守死刑政策等,在司法上严格控制对死刑的判处与执行,限制死刑的适用,关注死刑适用的数量减少,司法限制死刑适用是立法限制死刑"不力""不速"情况下的"替代措施"。

程序法学者普遍主张"司法慎判死刑",强调通过完善死刑程序、严格死刑证明、强化二审开庭质量、加强死刑辩护保障、改革死刑复核程序,在司法程序中确保死刑适用的公正与准确,限制死刑的适用,关注死刑适用程序的公正,司法限制死刑是深化死刑程序改革、提高死刑案件办案质量的必然"副产品"。

---

① 笔者注意到,学术界对《两权公约》的名称、内容等存在多种不同表述,比如名称就有《公民权利和政治权利国际公约》《公民权利与政治权利国际公约》《公民权利及政治权利国际公约》等,本书使用《公民权利及政治权利国际公约》。

② 该议定书于1991年7月11日生效,已有89个国家签署,40个国家批准。参见联合国官网,https://www.un.org/zh/documents/treaty/A-RES-44-128,2023年9月18日访问。

③ 张文、刘艳红:《〈公民权利与政治权利国际公约〉对中国死刑立法的影响》,载《中国青年政治学院学报》2000年第1期。

④ 杨宇冠:《批准〈公民权利和政治权利国际公约〉相关问题研究》,载《甘肃社会科学》2016年第4期。

2005年以来，最高人民法院宣布收回死刑复核权，死刑复核权上收带动了死刑司法领域自上而下、声势浩大的程序改革，对中国死刑的适用影响深远，涉及从一审到复核的整个死刑程序，牵涉到办理死刑案件的所有机关，涵盖了死刑案件的控辩审各方主体，极大推动了中国死刑司法的进步，严控死刑适用的理念逐渐深入人心，死刑程序的正当化程度显著提升，死刑适用数量明显下降，死刑案件质量明显改观。

面对限制、减少乃至废止死刑的国际潮流，国家决策层越来越清晰地认识到严格控制死刑适用的重要意义，为了从程序上保证"慎杀"、实体上确保"少杀"，中央英明决策，司法实务部门积极努力，复核权上收，二审开庭、证人出庭、辩护保障、死刑质量控制、严格证明、延展审限等。

中国死刑控制的进展如何？有无明显的死刑控制成果？中国死刑适用现状如何？近年来的死刑程序正当化改革对死刑适用带来了哪些变化？在立法限制死刑手段暂时用尽、蓄势待发之际，司法控制死刑适用能有多大作为？中国司法控制死刑面临哪些难题？如何破解？本书将围绕这些问题展开。

绪论:本研究依托的实证资料

放眼美国、日本的法学研究,实证研究是研究死刑问题的常规方法,数字化时代的司法公开与新闻报道,使得死刑案件、死刑犯的相关信息几乎为全社会所熟知,①几乎每一个死刑案件都能成为法学研究的素材,相关统计分析、判例研究汗牛充栋,甚至延展到社会学、心理学、文学等诸多研究领域,成为社会公共话题。②

观察我国21世纪以来的法学研究成果可知,实证研究已成为法学研究的基本方法,在强调实践的部门法领域甚至已成为必不可少的研究方法。

因为实证资料收集不易,既有研究在探讨死刑问题时也比较谨慎,现成的实证资料相对有限。笔者对法官问卷调研时,亦能深切感受到法院在死刑研究方面的不合作。虽然实证研究风行法学界,产生了大量的研究成果,但死刑问题尚未沐浴实证研究之春风,致使法学界难以了解中国死刑适用情况,研究结论只能基于理论推理、理性猜想或零散观感。

是故,笔者立足公开资料,发力实证研究,力图用数字展示中国死刑控制之进步。

一、死刑案例数据库

通过互联网公布裁判文书,作为我国大力推进司法公开的重要举措,近年来进展巨大。死刑案件裁判文书是记载法院审理过程和裁判结果的司法文书,是死刑案件审理过程和裁判结果的书面表达,展示着法院对死刑案件进行事实认定和法律适用的整个过程,承载着死刑适用相关的诸多实体法、程序法信息,既是实现国家量刑权的凭证,也是上级法院审查下级法院裁判过程的重要依据,还是社会公众观察和评价司法活动的重要参考。研读分析

① 笔者在日本访学期间接触过不少专门帮外国人提高日语口语的志愿者,大多是退休人员、家庭主妇等,其间得悉我的研究主题是死刑问题,总能成为我与很多志愿者的共同话题,他/她们对日本的死刑案件、死刑犯了解甚多。

② 例如1964年3月发案,一审曾判死刑、二审改判无期徒刑的日本“狭山案件”,截至2023年9月16日,检索日本国会图书馆可得以“狭山事件”为主题的学术、通俗著作86部,检索CiNii可得题名含“狭山事件”的学术论文425篇。

死刑裁判文书,挖掘提炼其中的相关信息,可以感知我国死刑适用的运作现状,在司法统计不力、信息公开不足、实证资料收集不易的当下,统计分析互联网公布的裁判文书,不失为一种相对理想的替代性手段。

(一)数据库的基本情况

数量可观、质量可靠的死刑案例统计数据,为本研究顺利推进奠定了坚实的资料基础。基于死刑研究的学术兴趣,笔者长期收集死刑裁判文书,研读分析、挖掘信息,2008 年自建了“死刑案例数据库”,入库案例从当初 800 例扩展到 2022 年 24908 例。十余年来,笔者对“死刑案例数据库”倾注了极大心血,本人指导的研究生,先后有 34 人①深度参与其中,大多数同学都以死刑问题作为学位论文选题,致力于实证研究,一起砥砺前行、收获成长。

“死刑案例数据库”收录的“死刑案件”的界定。一般来说,“死刑案件”包括两类,即“可能判处死刑”的案件和“判处死刑”的案件,“可能判处死刑”的判断宜由检察机关负责。② 研究我国死刑适用、死刑控制,自然应当以所有的“死刑案件”为考察基础。但是,刑事程序法并未把检察机关量刑建议作为死刑案件的法定程序,公诉实践中一般也不会很明确地提出判处死刑的量刑建议,“可能判处死刑”其实不易界定,故只能以“判处死刑的案件”为死刑问题研究的考察对象。斟酌再三,笔者将“死刑案例数据库”入库基准设定为:“一审死刑案例”以一审程序裁判结果判处“死刑”③为基准,收录一审判决包含“死刑”(含死缓)的案例;“二审死刑案例”以二审程序的入口或出口出现“死刑”裁判为基准,收录一审原判死刑(含死缓)进入二审、二审新判死刑(含死缓)的案例;“死刑复核案例”以复核程序的入口出现“死刑”裁判为基准,收录判处死刑(立即执行)进入死刑复核程序的案例。

截至 2022 年 10 月 18 日,“死刑案例数据库”已收录入库案例共计 24908 例,其中一审案例 12874 例、二审案例 10938 例、复核案例 1096 例,见表 2。

---

① 先后深度参与“死刑案例数据库”建设的研究生有:燕山大学研究生王金虎、王倩、李路、孙成伟、张倩、焦大航、刘丰、周静、赵令艳、张境原、朱瑾、哈那格尔、王婷、郭艳芳、肖萌、王鲁艳、白晶莹、王炫宜、孙爽、刘浩、王雨琦、刘欣欣、孙琪、马贺超;兰州大学研究生李卓澄、吴萸、侯琬靖、唐艳靖、毕一帆、闫语、宗满乐、王霞、刘慧如、吴彦池。他们付出了巨大的努力,表现出了非常认真的态度,在此谨致谢意。

② 系统论述,请参见陈海平:《“可能判处死刑”之判断》,载《人民检察》2011 年第 1 期。

③ 基于行文的简洁,本书之“死刑”存在两种用法:一是作为刑种的称谓;二是作为执行方式“立即执行”之简称,与“死缓”对应。一般根据所处语境能够判断,在可能产生歧义的情况下,会表述为“死刑(立即执行)”。

表2 “死刑案例数据库”收录案例简况

单位:人

审结年度	376所中级人民法院		32所高级人民法院		最高人民法院	
	案例数	死刑被告人数	案例数	死刑被告人数	案例数	死刑被告人数
2005年	133	168	48	64	无数据	无数据
2006年	136	157	20	27	无数据	无数据
2007年	131	143	83	100	3	4
2008年	154	169	99	119	5	6
2009年	313	340	89	99	8	8
2010年	362	395	152	170	6	6
2011年	371	409	270	308	15	19
2012年	418	456	333	362	21	24
2013年	567	635	544	607	109	126
2014年	1448	1634	1086	1254	259	284
2015年	1378	1551	1318	1552	202	211
2016年	1749	1982	1518	1788	130	134
2017年	2032	2285	1804	2116	42	42
2018年	1881	2116	1523	1766	116	119
2019年	1343	1497	1254	1458	94	103
2020年	441	475	756	872	42	44
2021年	9	9	41	44	44	44
2022年	8	8	无数据	无数据	无数据	无数据
合计	12874	14429	10938	12706	1096	1174

注:以裁判文书署名法院为准,地区升级为地级市的按同一法院统计;城市更名等致法院名称改变的,亦按同一法院统计,如“襄樊市中级人民法院”2010年更名为“襄阳市中级人民法院”;“海南省海南中级人民法院”2008年更名为“海南省第一中级人民法院”。

有必要说明的是,随着最高人民法院对裁判文书公开的不断反思和调整,虽然未见最高人民法院的公开表态,但从裁判文书网公开情况也能够明显感受到明显转向,死刑案件的文书公开明显收紧,2021年以来可收集的案例大幅度减少,近两年多次检索裁判文书网,有意扩充2021年、2022年的死刑案例,均未能收集到数量可观的案例,致使“死刑案例数据库”案例更新受阻。笔者在校对本书过程中也曾尝试检索案例,2023年9月18日、24日两次检索中国裁判文书网,检索条件设定为“判决结果:死刑,裁判日期:2021-01-01 TO 2022-12-31;法院层级:中级人民法院;案件类型:刑事案件,审判程序:刑事一审”,检索结果仅有1例已入库案例,同样方法检索死刑二审案例、复核案例,检索所得均为已入库案例,数量各有3例。

（二）在线案例库之不足

现有在线运行的案例数据库使用体验欠佳。十余年来,笔者致力于死刑案例收集,“中国裁判文书网”“北大法宝”“北大法意”“威科先行”等在线数据库一直是刑事案例来源的主渠道。2013 年“中国裁判文书网”上线之前,不少地方法院开始实施裁判文书网上公开,笔者曾遍访各地法院官网及其自建的裁判文书网,收集了一大批死刑案例。其中,河南法院网、浙江法院网、广东法院网等让人惊艳之余,笔者也切实感受了地方法院官网建设的痛点。①多年收集案例,深入了解现有在线案例库后,对其不佳体验深有感触。

一是检索指向不精确,“所得非所求”的情况比较普遍。如检索条件设置稍严,必然遗漏可能的所求案例,检索条件设置稍宽,必然造成备选库鱼龙混杂,成倍增加工作量。例如,要检索一审判处“死刑”的案例,很可能会混入死缓期间再犯罪案例、刑事附带民事诉讼“先刑后民”之民事部分案例;②有些案例库甚至会给出文书援引之法条包含“死刑”的所有案例;有些案例库明确限定“一审程序”依然会混有大量的二审、复核案例。在死刑案例不足、收集不易的情况下,两害相权,只能选择最宽松条件检索初选,而后再人工筛选、剔除非所求案例。

二是数据库更新不及时,检索结果不能再现、无法验证。例如,2017 年 10 月数据库更新案例后,2018 年 1 月再次检索发现新近收录一批过往年份的一审死刑案例,由此也提醒笔者形成了定期检索往年份案例的习惯。对比“死刑案例数据库”在库数(见表 3),观察 2009 年至 2017 年的在库案例数变化,可明显发现在线案例库更新不及时,在没有更新日志的情况下,如果不分时段检索,并对案例进行二次加工,直接以在线案例库检索所得为依据进行实证研究,必然造成实证研究资料收集不全面、实证研究条件无法重现、实证研究结论无法验证等问题。

表 3 “死刑案例数据库”在库一审案例更新对比

单位:例

审结年份	收集情况		
	2017 年 10 月在库数	2018 年 4 月在库数	2022 年 10 月在库数
2009 年	276	312	340
2010 年	347	361	395
2011 年	329	372	409
2012 年	341	417	456

① 痛感法院官网建设混乱,信息公开不足、不规范,顺便做了统计分析,并落笔成文。详见陈海平:《检视与构建:网络时代司法公开的深化思路——基于对 3491 个法院官方网站的实证调研》,载《河北法学》2016 年第 12 期。

② 例如,刑事部分先行判决,再做附带民事判决书的情况,两个文书案号同一,如(2009)沪二中刑初字第 166 号。

续表

审结年份	收集情况		
	2017 年 10 月在库数	2018 年 4 月在库数	2022 年 10 月在库数
2013 年	430	499	635
2014 年	942	936	1634
2015 年	588	929	1551
2016 年	217	941	1982
2017 年	276	312	2285

注:2018 年年初优化了数据库结构,删除了一批信息量小的案例,故 2014 年案例增幅有限。

三是案例收录不全面,多数据库交叉运用易造成数据重复。放眼在线运行的诸多案例库,就死刑问题实证研究需求而言,并没有案例库能够独当一面,做到人无我有、人有我精。在交叉运用多案例库的情况下,各大案例库既存在大面积交叉重复(甚至自我重复)的案例,也各有不少的“独门案例”。对于研究者而言,实在无法“从一而终”,只能“博采众长”。再加上各大数据库的检索规则和策略存在差异,如果不对案例作二次加工,必然造成数据大量重复,影响研究结论。

四是现有案例库尚不能提供可靠的统计分析。目前在线运行的案例库,普遍不具有智能的统计分析模块,即便有些案例库在推广时不遗余力地宣传其统计分析功能。但一个不可回避的现实是:所有案例库都是以裁判文书为基础的,在检索指向的精确性不能充分保证的情况下,通过抓取关键词进行信息提取,进而统计分析,至少在笔者多年耕耘的死刑研究领域,缺乏可靠性。

(三)数据库的特色所在

笔者自建的“死刑案例数据库”,致力于对案例信息的再加工,特色有三。

一是案例精准。综合收录多家案例数据库收录的死刑案例,剔除死缓期间再犯罪、单独审理附带民事部分等“伪死刑”和“非死刑”案例,确保收录入库的案例全部符合入库基准,确保所有入库案例均为“真死刑”案例。

二是信息量大。通过逐份研读裁判文书,尽最大可能地提取裁判文书所含信息,追求最大信息量,经过反复斟酌、多次优化,“死刑案例数据库”目前收录信息包括:一审案例收集 37 项、二审案例收集 39 项、复核案例收集 22 项。

以二审案例数据库为例,核心信息包括下列八大模块:

①简况:案号、审理法院、被告人身份信息(姓名、性别、出生日期、受教育状况);

②期限:案发、拘留、逮捕、前一程序终结、开庭、二审审结时间等;

③庭审：案件来源、开庭时间、审理方式、裁判类型、刑罚变化等；

④罪行：罪名、罪行（致死人数、毒品数量等）、原判刑罚、新判刑罚、附加刑等；

⑤量刑：法定量刑情节、酌定量刑情节、其他特别情节、量刑说理等；

⑥赔偿：被害方参与、谅解、赔偿时段、赔偿金额、判赔方案等；

⑦辩护：辩护人类型、辩护主张、辩护理由、辩护效果等；

⑧备注：羁押场所、前科、关联案例等。

三是数据准确。通过严格的数据库质量控制策略，使用背对背录入、交叉核对、人工抽检、数据间逻辑关系验证等方法，能够确保入库案例信息的准确性。

（四）数据库的质量控制

为了确保"死刑案例数据库"的可靠性，笔者制定了严格的案例入库质控流程，任何一个案例进入"死刑案例数据库"，都必须经过下列五个步骤：

一是案例初选。前期案例收集主要通过地毯式检索全国所有高级人民法院、中级人民法院的官网所公布的裁判文书；后期以"中国裁判文书网"为基础，再辅之以"威科先行""北大法宝""北大法意"等在线运行的司法案例数据库，按照前述的案例收集基准，筛选符合条件的案例进入备选库。

二是案例筛选。该环节包括"排非""去重（chóng）"两项任务。"排非"指排除不合要求的案例，在案例初选基础上，以"判处死刑"为标准剔除"非死刑""伪死刑"案例，并以文书所含信息多寡为标准剔除内容简略、信息量小的案例。"去重"是指确保入库案例的唯一性，通过备选库自检、与在库案例比对等手段，运用计算机手段筛出、剔除重复案例。虽然《最高人民法院关于人民法院在互联网公布裁判文书的规定》第 8 条对"隐名处理"要求并不涉及刑事案件被告人，但随着"被遗忘权"呼声的不断提高，近年来公布的裁判文书存在不少被告人信息被"隐名处理"的情况，商业性案例库为避免纠纷，"隐名处理"力度更大。此种情况下，多个案例就无法以"被告人姓名 + 案由"进行区分，①只能以案号为去重基准，通过案例库内置的自动查重功能实现去重。理论上来讲，通过案号（的唯一性）应该足以避免案例重复，但在最高人民法院通过的《关于人民法院案件案号的若干规定》（2016 年）统一案号之前，各地法院对案号自有编号规则，全国范围

① 以收录入库的一审案例为例，虽然努力通过查阅二审、减刑等相关诉讼文书，尽可能推定被匿名化的被告人姓名，以杀人案为例，依然有"李某某故意杀人案"16 例、"王某某故意杀人案"14 例、"张某某故意杀人案"13 例。

内也存在案号重复的情况，①对此类案例，只有通过人工识别确定去留。

三是信息录入。在收集案例、筛选案例过程中，先获取案号、审结时间、所判刑罚等三项信息，通过案号去重，通过审结时间排除老旧案例，②通过所判刑罚排除非死刑案件。由此确定待入库案例，并根据案例编号规则③形成在库案名；④再根据参加数据库建设的研究生的兴趣和选题，⑤分派任务到人，录入案例所需信息。

四是信息核对。在完成信息录入后，还要进行两次核对。先运用库内数据之间的逻辑关系自检，⑥排除录入误差；⑦再回避录入者进行交叉分组（两人一组，一人读文书相应内容，一人校对已录入信息）核对数据。

五是检测入库。对于完成信息核对的案例，对数据进行逻辑检查、人工抽检、数据统计验证。对于检测环节发现的细微误差，直接予以修改；如果发现大面积错误，就启动环节倒流，重新录入，重新核对。通过最终检测环节的案例，才能纳入案例库，作为本书实证研究的资料。

为确保案例收集的全面性，所有入库案例的初选、筛选环节以及数据的逻辑检查、人工抽检、统计验证等工作均由笔者亲自操作。信息核对环节，利用寒、暑假时间，团队成员线下集中、现场进行，既提高了效率，也保证了质量。

---

① 如四川宜宾中院和江西宜春中院的案号编号格式相同，如“（2014）宜中刑一初字第 12 号”：“曾德仲故意杀人案”（宜宾）、“况桂元故意杀人案”（宜春），“（2014）宜中刑一初字第 15 号”：郝义明故意杀人案（宜宾）、周毛故意伤害案（宜春）。此外，北京二中院与天津二中院也存在相同案号的情况，如“（2015）二中刑初字第 61 号”。

② 排除样本少的 2005 年前案例。案例库建设之初，曾入库 2002 年至 2004 年审结的二审案例 71 例，其中 2002 年 23 例，2003 年 30 例，2004 年 18 例，共涉及 116 位死刑被告人。因为样本量小、同时期一审案例收集难，故予删除。

③ 所有案例均用六位数字编号，一审案例首位数为 1，从 100001 开始，目前已编至 112874；二审案例首位数为 2，目前已编至 210938；复核案例首位数字为 3，目前已编至 301479。因为有意进一步研究毒品犯罪问题，又新增了毒品犯罪无期刑案例库，一审案例编号首位数字为 4，目前已编至 404269。一案判处多人死刑的，按照裁判文书判刑部分排序在编号中增加“ -01”“ -02”等标识，如“102162 -01”“102162 -02”等。

④ 案名包括三项信息：编号、被告人姓名、罪名，如“102168 任我行故意杀人案”。对于被告人姓名，通过网络检索，尽可能确定实名。对于罪名，以裁判文书判处死刑的罪名为准，数罪案件仅保留判处死刑之罪名；一人因多罪被判死刑的，取排序在前的罪名；选择性罪名仅保留裁判文书所选罪名；二审文书变更死刑罪名的，取变更后罪名。

⑤ 基础信息录入，原则上由新进入团队的研究生负责，比如有同学拟系统研究故意杀人或毒品犯罪死刑，则按其所好分派特定犯罪案件的基础信息录入任务；比如有同学对死刑案件辩护感兴趣，则安排其负责辩护板块信息录入。

⑥ 如新录入“所判刑罚”与筛选阶段收集的“所判刑罚”相互比对，按照案发—拘留—逮捕—起诉—开庭—裁判的办案流程对所有日期进行逻辑检查；再如二审案例新判与原判之刑罚变化（维持、向重、向轻、撤销）与裁判类型（维持原判、发回重审、改判等）的逻辑检查。

⑦ 如裁判文书载明拘留日期后，逮捕年份习惯于用“同年”表示，由此极易出现对跨年逮捕案例的年份记载错误。

(五)数据库的不断优化

“死刑案例数据库”的建设过程,是一个思考逐渐成熟、不断积累经验的过程,也是案例库不断优化的过程。2018 年以来,对案例库实施了大幅度优化。

一是优化数据库结构。将案例库的定位调整为“死刑案例数据库”,改变初期的程序信息库初衷和偏好,增加了实体法信息板块。经过两轮优化,一审案例提取信息从 20 项增加到 32 项再到 37 项,二审案例信息从 22 项增加到 36 项再到 39 项。

二是优化数据录入模式。将数据录入方式从初期的 Excel 表逐行录入,调整为填写在线问卷,实现了电脑、平板电脑、手机等多平台录入;对大多数可以类型化的信息(如性别、受教育状况、职业、刑罚、裁判类型、审理方式等),设置为类型化选项(见图 2),避免录入主观性,降低录入误差;对不易类型化的(如辩护理由、量刑理由)信息集中研究,尽可能提供类型化选项,设置补充性填空;①并内置数据自检程序,及时提醒纠正录入错误。这些举措,彻底改变了信息录入的低效和易错情况。

*18、【毒品死刑】判处死刑的毒品类型及数量【最少选择1项】
请填写死刑被告人被判死刑的罪行涉及的毒品情况,先选毒品种类,再填数量,单位为克。多人较判死刑的,注意区分特定死刑被告人被认定的毒品种类和数量。

☑ 海洛因(白粉、白面)

☐ 冰毒(甲基苯丙胺)
☐ 麻古(甲基苯丙胺片剂、麻谷、麻果、小麻)
☐ 氯胺酮(K粉)
☐ 麻黄碱(麻黄素)
☐ 咖啡因(咖啡碱、面面儿、1,3,7-三甲基黄嘌呤)
☐ 开心果(硝甲西泮/尼美西泮)
☐ 巴比妥
☐ 甲卡西酮
☐ 可卡因
☐ 吗啡
☐ 鸦片
☐ 摇头丸(3,4-亚甲二氧基甲基苯丙胺/MDMA)
☐ 其他毒品

图 2 “死刑案例数据库”对毒品类型与数量的类型化处理

---

① 如将“毒品犯罪判处死刑的核心因素”类型化为 14 项:(1)毒品数量大(录入提示中列举了可认定“数量大”的 19 种情形);(2)毒品再犯(有走运贩制持有毒品犯罪前科,再犯毒品犯罪);(3)累犯;(4)多次走运贩制毒品,未经处理;(5)主犯;(6)职业犯(以毒品犯罪为业);(7)利用、教唆未成年人走运贩制毒品;(8)向未成年人出售毒品;(9)毒品犯罪集团首要分子;(10)武装掩护毒品犯罪;(11)暴力抗拒,情节严重;(12)参与有组织的国际贩毒活动;(13)无法定、酌定从轻情节;(14)其他从重处罚情节,如果点选本项,须填入具体情节。

三是优化数据质量。优化案例库结构后,补充录入了前期缺省的信息,并对库内已有数据进行了重新核对,所有数据都通过了内置自检、人工抽检两大关口。经过多次优化,数据库信息更为规范,数据质量显著提高,大大减少了数据后期处理工作量,数据库服务学术研究的能力明显提高,基于数据库的研究结论更为可靠。

二、法官问卷调研

死刑案件主审法官是办理死刑案件、判处死刑的亲历者,是死刑适用的实施者,通过挖掘法官的体验能够弥补理论研究者的体验不足。当然,不能以个别法官的体验替代对我国死刑适用的整体观察,只有把不同地区的多位法官的体验,整合成为研究者的间接体验,才能弥补个别法官亲身体验的代表性不足问题,通过多重体验的冲突与比较,还能使这种体验更为全面,有效弥补理论研究者亲历性不足的问题。基于此,笔者特别关注与死刑案件主审法官的交流与互动,并实施过两次专项调研。

首次调研在2009年7月至9月,笔者曾对吉林、北京、天津、浙江、湖南、广东、重庆、四川8个省市的10所高级人民法院、中级人民法院的死刑案件主审法官开展过书面问卷调研,设计了选择题25个,发放问卷200余份。绝大多数被调查法官都认真填写了问卷;问卷过程中4所法院领导以死刑案件敏感为由出面干预,致使问卷未能回收或未能全部回收;个别法院回收的问卷因雷同度高被大量排除。结合受托组织填写问卷的法官朋友的意见,最终确定来自6个省市的7所中院的有效问卷共计103份,基于计算便利,随机抽掉3份,最后确定100份。

再次调研在2017年10月至今,基于高质量完成本课题研究的目标,为观察我国死刑司法的十年进展,在2009年调研问卷的基础上,通过线上、线下相结合的方式,运用微博、微信、电子邮件、面访等手段,邀请死刑案件主审法官填写问卷,并于2022年对部分回答较早、联系通畅的问卷进行了确认性回访,力求避免滞后性。截至2022年9月16日,共累计收回问卷221份,通过信度检验剔除掉15份,①确定有效问卷206份,作为本研究的研究基础。受访法官来自20个省域,中级人民法院153人,高级人民法院51人,最高人民法院2人,73.7%的受访者具有博士、硕士学位。

问卷涵盖了死刑适用相关的诉讼程序、死刑理念、死刑司法现状评价、

① 比对问卷设置的验证性问题,剔除回答矛盾、填写不认真的问卷8份;剔除在线回答时长低于3分钟的问卷7份。

死刑改革主张等方面，采取选择题形式。基于问卷的真实性考虑，声明问卷仅用于学术研究，并承诺对原始答卷保密；同时选择性收集了法官个人信息，声明该信息用于后续交流、成果出版后寄送致谢，部分法官填写了个人信息。参与调查的法官包括法院院长、主管副院长、刑庭庭长、副庭长、员额法官，都具有死刑案件办案经历，有从事刑事审判工作10年以上的资深法官(50人)，有入额多年的办案骨干(106人)，也有新晋入额的法官新秀(50人)。

三、其他实证资料

既有研究成果中的实证资料。考察既有研究成果可知，有关死刑问题的实证研究主要集中于实体法领域，而程序法领域相对薄弱。研读既有研究成果的实证研究成果，对与本课题相关的实证资料引而用之，在直接性实证资料不足的情况下，实为便利和可行的解决方案，行文中将充分运用这类实证资料。

深度感知死刑案件办理。基于学术偏好、精力投放的考虑，笔者在兼职律师执业中仅接受重罪案件，挂职市检察院公诉处副处长期间，参与公诉数起死刑案件。在法学实践基地建设和法学实践教学中，也有意识地选择死刑案件开展。办案过程沉淀的死刑观感、庭审现场体验的生死抗争，都将成为本研究的重要实证素材。

四、本书之不足

由于实证研究的经验不足和调研的实际困难，本书依托的实证资料还存在不足。

问卷调研样本数量较少可能导致其代表性不足，而且第二次调研时间跨度过长，较早的部分问卷调研存在数据滞后的问题，通过2022年(对部分法官)的确认性回访，调整了一些回答，在一定程度上能够弥补这个不足。

自建的“死刑案例数据库”，虽然努力确保了样本量足够大，数据提取得足够精准，但由于裁判文书实证数据与死刑适用的关联性相对间接，再加上裁判文书公开时过度“隐名化处理”(如直接删除文书首部、尾部)，致使一些重要信息无法提取。

特别需要说明的是，“死刑案例数据库”入库案例尚不能全面反映我国死刑现状。虽然死刑数据是大多数国家政府信息公开的组成部分，虽然早有学者呼吁应当公开死刑适用数据,①但我国至今仍未公开过死刑适用相关数据。笔者收集的所有案例均源于网络公开的裁判文书,但有些社会公知的死刑案件却收集不到裁判文书,而且有相当一部分案例依托的裁判文书在后续二审、复核程序中被撤销。因此,基于案例库的统计数据,既不等于死刑适用数字,也无法准确反映我国死刑适用数据,相对于数据本身,数据之间的关系(如上诉率、二审改判率等)或许更值得关注,更能说明问题。

对于前述不足,笔者在行文中将特别注意处理,通过多项间接资料间的比对印证,尽可能将这些不足带给研究结论的消极影响降到最低。

① 高一飞、张金霞:《死刑统计数据应当公开》,载《同舟共进》2006 年第 1 期;孙世彦:《公开死刑资料:联合国的要求以及中国的应对》,载《比较法研究》2015 年第 6 期;林维:《中国死刑七十年:性质、政策及追问》,载《中国法律评论》2019 年第 5 期。

第一章　中国死刑适用现状：样本观察

经历了长达两个半世纪的死刑存废论争后，死刑的废除已经成为世界性的潮流和趋势。即便是保留死刑的国家，限制死刑适用也已成为共识，将死刑控制在极其严重的暴力犯罪（如杀人、抢劫等），对非暴力犯罪原则上不适用死刑。基于死刑的不可克服的诸多重大缺陷，通过正当程序适用死刑、严格控制死刑适用，既是国际公约的明确要求，也是很多保留死刑国家的常规操作。

法治的进步将一桩桩死刑案件推上网络的风口浪尖，人们由此时刻关注法治进步。杜培武案、佘祥林案、呼格案、聂树斌案、王书金案……一系列重大冤假错案的纠正，是法治道路上的亡羊补牢，也是司法公信力的重塑之路。经过十余年的死刑控制努力，中国死刑适用情况改观甚巨，早已今非昔比。因为我国死刑信息公开不够、死刑实证研究不足等因素的多重交织，中国死刑适用过多的认识依然存在。

本章将立足笔者自建的“死刑案例数据库”，展示两万余例大样本统计数据，以揭示中国死刑适用的现状。

一、罪名分布与死刑判处

笔者自建的“死刑案例数据库”收录了死刑案件24908例，共涉及23个死刑罪名，见表4、表5，其中集资诈骗、伪造货币、强迫卖淫、走私武器、虚开发票等5个罪名已被《刑法》修正案削减。亦即，三审级判处死刑的24908例案件中，现行46个死刑罪名仅出现18个，其余28个死刑罪名确实不常用或者不常见。

基于行文精练的考虑，下文对死刑罪名的指代，根据需要可能使用简称：“故意杀人”简称为“杀人”，“故意伤害”简称为“伤害”，“投放危险物质”简称为“投毒”，“生产销售有毒有害食品”简称为“产销毒食”，“走私、贩卖、运输、制造毒品”简称为“走运贩制毒/毒品”，“以危险方法危害公共安全”简称为“危法危公”，“拐卖妇女、儿童”简称为“拐卖妇儿”，“虚开增值税专用发票”简称为“虚开发票”。

表 4　23812 例死刑案件的审级、刑罚分布(分罪名)

单位:例

罪名	12784 例一审案件				10938 例上/抗诉案件				10938 例二审案件			
	案例数	判处死刑数			案例数	原判死刑数			案例数	判处死刑数		
		死刑	死缓	合计		死刑	死缓	合计		死刑	死缓	合计
杀人	6823	1624	5325	6949	4394	917	3582	4499	4048	427	3725	4152
毒品	3914	800	4350	5150	4594	760	5318	6078	4175	244	5156	5400
抢劫	992	485	626	1111	624	243	464	707	563	140	497	637
伤害	894	79	847	926	1105	97	1043	1140	955	16	965	981
绑架	73	55	40	95	53	31	37	68	49	27	34	61
贪污受贿	41	6	35	41	31	5	26	31	26	4	22	26
放火	34	11	25	36	22	9	13	22	21	7	14	21
强奸	34	11	23	34	25	12	14	26	21	8	14	22
危法危公	34	17	18	35	43	13	30	43	32	3	30	33
涉枪涉爆	10	10	14	24	4	0	5	5	2	0	3	3
拐卖妇儿	4	0	5	5	6	2	8	10	5	0	8	8
爆炸	4	4	2	6	6	2	6	8	5	2	5	7
投毒	6	3	3	6	5	2	3	5	4	1	3	4
产销毒食	0	0	0	0	2	0	2	2	2	0	2	2
集资诈骗	7	1	6	7	20	9	15	24	13	2	14	16
伪造货币	4	2	2	4	1	0	1	1	0	0	0	0
强迫卖淫	0	0	0	0	1	0	1	1	1	0	1	1
走私武器	0	0	0	0	1	0	1	1	1	0	1	1
虚开发票	0	0	0	0	1	1	0	1	1	0	1	1
合计	12874	3108	11321	14429	10938	2103	10569	12672	9924	881	10495	11376

注:1. 10938 例案件 12706 人进入二审,包括原判死刑 10907 例、原判非死刑抗诉后改判死刑 31 例,二审后 9924 例判处死刑。

2. “涉枪涉爆”共出现 4 个罪名:(1)破坏易燃易爆设备罪,(2)非法制造、买卖、运输、邮寄、储存枪支、弹药、爆炸物罪,(3)盗窃、抢夺枪支、弹药、爆炸物、危险物质,(4)抢劫枪支、弹药、爆炸物、危险物质罪。

表 5　1096 例死刑复核案件的罪名与核准情况

单位:例

罪名	杀人	抢劫	伤害	绑架	爆炸	放火	强奸	投毒	毒品	贪污受贿	危法危公	拐卖妇儿	涉枪涉爆	集资诈骗	强迫卖淫	伪造货币
案件数	579	260	5	32	3	7	15	2	168	9	7	2	2	3	1	1
核准人数	596	267	5	32	4	7	15	2	200	9	9	2	2	2	0	1
不核准人数	9	2	1	1	0		0	0	5	0	0	0	0	1	2	0

观察表4、表5可知,中国死刑适用集中于命案①、毒品犯罪,但无法纵向判断死刑适用的趋势和变化,为此笔者制作了死刑适用年度分布一览(见表6)。通过此表可以发现:十余年来,随着死缓替代死刑模式的建立和完善,中国死刑适用不断严格的趋势明显,死缓占比不断提高,死刑(立即执行)占比不断降低。这些问题也将在本书第二章展开论述。

表 6　23812 例死刑案件的审级、刑罚分布(分年度)

单位:例

年份	12874 例一审死刑案件				10938 例二审死刑案件							
					二审前原判				二审后判处			
	死刑	死缓		合计	死刑	死缓		合计	死刑	死缓		合计
		总数	限/终			总数	限/终			总数	限/终	
2005	91	77	0	168	49	15	0	64	42	19	0	61
2006	85	72	0	157	21	6	0	27	14	11	0	25
2007	45	98	0	143	43	57	0	100	32	65	0	97
2008	66	103	0	169	43	74	0	117	32	81	0	113
2009	136	204	0	340	25	74	0	99	17	75	0	92
2010	123	272	0	395	61	108	0	169	32	127	0	159
2011	116	293	14	409	153	153	10	306	100	193	36	293
2012	124	332	52	456	145	216	36	361	85	245	36	330
2013	136	499	88	635	136	469	76	605	63	487	83	550

① 按照公安部解释,"命案"包括故意杀人、故意伤害、抢劫、绑架、强奸、爆炸、放火、投放危险物质等八类案件。相关论述请参见刘忠:《"命案必破"的合理性论证——一种制度结构分析》,载《清华法学》2008 年第 2 期。

续表

年份	12874 例一审死刑案件				10938 例二审死刑案件							
					二审前原判				二审后判处			
	死刑	死缓		合计	死刑	死缓		合计	死刑	死缓		合计
		总数	限/终			总数	限/终			总数	限/终	
2014	255	1379	197	1634	147	1106	141	1254	46	1089	147	1136
2015	273	1278	157/0	1551	181	1368	135	1549	52	1342	142	1394
2016	404	1578	176/2	1982	285	1496	147	1781	75	1482	156	1557
2017	412	1873	273/1	2285	355	1758	148	2112	124	1722	150	1846
2018	398	1718	237/0	2116	265	1496	184	1761	94	1483	183	1577
2019	343	1154	141/1	1497	140	1314	108	1454	56	1265	100	1321
2020	95	380	50/1	475	51	818	54	869	16	770	53	786
2021	5	8	2/4	13	3	41	4	44	1	39	4/1	39
2022	1	3	0	4	0	0	0	0	0	0	0	0
合计	3108	11321	1387/9	14429	2103	10569	1043/0	12672	881	10495	1090/1	11376

注："限/终"指死缓限制减刑、死缓终身监禁，"/"前后分别为两种特殊死缓的判处数；因为样本数量较少，表 6 中 2021 年、2022 年死刑判处数少，并不代表死刑适用数量骤减。

二、死刑适用的人群特征

我国《刑法》规定"死刑只适用于罪行极其严重的犯罪分子"，对于"罪行极其严重"的认定，既要求所犯罪行情节特别严重、犯罪后果特别严重，也要求行为人主观恶性极大，在斟酌选择死刑（立即执行）还是死缓时，人身危险性是一个重要影响因素。虽然 1997 年《刑法》将死刑适用条件从"罪大恶极"修改为"罪行极其严重"，但不意味着仅评价犯罪行为的客观危害。正如有学者指出："罪行"指具有违法性和有责性的行为及其结果，"罪行极其严重"是指行为人的犯罪行为及其造成的危害后果在违法性和有责性上都极其严重。①

严格控制死刑、减少死刑适用数量，除了寻求实体法、程序法上的不断完善外，也有必要掌握被适用死刑的群体特征，进一步反思既有制度框架

① 冯军：《死刑适用的规范论标准》，载《中国法学》2018 年第 2 期。

内的死刑适用现状,探讨这些人群走向死罪、死刑的深层社会根源,以此为基础,探讨死刑的犯罪控制效用、死刑的司法控制,或许另有一番说服力,或能为死刑控制提供新的空间和可能。本部分,笔者将立足于两万余例大样本数据,梳理死刑被告人的身份信息数据,分析我国死刑被告人的群体特征。

(一)性别分布

笔者收集的死刑案例共 24908 例,包括一审案件 12874 例、二审案件 10938 例、复核案件 1096 例,共涉及死刑被告人 28275 人,除了部分裁判文书未明确被告人性别信息,也无法推断确定以外,收集到三个审级共计 27306 位被判处死刑被告人的性别信息,对其信息整理、统计后制成表 7、图 3,综合分析如下。

在三审级的死刑适用中,男性被告人均占极高比例。在一审死刑案件中,男性占比 94.32%,女性占比 5.68%;在二审死刑案件中,男性占比 94.33%,女性占比 5.67%;在死刑复核案件中,男性占比 98.19%,女性占比仅 1.81%。

在死刑适用最多的命案、毒品两大犯罪领域,男性被告人在三个审级中均占绝对比例,具体来说:一审程序中,命案的 93.69%、毒品犯罪的 90.54% 为男性;二审程序中,命案的 96.19%、毒品犯罪的 92.44% 为男性;复核程序中,命案的 98.60%、毒品犯罪的 97.04% 为男性。相对而言,女性被告人在毒品犯罪领域占比相对较高,在一审、二审程序中占比分别为 9.46%、7.56%;在命案犯罪领域,女性被告人占比整体为 3% 左右,而且集中于杀人和伤害两个罪名,而在命案其他罪名中,女性被告人的人数极少、占比极低;命案之外的其他死刑罪名中,除了拐卖妇女、儿童罪外,被告人基本都是男性,女性被告人基本不会触犯此类死罪。

表 7　27306 名死刑被告人的性别信息

单位:人

		12874 例一审案件		10938 例二审案件		1096 例复核案件	
		男	女	男	女	男	女
样本数		12859	774	11803	710	1139	21
死刑判处	死刑	2710	90	812	20	1120	19
	死缓	8823	644	8701	578	4	1
	死缓限/终	1326	40	1047	28	2	0

续表

			12874 例一审案件		10938 例二审案件		1096 例复核案件	
			男	女	男	女	男	女
罪名	命案	杀人	6356	282	4229	211	588	11
		抢劫	957	5	666	9	265	0
		伤害	861	9	1097	18	6	0
		绑架	76	3	61	2	32	1
		强奸	34	0	26	0	14	0
		放火	31	4	21	1	6	1
		爆炸	6	0	7	0	4	0
		投毒	4	2	3	1	0	0
		小计	8325	305	6110	242	915	13
	毒品		4440	464	5589	457	197	6
	其他	危法危公	30	0	42	0	0	0
		涉枪涉爆	15	0	5	0	2	0
		贪污受贿	38	0	30	0	7	0
		拐卖妇儿	3	1	9	1	2	0

注：罪名部分省略了已被《刑法修正案》削减的5个死刑罪名；一审案例判处死刑14429人，其中13633人性别信息明确；二审案例判处死刑12706人，其中12513人性别信息明确；复核案例共复核死刑1174人，其中1160人性别信息明确。

在死刑判处方面，相对于被告人数，男性在死刑（立即执行）判处上占比更高，见图3，一审中占比96.8%，二审中占比97.6%，复核程序中占比98.33%。与男性被告人相反，女性在死刑（立即执行）数的占比，随着审级提高而降低，如死刑（立即执行）适用占比，从一审程序中的3.2%，到二审程序中的2.4%，到复核程序中降为1.7%。也就是说，在面临生命威胁的死刑案件审判中，与男性被告人相比，女性被告人“死里逃生”的概率相对更高一些。

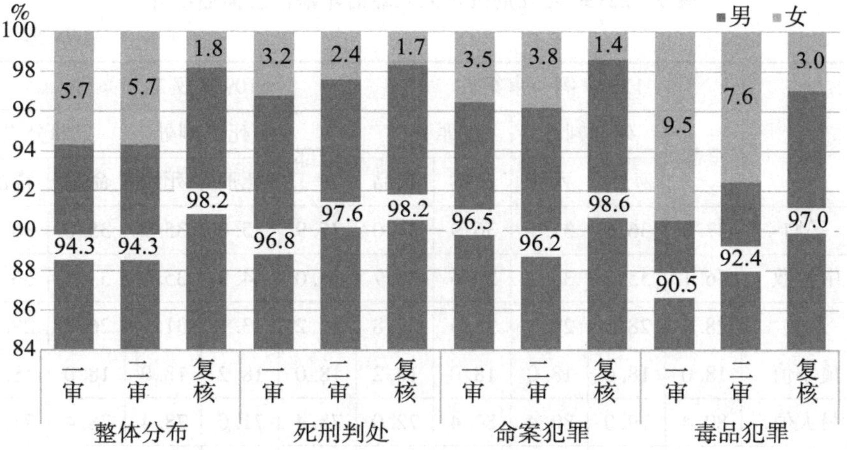

图 3　27306 名死刑被告人的性别分布

注:“死刑判处”仅指死刑(立即执行)的判处;基于图示清晰考虑,小数点后保留 1 位。

(二)年龄分布

笔者收集的 24908 例死刑案件中,除了部分裁判文书未记录被告人出生日期或年龄信息外,收集到三个审级共计 24175 位被判处死刑被告人的年龄信息。结合裁判文书载明的犯罪行为发生时间、各审判程序审结时间,对死刑案件被告人的年龄信息进行整理、统计,审结时年龄制成表 8,作案时年龄制成表 9。

表 8　24175 名死刑被告人审结时年龄信息描述统计

单位:岁

	12874 例一审案件					10938 例二审案件					1096 例复核案件			
	全部	死刑判处		犯罪分类		全部	死刑判处		犯罪分类		全部	死刑	犯罪分类	
		死刑	死缓	命案	毒品		死刑	死缓	命案	毒品			命案	毒品
平均	39.2	38.7	39.3	39.6	38.4	38.5	38.3	38.5	38.2	38.8	38.6	38.6	37.8	41.2
中位数	38.7	38.2	38.9	39.1	38.1	38.1	37.7	38.1	37.4	38.5	38.4	38.4	37.3	40.8
众数	34.1	34.9	46	44.2	34.1	26.0	26.0	30.2	28.2	48.6	35.2	35.2	35.2	35.6
最小值	18.6	18.6	18.6	18.6	18.7	18.9	20.3	18.9	18.9	19.1	19.5	19.5	19.5	23.6
最大值	81	79.7	81	81	72.5	79.5	72.7	79.5	79.5	72.7	71	71	71	62.5
观测数	12665	2476	10189	7907	4659	10353	698	9655	5234	5044	1136	1157	927	203

表 9　22130 名死刑被告人犯罪时年龄信息描述统计

单位:岁

	12874 例一审案件					10938 例二审案件				
	全部	死刑判处		犯罪分类		全部	死刑判处		犯罪分类	
		死刑	死缓	命案	毒品		死刑	死缓	命案	毒品
平均	37.0	36.6	37.1	36.9	37.0	35.9	35.8	35.9	35.0	36.9
中位数	36.1	35.7	36.2	35.6	36.7	35.0	34.9	35.0	33.1	36.7
众数	28.5	28.6	27.3	28.5	28.8	36.2	33.1	31.7	26.1	29.8
最小值	18.0	18.0	18.0	18.0	18.2	18.0	18.2	18.0	18.0	18.1
最大值	80.4	79.0	80.4	80.4	72.0	78.4	71.0	78.4	78.4	71.0
观测数	12465	2430	10035	7848	4550	9665	672	8993	5079	4522

注:复核案例、不能确定准确的作案时间(如"5 月的一天")的案例未做统计。

特别需要说明的是,笔者在收集案例的过程中遇到 1 例作案时年龄是否满 18 岁有争议的案件,该案为云南高院 2020 年 7 月 15 日审结的"岩块运输毒品案",案号为(2020)云刑终 653 号。该案判决书载明被告人"男,2002 年出生,文盲,农民,佤族,住缅甸(身份情况属自报,国籍不明)",2019 年 5 月 2 日运输毒品被现场抓获。如果被告人"2002 年出生",犯罪时年龄则在 16.3 岁至 17.3 岁,不可能年满 18 周岁。对于被告人的年龄,办案机关曾向外事、出入境管理机关发送协查函,均未收到关于被告人身份情况的核查结果。一审法院依据骨龄鉴定意见(被告人"摄片时的年龄应为 18 周岁以上"①),于 2020 年 3 月 27 日作出(2019)云 08 刑初 246 号判决,以运输毒品罪判处被告人死缓。判决书并未明确骨龄鉴定之"摄片时"所指具体时间。据了解,骨龄鉴定是借助于骨骼在 X 光摄像中的特定图像来确定年龄的,亦可以推断"摄片时"极大概率为"鉴定时",当然就晚于"犯罪时"。事实上,死刑适用中对被告人年龄认定存在争议的处理,最高人民法院的态度是"如果经反复调查,确实查不清的,应当按照从宽的原则予以掌握,以留有余地"。② 而且,根据最高人民检察院《关于"骨龄鉴定"能否作为确定刑事责任年龄证据使用的批复》[高检

① 云南省高级人民法院(2020)云刑终 653 号判决书载明:法医人类学检验鉴定书编号为"(2019)1180 号、1186 号"。

② 最高人民法院研究室:《关于如何认定被告人犯罪时年龄问题的电话答复》,1991 年 7 月 22 日发布实施。

发研字(2000)6号],①本案以骨龄鉴定为依据认定"作案时年满18周岁"并判处死缓,显然是不适当的。二审法院改判被告人无期徒刑,改判理由为采纳"归案后认罪态度好"的上诉理由及辩护意见,但吊诡的是,二审判决对辩护方所提"被告人系未成年人"的辩护意见明确表态不予采纳。查询该案的一审判决书发现,并未网上公开,不公开的理由正是"未成年人犯罪"。

在《刑法修正案(八)》设定"老年人免死"制度后,社会各界曾一度担心会不会助长老年人严重犯罪,观察表10、表11,我们完全可以消除这种担心。笔者统计的三审级25175名死刑被告人的年龄信息可见:20岁至60岁人群占死刑被告人的90%以上,在一审程序中,60岁以上仅占3.44%,60岁以下占95.56%,50岁以下占84.45%;在二审程序中,60岁以上仅占2.34%,60岁以下占97.66%,50岁以下占87.16%;在复核程序中,60岁以上仅占2.33%,60岁以下占97.67%,50岁以下占87.55%。

表10　24175名死刑被告人审结时年龄分布

年龄分布	12874例一审案件		10938例二审案件		1096例复核案件	
	人数/人	百分比/%	人数/人	百分比/%	人数/人	百分比/%
18~20岁	115	0.91	50	0.48	3	0.26
20~30岁	2765	21.83	2315	22.36	271	23.42
30~40岁	3964	31.30	3475	33.57	369	31.89
40~50岁	3852	30.41	3184	30.75	370	31.98
50~60岁	1533	12.10	1087	10.50	117	10.11
60~70岁	386	3.05	220	2.13	26	2.25
70岁以上	50	0.39	22	0.21	1	0.09
合计	12665	100	10353	100	1157	100

考察被判死刑(立即执行)被告人的年龄分布(见表11)可知:死刑适用人群集中于18岁至55岁,三审级中占比均在94%以上,25岁至45岁人群超过60%。

① 内容为:犯罪嫌疑人不讲真实姓名、住址,年龄不明的,可以委托进行骨龄鉴定或其他科学鉴定,经审查,鉴定结论能够准确确定犯罪嫌疑人实施犯罪行为时的年龄的,可以作为判断犯罪嫌疑人年龄的证据使用。如果鉴定结论不能准确确定犯罪嫌疑人实施犯罪行为时的年龄,而且鉴定结论又表明犯罪嫌疑人年龄在刑法规定的应负刑事责任年龄上下的,应当依法慎重处理。

表 11　4310 名死刑（立即执行）被告人审结时年龄分布

年龄分布	一审判处死刑		二审判处死刑		核准死刑	
	人数/人	百分比/%	人数/人	百分比/%	人数/人	百分比/%
18～25 岁	256	10.34	66	9.46	91	8.01
25～35 岁	734	29.64	214	30.66	355	31.25
35～45 岁	783	31.62	231	33.09	376	33.10
45～55 岁	563	22.74	146	20.92	246	21.65
55～65 岁	120	4.85	33	4.73	61	5.37
65 岁以上	20	0.81	8	1.15	7	0.62
合计	2476	100	698	100	1136	100

《刑法修正案（八）》规定“审判的时候已满七十五周岁的人，不适用死刑，但以特别残忍手段致人死亡的除外。”在笔者收集的案例中，年满 75 岁适用死刑的共有 10 例，见表 12。

表 12　10 名年满 75 周岁被告人的死刑适用情况

案名	案号	性别	出生日期	审结时间	年龄/岁	裁判结果
刘炳文故意杀人案	（2014）吉中刑一初字第 22 号	男	1935/11/22	2014/8/25	78.1/78.8	一审死缓
刘喜楞故意杀人案	（2016）晋 09 刑初 1 号	男	1936/7/28	2016/3/17	79.0/79.7	一审死刑
郭长义故意杀人案	（2016）豫 08 刑初 27 号	男	1940/5/5	2016/9/29	75.8/76.5	一审死缓
王玉喜故意杀人案	（2017）皖 06 刑初 2 号	男	1937/2/9	2017/2/7	77.5/80.0	一审死缓
祁良中故意杀人案	（2017）渝 02 刑初 18 号	男	1936/5/24	2017/5/10	80.4/81.0	一审死缓
唐万千故意杀人案	（2015）新刑一终字第 35 号	男	1936/11/20	2015/2/16	77.6/78.3	死缓限减二审维持
李世铃贩卖毒品案	（2016）内刑终 203 号	男	1941/3/23	2017/10/23	未知/76.6	原判死刑发回重审
李昭泮故意杀人案	（2019）粤刑终 1598 号	男	1940/7/25	2019/12/18	78.4/79.5	原判死缓二审维持
赵国良故意杀人案	（2020）甘刑终 41 号	男	1944/6/29	2020/7/12	73.3/76.1	原判死缓二审维持
华徐生故意杀人案	（2017）苏刑终 230 号	男	1939/3/9	2020/7/28	77.3/81.4	原判死刑改判无期

注：一审、二审均收录的同一被告人案例，仅列出二审案例；年龄列“/”前后数字分别表示“作案时”“审结时”年龄。

表12的10例案件的裁判文书中，除“李世铃贩卖毒品”案发回重审无理由说明外，其他9例都有较为详细的量刑理由说明，可将其分为下列三类。

第一类：适用“以特别残忍手段致人死亡”条款，判处死刑（立即执行）1例。

刘喜楞故意杀人案：其行为确已构成故意杀人罪，且犯罪手段特别残忍、后果特别严重，情节特别恶劣，应依法严惩。辩护人所提被害人在案发起因上有一定过错的意见无事实依据不予采信；所提被告人认罪态度好、已年满75周岁的意见虽系本案事实，但其犯罪手段特别残忍，罪行特别严重，应当判处死刑立即执行。

第二类：明确（或不明确）认定不属于“特别残忍手段”，不适用“除外条款”，以“年满七十五周岁”为依据从轻判处无期刑或死缓3例。

华徐生故意杀人案：为泄私愤预谋杀人，并于深夜翻窗入室，先后对正在熟睡的两名70岁左右的老人身体要害部位采取电击和尖刀连续捅刺，致二人当场死亡，其杀人手段残忍，犯罪后果极其严重，人身危险性极大，且属滥杀无辜，社会影响极为恶劣，依法应予严惩；但鉴于华徐生审判时已年满75周岁，其杀人手段尚不属于特别残忍，依法不适用死刑。①

赵国良故意杀人案：因相邻纠纷持刀致二人死亡，犯罪情节恶劣，犯罪后果严重，属罪行极其严重的犯罪分子，本应严惩。但鉴于本案系民间矛盾激化引发，……社会危害性较小，且到案后认罪、悔罪，又在审判的时候已年满75周岁，原审法院对其不判处死刑立即执行，符合《刑法》第49条第2款的规定和宽严相济刑事政策。

祁良中故意杀人案：手段具有残忍性，且作案后对尸体进行焚烧，犯罪情节恶劣，后果严重。……鉴于本案系民间纠纷引发，祁良中到案后能如实供述自己的罪行，且系初犯，并考虑其在作案时已年满75周岁等因素，对其判处死刑，可不立即执行。

第三类：认定“手段特别残忍”，适用“除外条款”，以“年满七十五周岁”为依据从轻判处死缓5例。

刘炳文故意杀人案：用羊角铁锤连续多次击打两被害人致死亡为止，犯罪手段特别残忍、情节特别恶劣、后果特别严重。鉴于案发时已年满75周岁，归案后如实供述了犯罪事实，且本案系农村邻里纠纷引发，……对其

① 本案一审判决认定“杀人手段特别残忍，犯罪后果极其严重”，并依据“除外条款”判处死刑。

判处死刑,可不立即执行。

郭长义故意杀人案:非法剥夺他人生命,致一人死亡,其行为已构成故意杀人罪。其犯罪动机卑鄙,犯罪手段特别残忍,民事部分不予赔偿,故应予严惩。辩护人辩称被告人郭长义已年满 75 周岁,应当从轻处罚的理由成立,本院予以支持。

王玉喜故意杀人案:杀害无辜儿童,犯罪手段特别残忍,情节特别严重,应依法严惩,但鉴于王玉喜犯罪与家庭矛盾有关,犯罪时已满 75 周岁,归案后认罪态度较好,对其判处死刑,可不立即执行。

唐万千故意杀人案:因生活琐事对被害人李某产生仇恨,即使用暴力手段杀死被害人,并分尸、抛尸,其行为已构成故意杀人罪,应依法惩处。①

李昭泮故意杀人案:故意非法剥夺他人生命,致一人死亡,其行为已构成故意杀人罪。李昭泮以特别残忍手段致人死亡,后果极其严重。鉴于本案系由民间矛盾引发,李昭泮作案时已满 75 周岁,对其判处死刑,可缓期二年执行。

观察表及裁判文书载明的量刑理由,有两个问题需要说明。

一是"满 75 周岁"的时间节点,裁判文书有"审判时""作案时""案发时""犯罪时"等不同表述,虽然"犯罪时"年满 75 周岁,当然适用"老年人免死",但"审判时"的表达更为规范,裁判文书展示司法过程、体现司法成果,理应规范表述。

二是"不适用死刑"能不能适用死缓?对于"特别残忍手段致人死亡的"(前述第三类),判处死缓本身属于从轻处罚,但对于并未认定"特别残忍"的案件,依然判处死缓(前述第二类),是值得商榷的。类似的规定有《刑法》第 49 条的"审判的时候怀孕的妇女,不适用死刑",此处的"不适用死刑"包括既不适用死刑(立即执行),也不适用死缓。学界虽然曾对"审判的时候"有过争议,但对"不适用死刑"包含"不适用死缓"没有异议,司法实践多年来也是如此运行。对于年满 75 周岁的老年人"不适用死刑",未见立法解释明确"可以判处死缓",最高人民法院《关于适用〈中华人民共和国刑事诉讼法〉的解释》(以下简称《刑事诉讼法解释》)第 427 条规定了死刑复核程序应当审查内容,其中之一是"被告人的年龄,被告人有无刑事责任能力、是否系怀孕的妇女",将"年满 75

---

① 本案二审裁定书没有"特别残忍手段""已满七十五周岁"相关的明确表述。该案一审判决书载明:被告人犯罪行为恶劣,手段残忍,社会影响极其恶劣,应依我国《刑法》第 49 条第 2 款规定的例外情形对其从严惩处,但被告人年满 78 周岁系客观事实,为体现我国刑法人道主义精神,结合本案被告人唐万千犯罪行为,即便不对其处以极刑,亦应当对其限制减刑。

周岁”与未成年人、怀孕的妇女并列规定。考察既有判例可见司法实务界存在“不适用死刑,但可以适用死缓”的认识。考虑到死缓仅仅作为名义上的“死刑”执行概率极小(但不等于没有可能)的实际,如此理解虽然无关死刑控制大局,但从刑法文义解释统一的角度而言,应当采取和“怀孕的妇女”同样解释。

(三)受教育状况

裁判文书撰写规范要求载明被告人身份信息,网上公开的裁判文书,部分裁判文书在“隐名处理”过程中删除了被告人身份信息。笔者收集的24908例死刑案件中,共有28309名被告人进入一审、二审、复核程序,直面死刑现实威胁,最终三审级共判处26965名被告人死刑(含死缓)。笔者共收集到三审级23364名死刑被告人的受教育状况①信息,其中被判死刑(含死缓)被告人共计22217名。

根据第七次全国人口普查数据②,我国人口中,文盲占比2.67%,小学占比24.77%,初中占比34.51%,高中占比15.09%,大学占比15.47%。观察三审级26965名死刑被告人的受教育状况(见表13)可知:面临判处死刑威胁的被告人中,初中及以下人群占绝对比例,一审程序中占比为87.61%,二审程序中占比为86.52%,复核程序中占比为85.33%;文盲、高中人群共占10%左右;小学、初中人群合计约占80%。

表13 26965名死刑案件被告人的受教育状况

受教育状况	审级分类					
	12874例一审案件		10938例二审案件		1096例复核案件	
	人数/人	百分比/%	人数/人	百分比/%	人数/人	百分比/%
初中	4843	42.44	4853	44.87	514	45.17
小学	4206	36.86	3755	34.72	400	35.15
文盲	948	8.31	749	6.93	57	5.01
高中	877	7.69	838	7.75	70	6.15
大学	340	2.98	341	3.15	55	4.83
中专	171	1.50	268	2.48	39	3.43

① 在读、肄业按本级学历计,国外学历换算为国内学历,职高计入高中,高职、大专均计入大学,中技计入中专。

② 国务院第七次全国人口普查领导小组办公室编:《2020年第七次全国人口普查主要数据》,中国统计出版社2021年版,第35~36页。

续表

受教育状况	审级分类					
	12874 例一审案件		10938 例二审案件		1096 例复核案件	
	人数/人	百分比/%	人数/人	百分比/%	人数/人	百分比/%
研究生	26	0.23	11	0.10	3	0.26
小计	11411	100	10815	100	1138	100
未知	3018		1891		36	
总计	14429		12706		1174	

注:二审案件以进入二审的 12706 人、复核案件以进入复核的 1174 人为统计基础。

观察三审级中被判处死刑的 22217 名被告人受教育状况(见表 14)可知:与进入审判程序的被告人比例一致,不论是死刑(立即执行)还是死缓的判处人数,初中及以下人口也同样占据绝对比例,绝对比例的死刑(立即执行)判给了受教育程度较低(初中及以下)的人群,一审程序中占比 86.26%,二审程序中占比 83.47%,复核程序中占比 85.41%。高层次教育的缺失造成这个群体社会化程度、理性化程度较低,更容易滑向犯罪。

表 14　22217 名被判死刑被告人的受教育状况

单位:人

受教育状况	一审判处				二审判处				核准		
	刑罚		犯罪		刑罚		犯罪		刑罚	犯罪	
	死刑	死缓	命案	毒品	死刑	死缓	命案	毒品	死刑	命案	毒品
初中	983	3860	2906	1912	267	4052	2174	2133	504	408	89
小学	776	3430	2713	1480	198	3212	1723	1667	394	318	69
高中	167	710	558	310	51	685	353	378	68	55	11
文盲	144	804	496	450	30	640	278	391	56	40	16
大学	93	247	230	94	26	276	176	116	54	47	2
中专	40	131	112	59	16	226	136	101	38	31	7
研究生	3	23	6	0	5	5	4	1	3	2	0
小计	2206	9205	7021	4305	593	9096	4844	4787	1117	901	194
未知	902	2116	2142	845	288	1399	1041	613	36	27	6
合计	3108	11321	9163	5150	881	10495	5885	5400	1153	928	200

受教育状况对被告人行使权利、保障权益的意识和能力有显著影响,受教育水平偏低的人群,参与诉讼程序、表达诉求的能力偏低。正如加缪所言,死刑被告人轮流遭受希望与绝望的极致折磨,无从介入、无力辩护、无从说服别人,对诉讼结果充满无力感,①部分被告人因此放弃。笔者收集的二审案例中,有 13 人一审被判死刑、85 人一审被判死缓后放弃上诉,因为检察机关抗诉或同案被告人、附带民事部分上诉进入二审程序被向轻改判或发回重审,或者在高级人民法院复核中被不核准而改判,前述 98 人中有 92 人收集到受教育状况,其中 85 人为初中及以下。在笔者收集的 1096 例死刑复核案例中,有 117 例 119 人在一审被判死刑后放弃上诉,经高级人民法院复核后报请最高人民法院复核,收集到其中 117 人的受教育状况信息,其中文盲 7 人、小学 42 人、初中 56 人,初中及以下人数占比近 90%。

(四)职业状况

被告人的职业情况一般可反映其经济能力,也可以反映其社会生活状况。在笔者收集的 24908 例死刑案件中,共收集到三审级 20656 名死刑被告人的职业状况②信息(见表 15),其中被判死刑(含死缓)被告人共计 19650 名(见表 16)。

表 15 20656 名死刑案件被告人的职业状况

职业分布	审级分类					
	12874 例一审案件		10938 例二审案件		1096 例复核案件	
	人数/人	百分比/%	人数/人	百分比/%	人数/人	百分比/%
农民/农民工	4886	49.5	5146	53.3	701	61.5
无固定职业	4089	41.4	3703	38.4	317	27.8
企业职工	366	3.7	277	2.9	37	3.2
个体经营者	340	3.4	324	3.4	43	3.8
机关职工	68	0.7	58	0.6	15	1.3
事业职工	54	0.5	70	0.7	15	1.3
经商	43	0.4	54	0.6	5	0.4
退休	13	0.1	6	0.1	3	0.3

① [法]加缪:《思索死刑》,石武耕译,北京大学出版社 2018 年版,第 41 ~42 页。

② 裁判文书对被告人职业状况一般都如实记载,如保安、厨师、种山药等,基于统计便利,笔者对其类型化为 9 种。

续表

职业分布	审级分类					
	12874 例一审案件		10938 例二审案件		1096 例复核案件	
	人数/人	百分比/%	人数/人	百分比/%	人数/人	百分比/%
学生	11	0.1	8	0.1	4	0.4
小计	9870	100	9646	100	1140	100
未知	4559		3060		34	
合计	14429		12706		1174	

注:二审案件以进入二审的 12706 人、复核案件以进入复核的 1174 人为统计基础。

表 16　19650 名被判死刑被告人的职业状况

单位:人

职业分布	一审判处				二审判处				核准		
	刑罚		犯罪		刑罚		犯罪		刑罚	犯罪	
	死刑	死缓	命案	毒品	死刑	死缓	命案	毒品	死刑	命案	毒品
农民/农民工	917	3969	3399	1471	341	4346	2604	2068	688	582	96
无固定职业	843	3246	2067	2009	248	3028	1256	2007	312	214	94
企业职工	84	282	333	30	25	231	200	45	34	31	3
个体经营者	83	257	236	100	20	250	180	86	43	41	2
机关职工	19	49	30	5	13	37	25	5	15	7	0
事业职工	17	37	45	9	6	52	50	6	15	15	0
经商	16	27	23	20	7	44	16	32	5	3	0
退休	3	10	12	1	0	6	6	0	3	3	0
学生	2	9	10	1	0	7	5	2	4	4	0
小计	1984	7886	6155	3646	660	8001	4342	4251	1119	900	195
未知	1124	3435	3008	1504	221	2494	1543	1149	34	28	5
合计	3108	11321	9163	5150	881	10495	5885	5400	1153	928	200

观察表 15 中三审级 20656 名死刑案件被告人的职业状况可知:进入死刑案件审判程序、面临判处死刑威胁的被告人中,农民/农民工、无固定职业群体占比约为 90%。具体而言,一审程序中,二者占比合计 90.9%;二审程序中,二者占比合计 91.7%;复核程序中,二者占比合计 89.3%。根据第七次全国人口普查数据,①我国农村人口为 5.09 亿,农村人口占全国总人口的 36.11%。

① 国务院第七次全国人口普查领导小组办公室编:《2020 年第七次全国人口普查主要数据》,中国统计出版社 2021 年版,第 7 页。

观察表16中三审级中被判处死刑的19650名被告人的职业状况可知：近90%的死刑（立即执行）判给了农民/农民工、无固定职业群体；因毒品犯罪被判死刑的被告人中，农民/农民工、无固定职业群体占比超过95%。

另外，不少裁判文书显示“无固定职业”群体多为进城农村人口，也就是说死刑案件被告人、被判死刑的群体中，农民/农民工群体的实际占比还要高于笔者的前述统计。正如崔敏教授所言：一些贫困农民受雇外出成为运输、贩卖毒品的“马仔”，冒着巨大风险赚一点运费，被判死刑的可能性很大，而躲在后面的毒枭往往很难被抓到。①

三、死刑案件的期限数据

在我国死刑案件审判实践中，法庭审理相对简易和快速。二十余年前发生在陕西延安的“枪下留人”案，经过《南方周末》的深度报道，震动司法界，短短129天，董伟案走过了二审重审、死刑复核程序、死刑执行程序。正是该案，促使笔者开始关注死刑，并想当然地把死刑案件的“高效率”归因于《刑事诉讼法》规定的办案期限过短，由此开始关注办案期限的立法设定和司法运行。因此，笔者在收集死刑案例、建设“死刑案例数据库”的过程中，尽可能提取裁判文书所反映的案件期限信息。

在所有刑事案件中，死刑案件无疑是牵涉利益最大、社会影响最为广泛，对被告人而言最为惊心动魄的，理应适用最严格、最完整的刑事诉讼程序，理应被视为刑事诉讼程序的“天花板”。从这个意义上来讲，我国法定的办案期限，对于死刑案件来说一直相对紧张，《刑事诉讼法》在2012年修正时设定了相对更为宽松的审理期限。通过笔者收集的两万余例死刑案件所反映的办案期限信息，既能观察死刑案件的期限特征，举重明轻，也可以掌握我国刑事诉讼办案期限的整体状况。

下文将依托裁判文书所记载的办案期限信息，重点考察死刑案件办理中的拘留、程序运行、裁判形成三项重要期限。需要说明的是，网上公开的裁判文书，部分存在着过度、不规范的“隐名处理”，难以界定死刑案件被告人，②有些文书删去了重要时间节点信息。因此，用于观察期限信息的案例数量存在不统一的情况。

① 崔敏：《死刑考论——历史　现实　未来》，中国人民公安大学出版社2008年版，第308页。

② 如对被告人隐名处理时，大量使用“×某某”指代，甚至对同案犯使用相同的“某某”指代的情况，笔者曾遇到一份死刑二审裁定，7人共犯，6人姓王，均以“王某某”指代，导致完全无法区分彼此，只好放弃收录该案例。

(一)拘留期限

根据我国《刑事诉讼法》规定,拘留期限最长为14天、37天,没有任何延长可能。最高人民法院的裁判文书格式规范明确将拘留、逮捕日期列为刑事裁判文书的必要内容。笔者收集24908例死刑案件的过程中,发现裁判文书存在对拘留日期、逮捕日期甚至裁判日期记载错误①的情况,尤其是年份错误情况不少,其中也不乏最高人民法院死刑复核裁定书。通过查询相关文书、运用逻辑规则修正错误日期、排除不可用日期②后,可用于分析拘留期限的共计24155名死刑案件被告人,其中一审被告人12572人,二审被告人11583人。通过逮捕日期与拘留日期相减,可以得出每位死刑案件被告人的拘留期限,整理、统计数据后形成表17。

对于我国《刑事诉讼法》明确规定的14天、37天的最长拘留期限,适用37天最长拘留期限的条件并不高,笔者也曾试图对死刑案件的最长拘留期限按14天、37天分别统计,结果发现基本不存在明显程序违法的情况,即对满足14天拘留期限的案件适用37天拘留期限的情况,故在统计中对死刑案件并未按照14天、37天最长拘留期限做进一步区分。

观察表17可见:统计的24155名死刑案件被告人的拘留期限中,94%左右处于法定拘留期限之内,5%以上的被告人存在拘留期限超期的情况,笔者所见的裁判文书也从未涉及对此类羁押超期的解释和评价。

表17 24155名死刑案件被告人的拘留期限描述统计

<table>
<tr><th colspan="2" rowspan="2">审级</th><th colspan="5">期限分布</th><th colspan="6">描述统计</th></tr>
<tr><th>≤13天</th><th>14天</th><th>15~36天</th><th>37天</th><th>≥38天</th><th>平均</th><th>中位数</th><th>众数</th><th>最小值</th><th>最大值</th><th>观测数</th></tr>
<tr><td rowspan="2">一审</td><td>数量</td><td>3473</td><td>1358</td><td>5826</td><td>1279</td><td>636</td><td rowspan="2">24.3</td><td rowspan="2">28</td><td rowspan="2">14</td><td rowspan="2">0</td><td rowspan="2">42</td><td rowspan="2">12572</td></tr>
<tr><td>占比/%</td><td>27.62</td><td>10.80</td><td>46.34</td><td>10.17</td><td>5.06</td></tr>
<tr><td rowspan="2">二审</td><td>数量</td><td>2377</td><td>1011</td><td>6002</td><td>1438</td><td>755</td><td rowspan="2">26.7</td><td rowspan="2">33</td><td rowspan="2">37</td><td rowspan="2">0</td><td rowspan="2">51</td><td rowspan="2">11583</td></tr>
<tr><td>占比/%</td><td>20.52</td><td>8.73</td><td>51.82</td><td>12.41</td><td>6.52</td></tr>
</table>

二审案例显示的拘留期限明显长于一审案例所显示的拘留期限,例如拘留期限在14天以内的被告人占比,一审案例为38.42%,二审案例则为29.25%;再如二审案例所显示的拘留期限平均值、中位数、众数均大于一

① 如判决日期早于起诉日期、二审裁判日期早于一审裁判日期,查阅相关文书(如减刑裁定)可判定多为年份记载错误。

② 如拘留后脱逃、决定拘留后未抓获、拘留期间变更强制措施后逮捕、拘留期间精神病鉴定、未经拘留直接逮捕等。

审案例所显示的数据。笔者以为合理的解释是:在国家严控死刑的刑事政策下,一些原本可能判处死刑(立即执行)的案件,在一审程序中判处死缓,对被告人而言或许已经是意料之外,部分被告人会放弃上诉,而此类案件往往是案情相对简单的单独犯罪或单一犯罪,而积极上诉进入二审的案件往往是案情比较复杂的数罪或者共同犯罪,拘留期限适用 37 天的概率更大。例如,笔者收集的 10938 例二审死刑案件中,一审原判死缓 10569 人中,有 2002 人放弃上诉,因为检察机关抗诉或同案被告人、附带民事诉讼原告人上诉等原因进入二审,放弃上诉人数占比高达 20%;而一审原判死刑(立即执行)的 2103 人,排除最高人民法院不核准死刑发回重审的 206 人外,其余 1897 人中,本人放弃上诉而进入二审者有 40 人,放弃上诉人数占比仅 2%。

对 24155 名死刑案件被告人的拘留期限数据,运用统计软件进行数据分析,制作图 4、图 5,可以更为直观地体现拘留期限的分布状态。观察可见:死刑被告人拘留期限集中于 11 天至 14 天、34 天至 37 天,办案机关习惯于将期限运用到极限,用足 14 天、37 天最长期限的案件占比高达 20% 左右。

对于拘留期限超期的情况,笔者也有意进一步分析,但未发现特别显著的特征。如一审案例显示拘留超期的 636 人,分布在 9 个死刑罪名、29 个省域,拘留发生在 17 个年份,119 人为一案判处两人及以上死刑的严重犯罪;二审案例显示的拘留超期 755 人,分布在 9 个死刑罪名、27 个省域,拘留发生在 16 个年份,164 人为一案判处两人及以上死刑的严重犯罪。

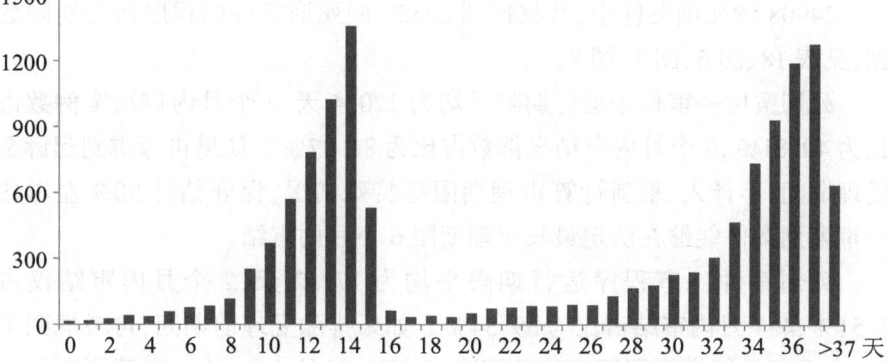

图 4　12572 名一审死刑被告人的拘留期限分布

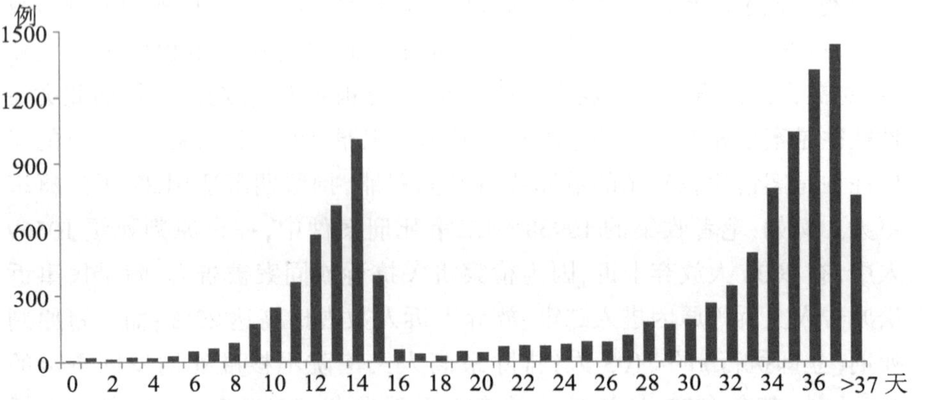

图 5　11583 名二审死刑被告人的拘留期限分布

(二)程序运行期限

根据我国《刑事诉讼法》规定,死刑案件的审理期限,除了特殊情况报请最高人民法院批准以外,一审程序最长为 6 个月,二审程序最长为 4 个月,复核程序尚无法定期限。审理期限自案件受理之日起计算,其间或还有重新计算、不计入审理期限等特殊情况。有关刑事诉讼普通程序的审理期限的统计数据,实务部门不予公布,学界实证研究也少有涉及,笔者在收集死刑案例过程中特别关注了审理期限问题。绝大多数裁判文书并不载明受理日期,也不予说明审理期限相关信息,难以通过裁判文书获得大量、准确的审理期限数据,但可以通过相关期限推断出各审级的程序运行期限。通过提起公诉日期与裁判日期,可得出一审程序运行期限,通过一审、二审审结日期,可得出二审程序运行期限,通过二审审结、复核裁判日期,可以得出死刑复核程序运行期限。

24908 例死刑案件中,共收集到 22320 例死刑案件的程序运行期限数据,见表 18、图 6、图 7、图 8。

死刑案件一审程序运行期限平均为 120.4 天,3 个月内审结案例数占比为 49.81%,6 个月内审结案例数占比为 81.37%。如果再考虑到起诉至受理期间,不计入、重新计算审理期限等特殊情况,保守估计 90% 左右的一审死刑案件能够在法定最长审理期限 6 个月内审结。

死刑案件二审程序运行期限平均为 172.2 天,2 个月内审结仅占 3.51%,4 个月内审结占比为 39.54%。如果排除受理前期间,再考虑到不计入、重新计算审理期限等特殊情况,乐观估计约 50% 的二审死刑案件可在法定最长审理期限 4 个月内审结。

死刑复核程序平均运行期限为 201.4 天,6 个月内审结的复核案件占比为 76.01%。如果排除报核期间,乐观估计约 80% 的复核案件可在 10 个月审结。

表 18 22320 例死刑案件程序运行期限描述统计

单位:天

程序运行期限	一审(公诉起算)	二审(一审审结起算)	复核(二审审结起算)
平均	120.4	172.2	201.4
中位数	91	139	169
众数	70	90	142
最小值	8	11	4
最大值	436	1448	1528
观测数	10326	10902	1092

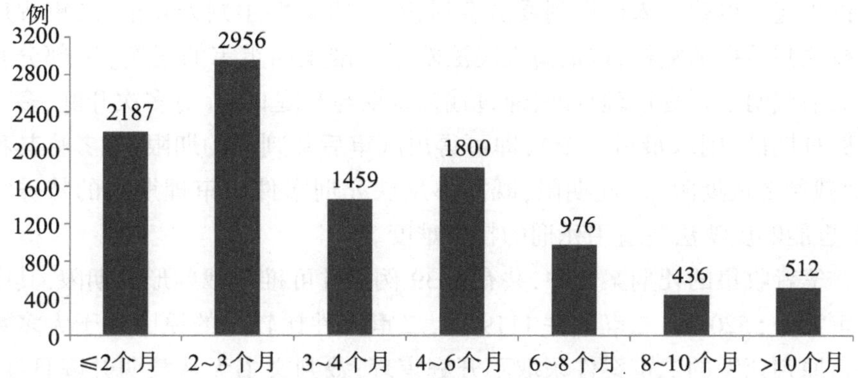

图 6 10326 例死刑案件一审程序运行期限

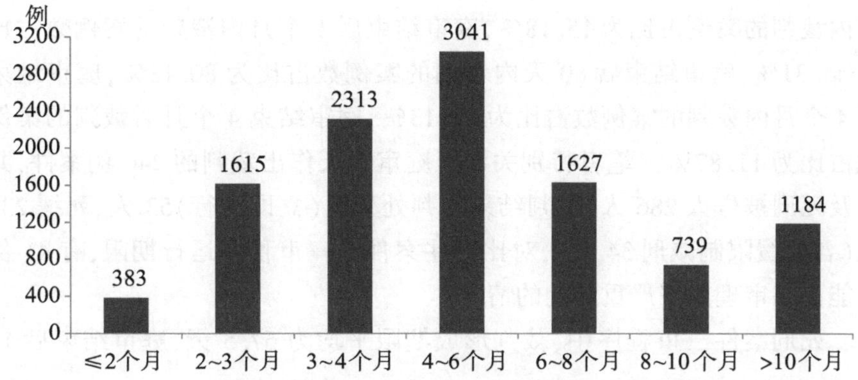

图 7 10902 例死刑案件二审程序运行期限

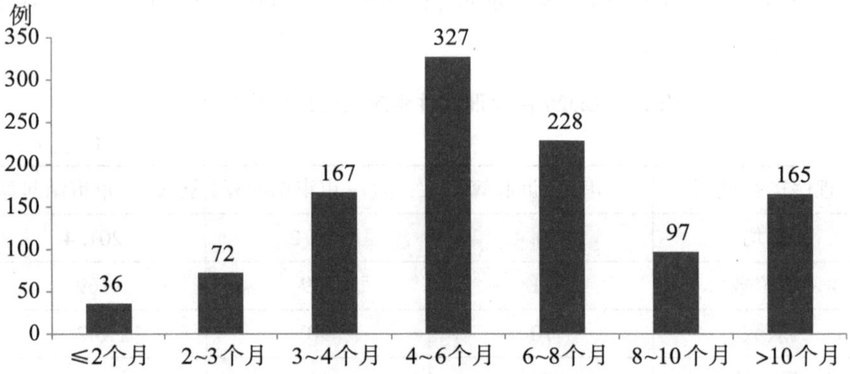

图8　1092例死刑案件复核程序运行期限

(三)裁判形成期限

根据我国刑事诉讼法及司法解释,拟判死刑案件应当经过审判委员会讨论决定。也曾有未经审判委员会讨论,一审程序中判处死刑,二审程序维持原判后报请复核,被最高人民法院不核准发回重审的案例。① 部分裁判文书载明了开庭审理日期,通过裁判日期与开庭日期(有多次开庭,多个开庭日期的,则取最后一个),即可得出庭审后裁判前的期限,笔者将其称为"裁判形成期限"。此期限,既能够反映死刑案件对审理期限的特殊需求,也能够反映法院适用死刑的特殊难度。

笔者收集的死刑案件中,共有6639例案件可推断裁判形成期限,其中一审案件5520例,二审案件1119例,二审案件比较少的原因在于大多数一审原判死缓的二审案件采取不开庭审理,裁判文书无从载明开庭日期。对该数据统计分析,制成表19、图9、图10。

死刑案件一审程序中,裁判形成期限平均为56.3天,庭审结束后10天内裁判的案例占比为15.18%,庭审结束后1个月内裁判的案例数占比为44.31%,庭审结束后80天内裁判的案例数占比为80.13%,庭审结束后4个月内裁判的案例数占比为88.13%,庭审结束4个月后裁判的案例数占比为11.87%。笔者特别关注了庭审当天作出裁判的246例案件,共涉及死刑被告人286人,裁判结果为判处死刑(立即执行)53人、死缓233人(含死缓限制减刑34人),对比这些案件的一审程序运行期限,有41例可能面临审理期限严重超期的情况。

死刑案件二审程序中,裁判形成期限平均为67.5天,庭审结束后10

① 陆建红:《高朝能贩卖、运输毒品案——审理死刑案件应当经审判委员会讨论决定》,载《刑事审判参考》(总第112集),法律出版社2018年版。

天内裁判的案例占比为 10.63%，庭审结束后 1 个月内裁判的案例数占比为 38.07%，庭审结束后 80 天内裁判的案例数占比为 77.83%，庭审结束后 4 个月内裁判的案例数占比为 84.81%，庭审结束 4 个月后裁判的案例数占比为 15.19%。庭审当天作出裁判的仅 7 例案件，共涉及死刑被告人 9 人，除 2 例为 2007 年审结外，其余 6 例均为 2019 年审结；裁判结果全部为维持原判，其中维持死刑（立即执行）2 人、维持死缓 7 人；对比这些案件的二审程序运行期限，除 1 例（段义和爆炸案）属于“速判快杀”①型案件外，有 4 例可能面临审理期限严重超期的情况。

表 19　6639 例死刑案件裁判形成期限描述统计

审级		期限分布					描述统计					
		0～14天	15～30天	31～60天	61～90天	>90天	平均	中位数	众数	最小值	最大值	观测数
一审	数量	1178	1268	1533	576	965	56.3	35	0	0	662	5520
	占比/%	21.34	22.97	27.77	10.43	17.48						
二审	数量	189	237	269	164	260	67.5	43	15	0	1000	1119
	占比/%	16.89	21.18	24.04	14.66	23.24						

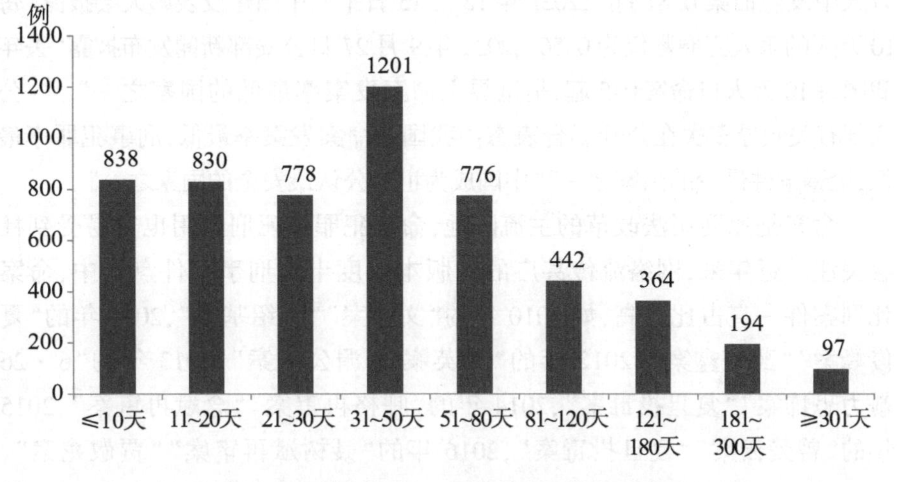

图 9　5520 例死刑一审案件裁判形成期限

---

① 我国死刑司法实践中，个别死刑案件存在着办案效率极高、程序推进极快的处理情况，如段义和爆炸案，2007 年 7 月 9 日作案，7 月 16 日被拘留，同日被逮捕，8 月 8 日一审裁判，8 月 23 日二审裁判，经最高人民法院核准，9 月 5 日执行死刑。

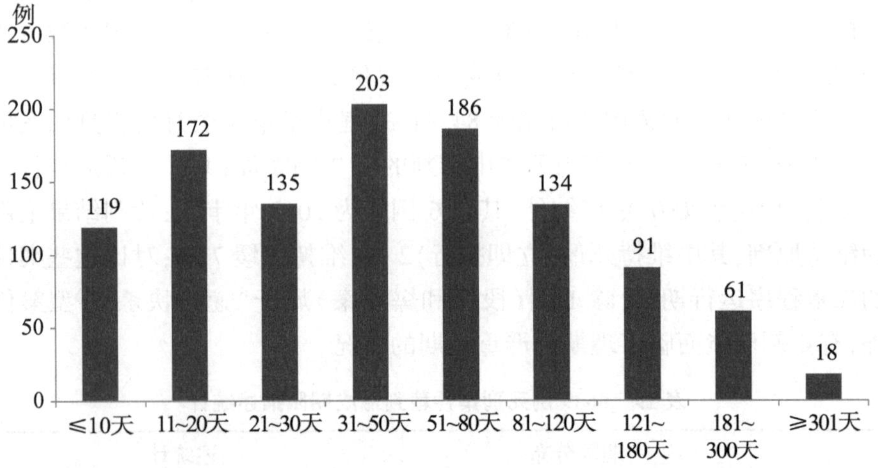

图 10　1119 例死刑二审案件裁判形成期限

四、命案犯罪的死刑适用

命案是严重侵犯人权的犯罪，剥夺被害人生命，是最为严重的反人类反社会行为，是和谐社会中最不和谐的音符。命案发案率也是治安状况、群众安全感的重要指标。2018 年 1 月中央政法工作会议披露“2017 年我国每 10 万人中发生命案 0.81 起”，2021 年 12 月 15 日平安中国建设表彰大会披露“每 10 万人的杀人犯罪数仅为 0.56”，2022 年 9 月 27 日公安部新闻发布披露“去年我国每 10 万人口命案 0.5 起，是世界上命案发案率最低的国家之一”。① 公安部有关领导多次在公开场合表态：“我国是命案发案率最低，刑事犯罪率最低，枪爆案件最少的国家之一”“中国成为世界公认最安全的国家之一”。

命案是死刑司法改革的主流阵地，命案犯罪的死刑适用也容易受到社会关注。近年来，网络流传甚广的各版本年度十大刑事案件盘点中，命案死刑案件一直占比颇高，如 2010 年的“文强案”“陈绍基案”，2011 年的“夏俊峰案”“药家鑫案”，2012 年的“吴英案”“湄公河案”，2013 年的“6·26 暴力恐怖案”“复旦投毒案”，2014 年的“呼格再审案”“念斌再审案”，2015 年的“曾爱云案”“复旦投毒案”，2016 年的“聂树斌再审案”“贾敬龙案”，2017 年的“卢荣新杀人无罪释放案”，2018 年的“杭州保姆纵火案”“金哲宏杀人再审改判无罪案”，2019 年的“孙小果案”“张扣扣案”、湖南“操场埋尸案”“顺风车司机杀人案”，2020 年的“孙文斌杀医案”“张玉环再审无罪案”，2021 年的“吴春红投毒案”“南京医学院女生被杀案”“重庆杀子

① 郐春阳：《人民群众获得感幸福感安全感不断增强》，载《人民公安报》2022 年 9 月 28 日，第 1 版。

案”,2022 年的“劳荣枝上诉案”“谭修义改判无罪案”。相对于普通刑事案件,命案死刑一旦处理不当,往往极易引发舆论聚焦,更易招致网络世界的轩然大波,强化社会负面情绪。在高速发展的网络时代,新型媒体的“全时性传播”特征,使得信息传播更为便捷,即刻传遍全国。例如“张扣扣杀人案”,从除夕夜手刃“仇敌”,到一审、二审审判,再到被执行死刑,一次次成为“热搜”,一次次激起民众对死刑的热议。

命案犯罪,也是我国死刑适用最多的领域,不论是死刑案件数量,还是死刑(立即执行)、死缓判处人数,命案犯罪都占据了六成左右,尤其是70%以上的死刑(立即执行)适用于命案犯罪。可以说,命案是控制死刑(立即执行)数量的重点,命案犯罪死刑(立即执行)的严格适用、数量减少,直接影响着中国死刑控制大局,直接决定着死刑控制的成效和进展。

(一)命案死刑占比超六成

“死刑案例数据库”共收录死刑案件 24908 例,包括一审案件 12874 例,二审案件 10938 例(二审后判处死刑 9924 例),复核案件 1096 例。命案死刑案例共计 15997 例,占全部死刑案例的 64.22%,其中一审程序中命案占比 68.82%,二审程序中命案占比 56.99%,复核程序中命案占比 82.39%。

考察命案的死刑判处人数占比(见表 20)也可知,命案在死刑适用中占有极高比重:12874 例一审案件共判处死刑 14429 人,其中命案死刑 9163 人,73.1% 的死刑(立即执行)、60.87% 的死缓适用于命案;10938 例二审案件共判处死刑 11376 人,其中命案死刑 5885 人,71.28% 的死刑(立即执行)、50.09% 的死缓适用于命案。1096 例复核案件共核准死刑 1153 人,共复核命案 903 例 941 人,发回重审 10 例 10 人,核准死刑 928 人、改判 3 人,案例数占比 82.39%,死刑数占比 80.49%。

表 20 15997 例命案犯罪及死刑判处情况

			罪名分布								合计
			杀人	抢劫	伤害	绑架	爆炸	放火	强奸	投毒	
一审命案	案例	数量/件	6823	992	894	73	4	34	34	6	8860
		占比/%	53.98	8.63	7.19	0.74	0.05	0.28	0.26	0.05	67.27
	死刑	人数	1624	485	79	55	4	11	11	3	2272
		占比/%	52.25	15.60	2.54	1.77	0.13	0.35	0.35	0.10	73.10
	死缓	人数	5325	626	847	40	2	25	23	3	6891
		占比/%	47.04	5.53	7.48	0.35	0.02	0.22	0.20	0.03	60.87

续表

			罪名分布								合计
			杀人	抢劫	伤害	绑架	爆炸	放火	强奸	投毒	
二审命案	案例	数量/件	4394	624	1105	53	22	25	6	5	6234
		占比/%	40. 17	5. 70	10. 10	0. 48	0. 20	0. 23	0. 05	0. 05	56. 99
	死刑	人数	427	140	16	27	2	7	8	1	628
		占比/%	48. 47	15. 89	1. 82	3. 06	0. 23	0. 79	0. 91	0. 11	71. 28
	死缓	人数	3725	497	965	34	5	14	14	3	5257
		占比/%	35. 49	4. 74	9. 19	0. 32	0. 05	0. 13	0. 13	0. 03	50. 09
复核命案	案例	数量/件	579	260	5	32	3	7	15	2	903
		占比/%	52. 83	23. 72	0. 46	2. 92	0. 27	0. 64	1. 37	0. 18	82. 39
	死刑	人数	596	267	5	32	4	7	15	2	928
		占比/%	51. 69	23. 16	0. 43	2. 78	0. 35	0. 61	1. 30	0. 17	80. 49

注：表20计算基数，12874例一审案件判处死刑（立即执行）3108人、死缓11321人；10938例二审案件判处死刑（立即执行）881人，死缓10495人；1096例复核案件共核准死刑（立即执行）1153人。

（二）集中于三大暴力犯罪

观察表20也可发现，8个命案死刑罪名中，死刑适用主要集中于三大暴力犯罪，即故意杀人、抢劫、故意伤害，其他5个"小众"命案罪名在司法实践中因为发案数相对较少，死刑适用的数量也相对较少。

从案例数占比来看，一审8860例命案中，三大暴力犯罪共计8709例，占全部命案的98. 3%；二审6234例命案中，三大暴力犯罪共计6123例，占全部命案的98. 22%；复核903例命案中，三大暴力犯罪共计844例，占全部命案的93. 47%。

从死刑判处人数来看，一审8860例命案共判处死刑（含死缓）9165人，其中三大暴力犯罪共判处死刑（含死缓）8988人，占命案死刑判处人数的98. 07%；二审6234例命案共判处死刑（含死缓）5886人，其中三大暴力犯罪共判处死刑（含死缓）5771人，占命案死刑判处人数的98. 05%；如果只观察判处死刑（立即执行）人数，前述占比分别为一审96. 30%、二审92. 83%。复核程序中903例命案共核准死刑928人，其中三大暴力犯罪868人，占命案死刑核准人数的93. 53%。

(三)致死数影响死刑判处

对于命案的死刑适用,高度关注致死人数几乎是世界通例。以日本为例,①"结果的严重性(特别是被害人数)"是死刑裁量基准的重要组成部分,"永山基准"强调"特别是被害人数",用以评价结果的严重性,也是决定是否适用死刑的"初筛条件"。日本法院在死刑裁量中特别关注被害致死人数,日本死刑适用情况也能证明被害致死人数与死刑判决之间具有很强的相关性,"因为刑法上最重要的法益是生命,这被认为是杀害个数多=刑事责任重",②日本司法研修所的报告明确指出"死刑宣判的最大因素是被害人数"。③ 日本司法实践中形成的量刑惯例是:"一般来说,被害人数为1人,适用无期惩役及以下刑罚;被害人数为3人时,适用死刑;被害人数2人,是分界线"。④ 这种惯例似乎已成为社会共识,2018年发生的"东海道新干线车内杀伤案",该案被告人在侦查供述中曾说"不想被判死刑,无期刑就行了",庭审中还进一步解释"如果杀3个人就会被判死刑,所以我想最多只能杀2人",⑤法院接受了检方求刑,顶格判处了无期惩役。

我国死刑适用中,存在对未致人死亡的命案适用死刑(立即执行)的情况,主要出现于爆炸、(多次、持枪、入户等)抢劫、强奸(多人、幼女)、手段特别残忍的杀人(未遂)和伤害等犯罪中。笔者收集到未致人死亡被判死刑的案例共计185例,见表21:一审案件共计88例104人,其中41例也未致人重伤,其余47例共致重伤64人;一审原判死刑的88例98人(死刑21人、死缓77人)进入二审,其中39例也未致人重伤,其余49例共致重伤75人;经过二审程序后,判处死刑5人,死缓82人,无期刑10人、有期刑1人;核准死刑共计9例,全为强奸案件。

① 有关日本死刑适用基准的深入论述,请参见陈海平:《日本死刑控制研究》,法律出版社2022年版。

② 司法研修所编『裁判員裁判における量刑評議の在り方について』(法曹会,2012年)109-110頁。

③ 司法研修所编『裁判員裁判における量刑評議の在り方について』(法曹会,2012年)109頁。

④ 「ロー・フォーラム 裁判と争点 被害者1人、異例の死刑判決 闇サイト殺人で名古屋地裁」法学セミナー第54卷第6号(2009年6月)139頁。

⑤ 『新幹線殺傷「死刑になりたくない」適用基準を「逆手」無期求刑に批判も』,産経新聞(2019年12月18日),2022-10-21閲覧。

表 21　185 例未致人死亡命案的死刑判处

单位:人

审级	刑罚	罪名分布								
		杀人	抢劫	伤害	绑架	爆炸	放火	强奸	投毒	合计
一审	死刑	0	8	2	0	1	0	2	0	13
	死缓	19	46	10	1	2	3	10	0	91
二审	死刑	1	3	1	0	0	0	0	0	5
	死缓	18	36	10	1	4	3	9	1	82
复核	死刑	0	0	0	0	0	0	9	0	9

考察中国死刑适用也可发现,在致人死亡的命案犯罪中,致死人数是死刑适用的核心影响因素,致死人数与死刑适用呈显著的相关关系。笔者统计 15519 例命案的致死人数与死刑判处情况,分罪名整理形成表 22,按年份整理形成表 23,可以直观地观察致死人数与死刑判处之间的关联。

统计发现:致死人数为 1 人的命案犯罪中,法院如果适用死刑,一般会优先考虑适用死缓,除非另有犯罪手段残忍或者犯罪之后存在分尸、抛尸等特别恶劣的情节,才会考虑适用死刑(立即执行);致死人数为 2 人的命案犯罪中,适用死刑(立即执行)的概率就会明显增加,死刑(立即执行)的适用明显多于死缓;致死人数为 3 人及以上的命案犯罪中,法院极大概率会适用死刑(立即执行),除非是共同犯罪中非主谋、受纠集之类,才有可能适用死缓。

表 22　15519 例命案死刑判处与致死人数(分罪名)

单位:人

罪名	致死 1 人					致死 2 人					致死≥3 人				
	一审		二审		复核	一审		二审		复核	一审		二审		复核
	死刑	死缓	死刑	死缓	死刑	死刑	死缓	死刑	死缓	死刑	死刑	死缓	死刑	死缓	死刑
杀人	1190	5103	290	3390	348	329	190	102	130	143	105	13	30	15	105
抢劫	412	558	104	419	225	57	20	23	8	29	8	2	10	7	13
伤害	59	813	14	906	4	17	24	1	29	1	0	0	0	1	0
绑架	46	36	25	29	28	9	3	2	2	2	0	0	0	0	2
爆炸	2	0	2	1	3	0	0	0	0		1	0	0	0	1
放火	4	13	1	7		4	6	4	2	2	3	3	2	2	5
强奸	8	12	8	5	5	1	0	0	0	1	0	0	0	0	0

续表

罪名	致死 1 人					致死 2 人					致死≥3 人				
	一审		二审		复核	一审		二审		复核	一审		二审		复核
	死刑	死缓	死刑	死缓	死刑	死刑	死缓	死刑	死缓	死刑	死刑	死缓	死刑	死缓	死刑
投毒	1	3	0	2		2	0	0	0	1	0	0	1	0	1
总计	1722	6538	444	4759	613	419	243	132	171	179	117	18	43	25	127

注:一审命案 8860 例,1 例强奸案未公布案情,统计 8859 例。二审命案 6234 例,排除 240 例发回重审、219 例准许撤诉、8 例终止审理,统计 5767 例。复核命案 903 例,排除发回重审 10 例,统计 893 例。

表 23　14626 例命案死刑判处与致死人数

年份	致死 0 人				致死 1 人				致死 2 人				致死≥3 人			
	一审		二审		一审		二审		一审		二审		一审		二审	
	死刑	死缓	死刑	死缓	死刑	死缓	死刑	死缓	死刑	死缓	死刑	死缓	死刑	死缓	死刑	死缓
2005	1	3	2	7	66	60	22	9	10	4	5	0	4	0	5	0
2006	2	1	0	1	60	52	7	5	15	4	0	0	2	0	5	0
2007	1	4	0	5	28	69	17	46	6	0	6	2	1	0	1	0
2008	0	5	0	3	51	81	17	48	8	1	8	3	2	0	3	0
2009	0	7	0	6	102	139	8	57	18	7	4	1	4	0	3	0
2010	1	6	0	3	87	171	24	89	14	1	3	0	4	0	0	0
2011	0	3	2	6	80	188	59	138	14	3	20	3	6	0	4	0
2012	1	5	1	5	65	235	56	184	22	8	14	6	8	0	4	0
2013	0	8	0	6	76	279	39	296	11	16	10	8	10	1	1	2
2014	2	10	0	5	119	710	24	469	35	20	6	18	10	2	4	7
2015	1	4	0	6	116	642	15	526	35	22	5	15	6	2	0	3
2016	1	11	0	8	198	817	36	598	38	42	13	26	19	2	4	3
2017	1	4	0	4	228	1100	59	735	58	45	18	31	11	2	5	3
2018	0	9	0	4	217	1024	33	672	69	33	8	34	11	6	2	3
2019	1	8	0	10	177	720	20	538	49	28	9	11	13	1	2	3
2020	1	2	0	3	51	249	8	326	15	9	3	13	6	2	0	1
2021	0	1	0	0	1	2	0	23	2	0	0	0	0	0	0	0
合计	13	91	5	82	1722	6538	444	4759	419	243	132	171	117	18	43	25

注:因为所收集复核案例多为核准案例,对比价值不大,故未统计复核案例的年度分布。

在表 23 统计的基础上，逐年计算一审、二审程序中不同致死人数①情况下判处死刑（立即执行）的占比，制作成图，可观察 2005 年以来命案死刑适用的整体趋势，能够发现命案犯罪领域死刑控制的巨大进展。

一审程序中，致死人数相同的情况下，死刑（立即执行）适用整体呈下降趋势（见图 11），尤其是致死人数为 1 人及以下的案件的下降趋势更为明显。在最高人民法院收回死刑复核权的 2007 年，出现了明显震荡，致死人数少的，大量适用死缓；而致死人数为 2 人及以上的命案犯罪中，出现了适用死刑（立即执行）比例显著上升的情况，之后不断回调，2014 年后呈现出相对稳定的小幅下降趋势。

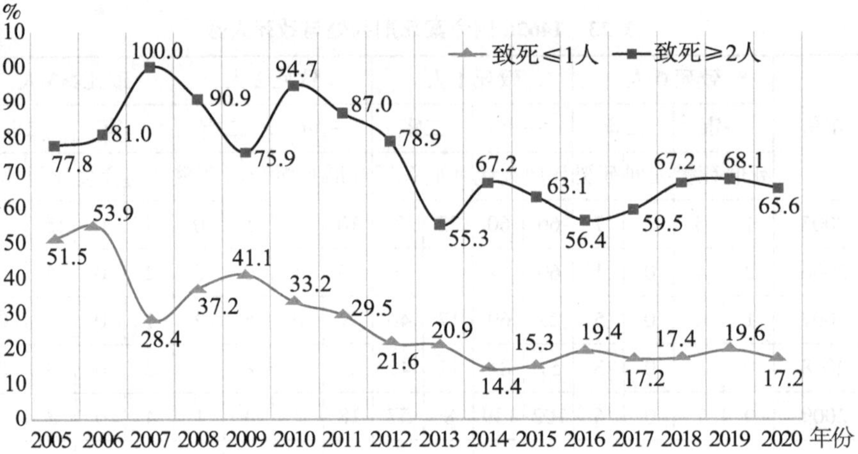

图 11　一审命案中致死人数与死刑（立即执行）占比

二审程序中，致死人数对死刑判处的影响更为剧烈（见图 12）。2005 年以来，致死人数为 1 人及以下的命案犯罪中，死刑（立即执行）适用占比下降幅度非常明显，从 2005 年的 60% 一路下降，2013 年后均保持在 10% 以下；致死人数为 2 人及以上的命案犯罪中，死刑（立即执行）适用占比呈现总体大幅下降、局部较大幅度反弹的趋势，从 2005 年、2006 年的 100% 不断下降，《刑法修正案（八）》出台前后有所回调，2013 年后保持在 45% 以下，易言之，致死人数 2 人及以上的命案犯罪，在二审程序中半数以上案例不会适用死刑（立即执行）。

① 基于图示的简明考虑，将致死人数以 1 人为界限，分为“1 人及以下”“2 人及以上”两类。

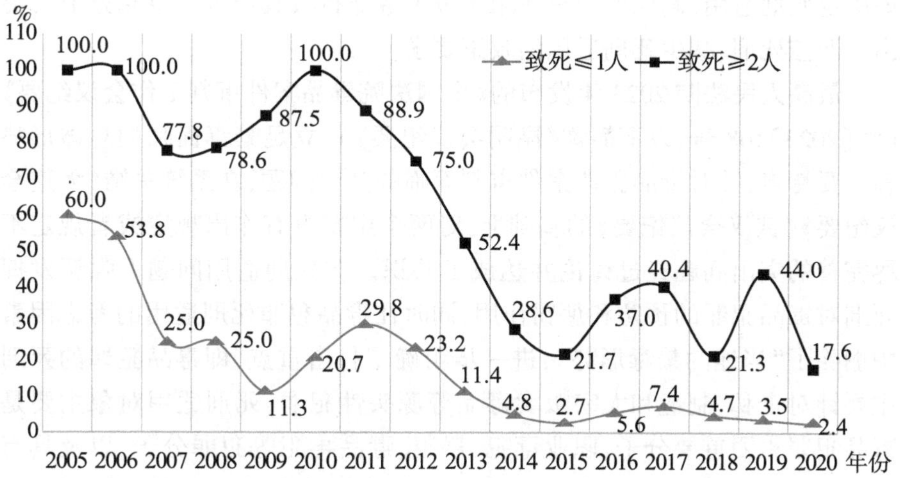

图12　二审命案中致死人数与死刑(立即执行)占比

命案犯罪中,也存在一案判处多人死刑的情况,笔者统计了共同犯罪致死1人,判处2人死刑的情况:一审案例40例80人,从罪名来看,杀人20例、抢劫11例、绑架7例、爆炸1例、伤害1例;审结时间上没有显著性特征。二审案例20例40人,经过二审后,维持原判13例26人,从罪名来看,杀人5例、抢劫2例、绑架1例、爆炸1例;从审结时间来看,2012年前11例,2012年后2例。复核案例10例20人,经过复核程序后,核准8例18人,改判2人;从罪名来看,杀人6例、抢劫1例、爆炸1例;从审结时间来看,全部为2014年前。

五、毒品犯罪的死刑适用

毒品犯罪作为死刑适用的主要犯罪类型,是中国死刑废止的焦点问题,对于毒品犯罪是否属于“最严重罪行”而适用死刑,虽然法学界对此一直存在争议,但普遍主张将毒品犯罪作为死刑控制的重要着力点。

对于毒品犯罪的死刑适用,最高人民法院2008年发布的《全国部分法院审理毒品犯罪案件工作座谈会纪要》(法〔2008〕324号,以下简称《大连会议纪要》)进行了系统性规定,明确要求“罪行极其严重依法应当判处死刑的,必须坚决依法判处死刑”,初步统一了毒品犯罪的死刑适用标准。最高人民法院2015年发布的《全国法院毒品犯罪审判工作座谈会纪要》(法〔2015〕129号,以下简称《武汉会议纪要》),在《大连会议纪要》的基础上,进一步完善了毒品犯罪的死刑适用标准,既要求“突出打击重点,对罪行极其严重、依法应当判处死刑的被告人,坚决依法判处”,也强调“严格审慎地决定死刑适用,确保死刑只适用于极少数罪行极其严重的犯罪分子",突出了严控死刑、减少死刑适用的政策要求。

最高人民法院2023年发布的《全国法院毒品案件审判工作会议纪要》(法〔2023〕108号,以下简称《昆明会议纪要》),立足禁毒面临的总体形势和主要特点,针对毒品犯罪案件审判面临的突出问题,在系统总结《大连会议纪要》《武汉会议纪要》的基础上,对两个纪要没有作出规定或者规定不尽完善的突出问题经过讨论并达成了共识。在死刑适用问题上强调发挥死刑对毒品犯罪的预防和惩罚作用,同时在毒品犯罪死刑适用的考虑因素中删除了"当地的禁毒形势",进一步明确了打击重点,即毒品犯罪的死刑主要针对走私、制造和大宗贩卖毒品等源头性犯罪,死刑适用对象主要是毒品犯罪集团首要分子、职业毒犯、累犯、毒品再犯等犯罪分子,以及具有武装掩护毒品犯罪、以暴力抗拒查缉情节严重、参与有组织的国际贩毒活动等严重情节的犯罪分子。

根据最高人民法院的司法解释,①名称包含"解释""规定""规则""批复""决定"五种之一,才属于司法解释。最高人民法院发布的毒品犯罪"会议纪要"虽然不属于司法解释,但对全国毒品犯罪死刑适用有更灵活、更具针对性的指导价值。《大连会议纪要》《武汉会议纪要》运行多年,客观而言,确实规范了毒品犯罪领域的死刑适用,推动了毒品犯罪领域的死刑控制。随着中国死刑控制的不断推进,不论是立法还是司法均面临诸多新情况,亟待在慎重评估毒品犯罪死刑适用的基础上进一步顶层设计。2023年《昆明会议纪要》出台,正是对过往两个"会议纪要"的进一步修改完善,同时也宣布《大连会议纪要》《武汉会议纪要》不再适用,退出历史舞台。我们期待在新的《昆明会议纪要》时代,最高人民法院在毒品犯罪的死刑控制方面更有作为,发挥更大的引导作用。

(一)毒品死刑总量颇大

笔者自建的"死刑案例数据库"共收录死刑案件24908例,包括一审案件12874例,二审案件10938例(经过二审程序后判处死刑9924例),复核案件1096例(经过复核程序后核准死刑1047例)。共收录毒品犯罪死刑案件共计8676例,占全部死刑案例数的34.83%,其中一审案例数占比30.4%、二审案例数占比42%、复核案例数占比15.33%。

考察毒品犯罪在死刑适用中的占比(见表24)可见:毒品犯罪死刑适

① 最高人民法院:《最高人民法院关于司法解释工作的规定(2021修正)》(法发〔2021〕20号),2021年6月9日公布,2021年6月16日施行。相对于修正前的2007年版,司法解释的名称增加了"规则"。

用的总体数量颇大,所有46个死刑罪名中,在死刑适用频度、死刑判处人数方面,毒品犯罪是仅次于故意杀人的死刑罪名。笔者收集的24908例死刑案件中:12874例一审案件共判处死刑(立即执行)3108人、死缓11321人,毒品犯罪共判处死刑(含死缓)5150人,占全部死刑判处人数的35.68%,有38.42%的死缓、25.74%的死刑(立即执行)适用于毒品犯罪;10938例二审案件共判处死刑(立即执行)881人、死缓10495人,其中毒品犯罪判处死刑(含死缓)5400人,占全部死刑判处人数的47.47%,有49.13%的死缓、27.70%的死刑(立即执行)适用于毒品犯罪。1096例复核案件共核准死刑1153人,其中毒品犯罪死刑168例200人,占全部案例数的15.33%,占全部死刑核准数的17.43%。

表24　8676例毒品犯罪之死刑判处情况

毒品犯罪一审案例					毒品犯罪二审案例					毒品犯罪复核案例		
案例	死刑		死缓		案例	死刑		死缓		案例	死刑	
数量/件	人数/人	占比/%	人数/人	占比/%	数量/件	人数/人	占比/%	人数/人	占比/%	数量/件	人数/人	占比/%
3914	800	25.74	4350	38.42	4594	244	27.70	5156	49.13	168	200	17.43

注:表24计算基数,12874例一审案件判处死刑(立即执行)3108人、死缓11321人;10938例二审案件判处死刑(立即执行)881人,死缓10495人;1096例复核案件共核准死刑(立即执行)1153人。

与命案犯罪的死刑适用相比,毒品犯罪的死刑适用存在一个明显特点:死刑(立即执行)适用少、死缓适用多,尤其在最终确定死刑的死刑复核程序中,毒品犯罪无论案例数还是死刑数的占比,均低于命案犯罪。从毒品犯罪死刑判处的绝对数量来看,死缓越来越成为毒品犯罪死刑的第一选择,死刑(立即执行)的判处明显受到控制;从过往十余年的毒品犯罪死刑适用趋势来看,毒品犯罪判处死刑(立即执行)越来越谨慎,尤其是运输毒品犯罪,适用死缓的概率越来越大。

随着严控死刑适用的政策在实践中不断得到强化,毒品犯罪给中国死刑控制带来新的可能与空间,毒品犯罪必将成为下一步死刑控制的主战场,如果能够进一步严格控制毒品犯罪的死刑适用,中国死刑控制将迎来全新局面,死刑适用数字将有较大幅度的下降,死刑适用过多的问题将得到里程碑式的缓解。

(二)毒品死刑罪名分布

对可能判处死刑的毒品犯罪行为,刑法设定了一个选择性罪名,即“走私、贩卖、运输、制造毒品罪”,对于罪名的认定、选择、排序等问题,《大连会议纪要》做出了明确规定,根据所实施的犯罪行为并列确定罪名。

观察8676例毒品死刑案件的判处、核准死刑的罪名分布(见表25)可知:“贩卖”“运输”行为是毒品犯罪领域死刑适用的重点,占三审级死刑适用人数的87.79%。具体来说,“运输毒品”成为毒品犯罪领域死刑适用数量最多、频度最高的罪名,在三审级中判处、核准死刑(含死缓)的人数,占全部毒品犯罪死刑(含死缓)人数的1/3(32.23%);“贩卖、运输毒品”是毒品犯罪领域死刑(立即执行)适用数量最多、频度最高的罪名,三审级判处、核准死刑(立即执行)的人数,占全部毒品犯罪死刑(立即执行)人数的1/3(34.41%)。

表25 8676例毒品犯罪之死刑罪名分布

单位:人

罪名分布	3914例一审案件		4594例上/抗诉案件		4594例二审案件		168例复核案件	
	死刑	死缓	原判死刑	原判死缓	死刑	死缓	死刑	死缓
贩卖、运输	271	1067	250	1311	86	1311	71	2
运输	175	1464	158	1822	30	1763	34	0
贩卖	234	1316	234	1561	82	1479	54	3
制造	33	142	47	194	15	181	15	0
走私、运输	19	68	19	147	5	153	1	0
贩卖、制造	32	84	20	108	13	101	12	0
走私	11	121	7	48	5	44	1	0
走私、贩卖、运输	6	29	7	53	3	51	4	0
贩卖、运输、制造	11	32	14	36	3	41	8	0
走私、贩卖	3	12	3	26	2	22	0	0
运输、制造	2	11	0	11	0	10	0	0
走私、贩卖、运输、制造	1	4	1	1	0	0	0	0
走私、制造	2	0	0	0	0	0	0	0
合计	800	4350	760	5318	244	5156	200	5

注:同一被告人在一审、二审、复核程序中被判处/核准死刑的,各审级分别计算。

对于毒品犯罪死刑的立法限制,法学界长期以来一直在积极呼吁废除运输毒品罪的死刑,最高人民法院也曾有过废止运输毒品犯罪死刑的罪名削减建议,后在多重因素的影响下被调整为"保留但更为严格地限制其死刑""将运输毒品单独成罪并提高其适用死刑的标准"。[①] 有学者实证调研律师对毒品犯罪死刑的态度表明,"对运输毒品罪的死刑支持度远低于走私、贩卖、制造毒品,而支持威慑力的人更容易支持毒品犯罪死刑"。[②] 笔者较为乐观的看法是:运输毒品大概率会成为中国死刑控制的下一个"风口",也极大可能成为毒品犯罪领域最先被削减的死刑罪名;未来较短时期内,应当严格控制"运输毒品"犯罪行为的死刑(含死缓)适用,尤其要注意减少死刑(立即执行)的适用数量;在对"运输毒品"犯罪行为严格控制、极少适用,甚至基本不适用死刑(含死缓)的同时,加强对"走私毒品"犯罪行为的死刑控制;待将来时机成熟以后,一并削减"运输毒品""走私毒品"的死刑罪名设定;将毒品犯罪领域的死刑适用限定在贩卖、制造两种行为,作为未来全面废止毒品犯罪死刑的过渡性方案。

(三)一案多人死刑情况

共同犯罪是毒品犯罪的普遍性、典型性形式,随着国家打击力度的加大,毒品犯罪也在不断升级,手段更加隐蔽、分工更为精细,单人作案逐渐向团伙化的方向发展。[③] 共同犯罪占比极高,再叠加对毒品上下家并案处理的惯例,毒品犯罪一案判处多人死刑的概率变大,学界也有类似论断,"实践中确实存在一案判处二人甚至多人死刑的案件"。[④] 笔者收集的24908 例死刑案件中,一案判处多人死刑的情况确实不少,比较案例占比和死刑适用人数占比,一审毒品案例数占比 30.39%,死刑判处人数占比35.68%;二审毒品案例数占比 41.99%,死刑判处人数占比 47.47%。出现这种情况的原因,一是毒品犯罪领域共同犯罪更为多发,二是我国奉行严惩毒品犯罪的刑事政策,三是司法实践多年来形成的(不分主从)严厉惩处毒品共犯的习惯。

对于一案判处多人死刑的情况,《武汉会议纪要》基于严控死刑适用的立场专门进行了规定:对于运输毒品犯罪的死刑适用,针对"一案中有多人受雇运输毒品的"情况,要求"同时判处二人以上死刑[⑤]要特别慎重",

① 赵秉志、张伟珂:《论运输毒品罪死刑废止的可行性》,载《河北法学》2020 年第 11 期。

② 江溯:《律师对毒品犯罪死刑态度的实证研究》,载《清华法学》2020 年第 5 期。

③ 刘桂华、吴仕春:《毒品共同犯罪中的死刑适用》,载《人民司法(案例)》2016 年第 14 期。

④ 方文军、何鑫:《当前毒品犯罪适用死刑的若干问题》,载《法律适用》2021 年第 9 期。

⑤ 根据《武汉会议纪要》上下文可知,此处的"死刑"仅指死刑立即执行。

《昆明会议纪要》维持了这一原则性要求；对于毒品共同犯罪、上下家犯罪的死刑适用，也有"判处二人死刑要特别慎重"的原则性要求；同时也强调"判处二人以上死刑符合罪刑相适应原则，并有利于全案量刑平衡的，可以依法判处。"

笔者收集的8676例毒品犯罪死刑案件中，一案判处多人死刑的情况，见表26，一审案件3914例共判处5150人死刑（含死缓），"一案判处多人死刑（含死缓）"932例共计2168人，其中"一案判处多人死刑（立即执行）"113例共计249人；二审案件4594例共判处5400人死刑（含死缓），"一案判处多人死刑（含死缓）"964例共计2182人，其中"一案判处多人死刑（立即执行）"37例共计81人；复核案件168例共核准死刑200人，除1例发回重审外，140例案件核准1人死刑（立即执行），其余27例案件"一案核准多人死刑（立即执行）"共计60人。

对于《武汉会议纪要》特别强调的运输毒品犯罪"一案判处多人死刑"的情况，一审案例中有8例运输毒品犯罪共判处16人死刑（立即执行），二审中仅1例运输毒品犯罪判处3人死刑（立即执行），复核案例未出现运输毒品"一案核准多人"死刑的情况。

表26　8676例毒品犯罪案件中"一案判处多人死刑"统计

单位：件

数量	3194例一审案件		4594例二审案件		168例复核案件
	死刑＋死缓	死刑	死刑＋死缓	死刑	死刑
判处2人	719	95	778	30	24
判处3人	153	13	142	7	1
判处4人	40	5	33	0	1
判处5人	11	0	5	0	1
判处6人	7	0	3	0	0
判处7人	2	0	0	0	0
判处8人	0	0	2	0	0
判处9人	0	0	1	0	0
案例合计	932	113	964	37	27
判处合计	2168	249	2182	81	60

注：4594例毒品案件二审后，412例（全案）撤销原判死刑（含死缓）或改判非死刑。

(四)毒品的种类与数量

对于毒品犯罪的死刑适用,《刑法》首先从毒品数量的角度设定了最低标准,即“鸦片一千克以上、海洛因或者甲基苯丙胺五十克以上或者其他毒品数量大”;最高人民法院《关于审理毒品犯罪案件适用法律若干问题的解释》(法释〔2016〕8 号)进一步明确了“其他毒品数量大”,由此形成了作为死刑适用前提性条件的“毒品数量大”标准(见表 27)。《大连会议纪要》明确规定“毒品数量是毒品犯罪案件量刑的重要情节,但不是唯一情节”,并要求在裁量适用死刑时要“综合考虑毒品数量、犯罪性质、情节、危害后果、被告人的主观恶性、人身危险性及当地的禁毒形势等因素”。《武汉会议纪要》重申了前述要求,同时明确“涉案毒品数量刚超过实际掌握的死刑数量标准的,一般不能同时判处(上下家)死刑”。《昆明会议纪要》在重申毒品数量的重要情节地位的基础上,强调死刑适用要坚持“毒品数量+其他情节”的标准,并分别规定了毒品数量“接近”/“刚超过”/“达到”法院“实际掌握的死刑适用数量标准”时,针对不同犯罪事实、量刑情节的死刑适用思路,也明确规定“全案未查获毒品的,一般不判处被告人死刑。主要犯罪事实中未查获毒品的,判处被告人死刑应当特别慎重”。由此可见,“毒品数量”对于是否判处死刑具有决定性的意义,有学者对运输毒品犯罪的实证研究也得出了类似结论,“就影响运输毒品罪死刑裁量的因素而言,毒品数量似乎独领风骚”。① 司法实践中,毒品数量通常是刑罚裁量的重要依据甚至是唯一依据。过度倚重毒品数量的评价模式,也受到了学界的关注与批判。

表 27　毒品犯罪中“毒品数量大”的认定标准

鸦片 > 1000 克	海洛因 > 50 克
甲基苯丙胺 > 50 克	可卡因 > 50 克
MDMA 等苯丙胺类毒品(甲基苯丙胺除外)、吗啡 > 100 克	芬太尼 > 125 克
甲卡西酮 > 200 克	二氢埃托啡 > 10ml
哌替啶(杜冷丁) > 250 克	氯胺酮 > 500 克
美沙酮 > 1000 克	曲马多、γ-羟丁酸 > 2000 克

① 杨彩霞、禹婷婷:《运输毒品罪死刑裁量的影响因素研究——基于 2018 ~ 2020 年全国运输毒品罪死刑裁判文书的分析》,载《政法学刊》2021 年第 6 期。

续表

大麻油 > 5000 克、大麻脂 > 10000 克、大麻叶及大麻烟 > 150000 克	可待因、丁丙诺啡 > 5000 克
阿普唑仑、恰特草 > 100000 克	三唑仑、安眠酮 > 50000 克
巴比妥、苯巴比妥、安钠咖、尼美西泮 > 250000 克	咖啡因、罂粟壳 > 200000 克
氯氮卓、艾司唑仑、地西泮、溴西泮 > 500000 克	

根据我国《刑法》规定，海洛因、甲基苯丙胺类毒品数量 50 克以上，就有可能适用死刑。由于毒情的不断泛滥，参照 50 克的数量标准易导致死刑适用过多，法院系统形成了“实际掌握的死刑数量标准”。

由于各地毒品犯罪及禁毒形势存在较大差别，再加上不同地区对毒品犯罪的危害程度的认识和重视程度也存在差别，不同地区毒品犯罪适用死刑的数量标准并不统一。一般而言，在毒品犯罪高发地区，死刑适用的毒品数量标准较高，而其他地区则数量标准较低。如在“杨小平运输毒品案”①中，涉案甲基苯丙胺 2020.06 克，无从轻、从重量刑情节，北京法院认为“毒品数量大”，判处其死刑立即执行。而在“马海力日运输毒品案”②中，涉案海洛因 2400 克，无从轻、从重量刑情节，云南法院以“毒品数量大”为由判处其死缓。

发生在同一年份、情节类似的两例运输毒品犯罪，在不同地区审判，得出截然不同的裁判结果。虽然两个“会议纪要”对各地根据地区实际情况保持一定差异持肯定态度，但是有学者对此表示担忧，认为由于各省数量标准不统一，死刑适用对毒品的震慑力不够，对不同地区的犯罪分子形成一定的驱赶和聚合作用，导致数量标准越高的地区毒情越来越严重。③

考察 8676 例毒品死刑案件裁判文书，除极个别案件无法查明准确数量，以毒资、毒赃为依据确定量刑外，“毒品数量大”“毒品数量巨大”“毒品数量特别巨大”④是裁量适用死刑、量刑说理的重要依据。除涉案毒品构成极其复杂、毒品数量不明确的案件外，笔者参照表 28，筛选、统计了判处

① 北京市第二中级人民法院刑事判决书，(2013)二中刑初字第 1540 号。

② 一审：云南省德宏傣族景颇族自治州中级人民法院刑事判决书，(2013)德刑三初字第 57 号。二审：云南省高级人民法院刑事裁定书，(2013)云高刑终字第 796 号。

③ 任惠华：《毒品犯罪死刑适用问题的调查与思考》，载《甘肃政法学院学报》2015 年第 5 期。

④ 后两个概念并非具有刑法规范意义的概念，而是在毒品犯罪审判实践中形成，并由毒品犯罪两个“会议纪要”提出，旨在对毒品数量进行层次划分的法律适用规则。

死刑被告人所涉毒品的种类和数量。① 包括一审案件3892例5114名被告人、二审案件4263例5576名(含二审改判非死刑)被告人,排除了毒品种类及数量不明确的(发回重审、终止审理、准许撤诉)332例513名被告人;复核案例统计168例200名死刑(立即执行)被告人。

统计发现:海洛因、甲基苯丙胺(以下简称冰毒)、甲基苯丙胺片剂(以下简称麻古)是判处死刑最多的三类毒品,见表28、表29,案涉海洛因、冰毒、麻古被判死刑的被告人,占一审毒品犯罪判处死刑被告人的95.16%,占二审毒品犯罪判处死刑被告人的91.34%,占毒品犯罪核准死刑被告人的97.56%。

表28　9018例毒品死缓之毒品种类及数量

单位:克

描述统计	一审死缓				二审死缓			
	海洛因	冰毒	麻古	海洛因+冰毒	海洛因	冰毒	麻古	海洛因+冰毒
平均	7088.6	9180.2	9273.5	5853.4	6735.1	5958.5	10497.0	5180.0
标准误差	866.3	1914.0	578.9	619.7	493.3	446.9	1526.5	354.8
中位数	2835	2617	5724	3508	3485	2311	5598	2768
众数	1745	2000	4520	2462	700	2000	7249	12895
峰度	478.60	1665.52	9.75	46.30	381.77	579.28	223.05	15.85
偏度	20.12	38.37	2.66	5.62	17.82	21.57	14.37	3.51
最小值	173	208	585	311	135	97	500	106
最大值	775350	4376403	75200	88606	383350	694762	579700	50040
观测数	1124	2548	289	193	1195	2737	558	374

注:复核案例中,改判死缓5例,样本有限,故未统计;"观测数"即死缓被告人数。

① 共同犯罪中,裁判文书明确各被告人责任毒品种类及数量的,从其记载,一些案件中均为主犯,未区分责任毒品的,按照犯罪所涉毒品种类及数量统计;裁判文书注明"约""余""多""近""达"等的,均按本数统计;对于甲基苯丙胺片剂(麻古)未查获仅知数量(粒)的情况,根据《武汉会议纪要》的规定,结合本案已查获同类毒品计算所得统计,未查获且无同类可参照的,未计入毒品数量;制造毒品犯罪中,裁判文书载明"半成品"数量的,按《武汉会议纪要》计入制造毒品数量,未载明"半成品"数量,分别载明液体、凝固物、胶状物、固液混合物等的,为便于计算,未计入制造毒品数量。统计数据均按裁判文书原始数据记录,计算结果四舍五入至整数。同属甲基苯丙胺类毒品的冰毒与麻古并存时,按照《武汉会议纪要》规定的方法,将麻古折算(1/2)为冰毒。

表 29　1189 例毒品死刑(立即执行)之毒品种类及数量

单位:克

描述统计	一审死刑				二审死刑				复核死刑			
	海洛因	冰毒	麻古	海+冰	海洛因	冰毒	麻古	海+冰	海洛因	冰毒	麻古	海+冰
平均	23523. 6	48674. 0	14672. 9	16965. 9	26133. 1	38730. 4	13603. 5	7121. 1	39168. 1	37968. 9	33801. 0	16639. 5
标准误差	6659. 1	13187. 4	3439. 9	2588. 1	14173. 0	9552. 4	4973. 7	1593. 8	19139. 0	9621. 6	7163. 2	4457. 3
中位数	8752	7899	10866	11819	3847	8451	10350	5442	13958	10914	23479	13396
众数	23873	5000	3780	7641	2472	10988	无	10662	9401	28691	30594	无
峰度	73. 85	161. 55	1. 90	6. 04	47. 49	27. 38	2. 52	3. 31	34. 69	34. 82	3. 10	-1. 00
偏度	8. 51	12. 09	1. 56	2. 39	6. 73	5. 15	1. 67	1. 74	5. 75	5. 67	1. 94	0. 74
最小值	351	415	1106	1368	418	830	1140	664	1758	1110	2678	2688
最大值	775350	4376403	47500	88705	775350	738900	46745	28498	775350	772350	137097	39600
观测数	164	529	17	56	56	144	9	20	41	119	25	9

注:"海+冰"指被判死刑的犯罪行为同时涉及海洛因和冰毒,二者数量合计。

根据现行立法、司法解释,毒品犯罪的死刑适用中,海洛因和冰毒适用统一标准,《武汉会议纪要》明确了"麻古的死刑数量标准一般可以按照冰毒的2倍左右掌握"。笔者在上述数据统计的基础上,折算出三个审级判处/核准的1194例死刑(立即执行)、9018例死缓所涉毒品数量,制作成图13~图17,由此可以较为直观地了解毒品数量与死刑适用的关系。

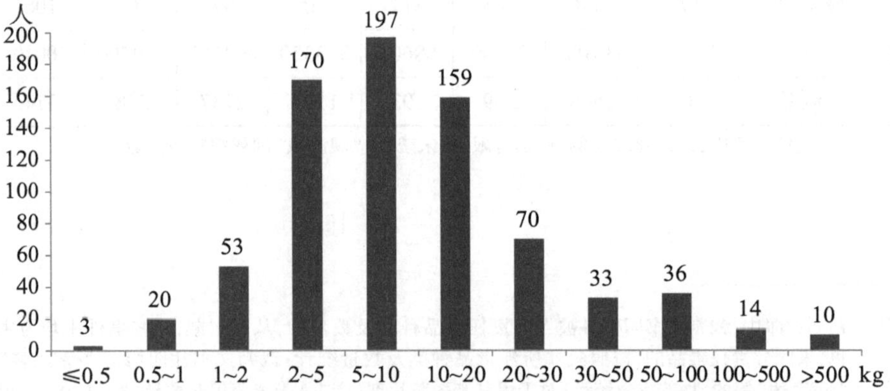

图 13　一审判处死刑(立即执行)的 765 名被告人涉案毒品数量

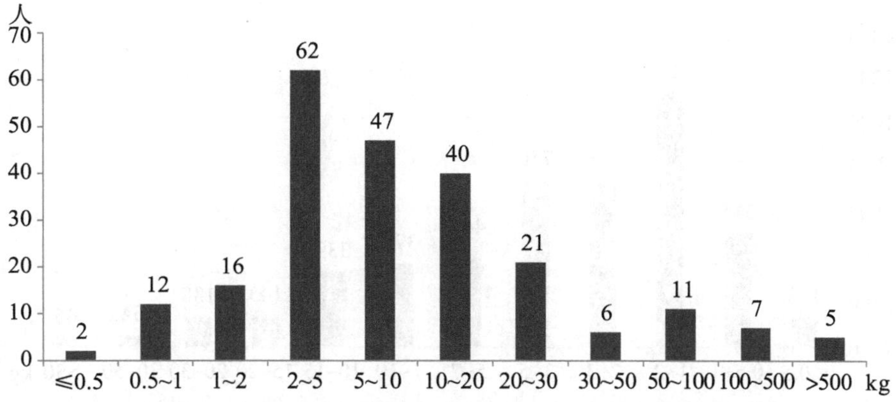

图 14　二审判处死刑(立即执行)的 229 名被告人涉案毒品数量

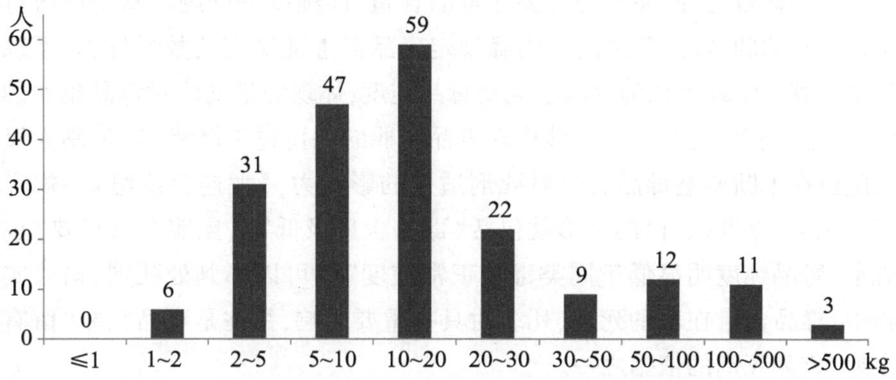

图 15　核准死刑的 200 名被告人涉案毒品数量

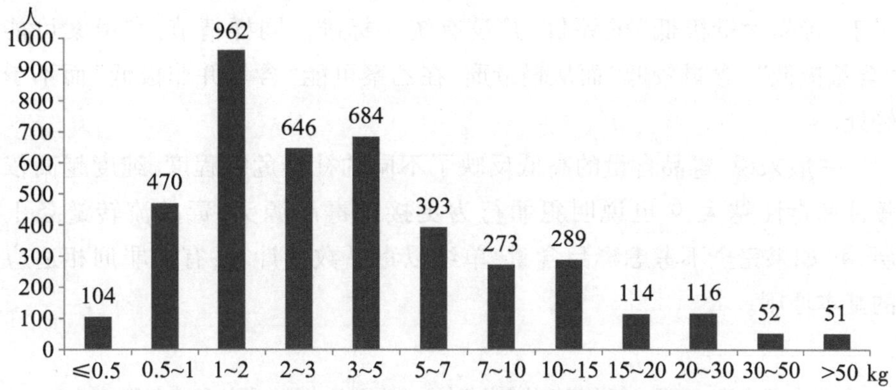

图 16　一审判处死缓的 4154 名被告人涉案毒品数量

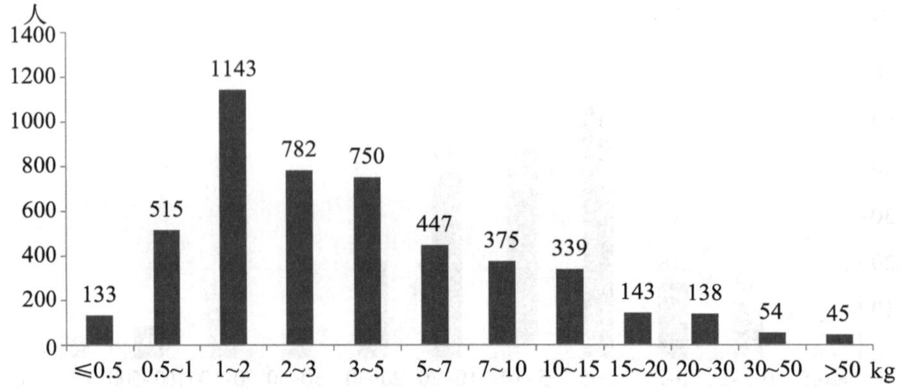

图 17　二审判处死缓的 4864 名被告人涉案毒品数量

毒品数量之外,还有必要关注毒品含量,即纯度的问题。基于严厉打击毒品犯罪的考虑,我国刑法明确规定毒品以查证属实的数量计算,不以纯度折算。学理上认为立法上无视毒品纯度,体现的是刑法对毒品犯罪的"零容忍"态度,也导致了实践中对毒品犯罪的惩罚过于严苛。① 最高人民法院也在不断调整毒品含量对死刑适用的影响力,《大连会议纪要》规定不判死刑(立即执行)的情形就包括"毒品含量极低";《昆明会议纪要》也规定"毒品纯度明显低于同类毒品正常纯度"的可以不判处死刑;司法实践中,毒品含量在斟酌死刑、死缓时具有重要影响,往往是毒品犯罪"留有余地"判处死刑的依据之一。

笔者收集的死刑案例中,确实存在因掺假而达到"毒品数量大"标准的情况,"毒品含量极低""毒品含量较低"也是毒品犯罪常见的辩护理由。对于"毒品含量极低"的评价,并没有统一标准。同样情节,在甲案可能"含量极低""含量较低"而从轻量刑,在乙案可能"含量并非极低"而不予轻处。

一般来说,毒品含量的高低反映了不同的社会危害程度,纯度越高依赖性和毒性越大,②也说明犯罪行为更接近毒品源头、毒品流转链条上层。③ 如果完全不考虑毒品含量,单纯以毒品数量计算,有违罪刑相适应的基本原则。

① 何荣功、杨俭等:《毒品类死刑案件的有效辩护》,中国政法大学出版社 2017 年版,第 7 页。

② 关于毒性或成瘾性的程度,较之当下流行的 K 粉、摇头丸、麻古,传统毒品如鸦片、海洛因最为剧烈。参见袁希利、何荣功:《新型毒品犯罪的死刑判处要慎之再慎》,载《云南大学学报(法学版)》2012 年第 6 期。

③ 任惠华:《毒品犯罪死刑适用问题的调查与思考》,载《甘肃政法学院学报》2015 年第 5 期。

《武汉会议纪要》有关两种新类型、混合型毒品的折算规定,正是认识到不同类型毒品存在含量差异,通过折算对其危害性进行量化比较,从而达到一种相对平衡的努力和尝试。同理,同类毒品的不同含量,尤其是含量差异悬殊的毒品,比如麻古的甲基苯丙胺成分含量,笔者所见的案例中就有低至2%的,也有高达47%的,对此不加区分地强调“毒品数量大”而施以严厉惩罚,确实有违罪刑均衡原则。

笔者主张,有必要在《武汉会议纪要》《昆明会议纪要》的基础上继续探索“毒品含量”的鉴定和折算问题,将“毒品含量”作为一个重要的量刑参考因素,既利于实现毒品犯罪本身的罪行相适应,也能为毒品犯罪死刑控制开辟新的可能与空间。

第二章　中国死刑控制报告:进展与未来

面对限制、减少乃至废止死刑的国际潮流,国家越来越清晰地认识到严格控制死刑适用的重要意义。为了从程序上保证“慎杀”,从实体上确保“少杀”,党和国家领导人积极推动,司法实务部门努力探索,最高人民法院收回死刑复核权,因此带动了自上而下的死刑司法领域改革,通过两个刑法修正案在立法上削减了22个死刑罪名,对中国死刑的适用影响深远,极大地推动了中国死刑司法的进步。尤其自党的十八大以来,一系列冤假错案得以纠正,司法公信力获得重建。2021年9月中国政府发布的《国家人权行动计划(2021—2025年)》,明确了第二个百年奋斗目标首个五年“尊重、保护和促进人权的阶段性目标和任务”,重申我国的死刑政策:“严格慎重适用死刑。强化死刑复核程序,规范死刑复核监督程序,严格落实死刑案件报备和审查机制。细化死刑案件法律适用标准和诉讼程序规则,确保死刑只适用于极少数罪行极其严重的犯罪分子。”①

经过十余年的死刑控制努力,中国死刑适用情况改观甚巨,罪名削减和司法控制的合力加持,死刑适用过多的问题有所缓解。但形势依然严峻,中国死刑控制渐入深水区。被寄予厚望的司法控制死刑,近年大动作有限,改革推进略显乏力;经过两轮死刑罪名的削减,法学界普遍认为罪名削减空间变小。

本章将立足自建的“死刑案例数据库”,兼顾实体、程序两个方面,从死刑的立法控制、司法控制两个角度,揭示现行46个死刑罪名的实践运用,展示了中国死刑控制的重大进展,分析中国死刑控制面临的挑战,寻求中国死刑适用问题的解释策略与解决方案。

一、理念变革:严控死刑已成共识

2013年11月党的十八届三中全会《中共中央关于全面深化改革若干重大问题的决定》提出“逐步减少适用死刑罪名”。其后,中央关于深化司法体制和社会体制改革的任务要求“完善死刑法律规定,逐步减少适用死刑的罪名”。

---

① 国务院新闻办公室:《国家人权行动计划(2021—2025年)》,2021年9月9日发布。

2021年10月10日对联合国人权理事会表决“死刑问题”决议草案时，中国投了反对票，在“采取行动前的解释性发言”①中，明确宣示了中国政府对于死刑问题的最新立场：死刑问题属于国家主权范围内的立法和司法问题，国际社会在死刑存废问题上并无共识；中国的死刑政策是“保留死刑，严格适用死刑”，死刑只适用于罪行极其严重的犯罪分子，死刑适用有严格的标准和核准程序。

《刑法修正案（八）》《刑法修正案（九）》两次削减死刑罪名，减少了适用死缓的阻力，缩小了死刑执行的空间。即便如此，我国的死刑罪名设置依然较多，依然是死刑适用大国，依然不具备废除死刑的条件。

虽然死刑受到国际社会的高度关注，限制直至废除死刑已成基本趋势，②但“无论从官方立场上看，还是从民众立场上看，以及从学界立场上看，‘中国现在就废除死刑’尚未成为一种共识”。③“在目前阶段，严格限制、逐步减少直至废除死刑的路径仍然是一个稳妥的选择”。④甚至有学者发出“立足国情，警惕数字陷阱”的警告：虽然废除死刑的国家在数量上占据优势，但无论多少个国家废止死刑，都无法回避一个基本的问题，即几乎所有人口超过一亿的国家都没有废除死刑，而且“占世界人口一半以上的地区没有废除死刑”。⑤据笔者统计，截至2023年9月，世界人口过亿的15个国家中，尚有13个国家保留死刑。

2009年、2022年，笔者两次面向死刑案件主审法官所做的问卷调研（见图18），法官对死刑存废的态度变化明显：“保留并限制适用”从59%上升到80.6%，“逐步废除”从37%下降到17.8%，“尽快废除”从7%降低到3.6%。笔者以为，正是十余年来的死刑制度改革，严控死刑适用的观念逐渐深入人心，死刑案件主审法官对死刑司法的态度表现得更为理性。

---

① 《中国代表团在人权理事会第48届会议对“死刑问题”决议草案（A/HRC/48/L.17/Rev.1）采取行动前的解释性发言》（2021年10月8日）。资料来源：中华人民共和国常驻联合国日内瓦办事处和瑞士其他国际组织代表团官网，http://geneva.china-mission.gov.cn/chn/dbdt/202110/t20211010_9592676.htm，2023年9月18日访问。

② 孙长永：《通过正当的法律程序控制死刑——从公正审判权的国际标准谈我国死刑司法程序的完善》，载《南京大学法律评论》2008年春秋合卷。

③ 陈泽宪：《死刑案件的辩护》，中国社会科学出版社2006年版，第397页。

④ 林维：《死刑的误判与废除》，载《东北师大学报（哲学社会科学版）》2017年第3期。

⑤ 有学者经过细致地计算后认为：废除死刑（包括事实上废除国、保留死刑国局部废除区域如美国废除死刑的州）区域人口和保留死刑区域人口的比例是50.03%比49.97%，保留死刑区域的人口略占优势。参见蔡桂生：《死刑在印度》，载《刑事法评论》2008年第2期。近十余年来，人口大国在死刑废除问题上基本没有重大进展，所以前述结论在当下依然适用。

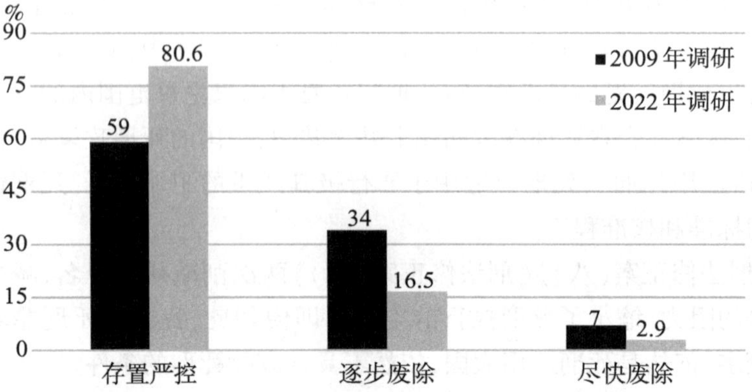

图 18　死刑案件主审法官对我国死刑存废的态度

注:2007 年调研,曾有“维持现状”选项,但并无法官选择,2022 年调研删除了该选项。这也说明,不论是法学界还是实务界,对于未来废除死刑的主张都是一致的,区别只在于废除死刑的时机,即死刑存置论前提下的废除方法论区别。

2022 年调研时,曾有受访法官指出,选项设置存在“按照预先想要结果设计的明显倾向”,笔者深以为然。本题设计时删除了“维持现状”,未设置“保留死刑”选项,回头来看,确实受到了笔者死刑观(严控死刑、逐步废除)的影响。

对于死刑,中国共产党和中国政府的态度一直非常明确,早在共产党成立之初,就在 1922 年 6 月 15 日发布的《中国共产党对于时局的主张》中提出了“改良司法制度,废止死刑”。① 毛泽东、刘少奇等党的第一代中央领导多次表达过废止死刑、慎用死刑的主张。② 在改革开放和社会主义现代化建设新时期,国家领导层也曾就死刑问题表态:“出于我们的国情,我们不能够取消死刑,世界上一半以上的国家也还都有死刑制度。但是,我们将用制度来保证死刑判决的慎重和公正。”③最高司法机关也在强调“保留死刑、严格控制死刑”“依法、公正、准确、慎重地办理死刑案件”。④ 易言之,在未来相当长的时期内,保留死刑、严格控制死刑、减少适用死刑,将是

① 李忠杰、段东升主编:《中国共产党第二次全国代表大会档案文献选编》,中共党史出版社 2014 年版,第 66 页。

② 刘仁文主编:《死刑改革与国家治理》,社会科学文献出版社 2016 年版,“代序”,第 1 ~ 3 页。

③ 2005 年 3 月 14 日,十届全国人大三次会议记者招待会上,温家宝同志答德国记者关于中国死刑的提问。

④ 最高人民法院、最高人民检察院、公安部、司法部 2007 年联合下发的《关于进一步严格依法办案确保办理死刑案件质量的意见》明确强调:“我国现在还不能废除死刑,但应逐步减少适用”,“‘保留死刑,严格控制死刑’是我国的基本死刑政策。”最高人民法院、最高人民检察院、公安部、国家安全部、司法部 2010 年联合下发的《关于办理死刑案件审查判断证据若干问题的规定》开篇规定:“为依法、公正、准确、慎重地办理死刑案件,惩罚犯罪,保障人权……”

我国的基本死刑政策。

当然，严控死刑、减少死刑都是以暂时不能废除死刑为前提的，但不能成为我们止步于死刑控制，回避死刑废除论争。笔者非常赞同林维教授的主张：①“保留死刑，严格控制并慎重适用死刑”可以作为短期死刑政策，但也需要树立长远的死刑政策，即“暂时保留死刑，严格控制死刑，逐步减少死刑，最终废除死刑”。

综上所述，基于我国死刑适用的现实，中国社会在死刑问题上正在逐步形成共识：积极努力推动废除死刑，在此过程中，尽可能保证死刑适用的慎重和公正，不断减少死刑适用，为最终废除死刑创造条件，才是我国死刑政策的合理选择。

二、立法限制：削减死罪减少死刑

考察死刑方面的既有研究成果就可以发现：理论界模糊使用着“司法控制”和“司法限制”两种不同的愿望表达，有些学者并不关注“控制”与“限制”的界限，只模糊表达着对通过司法控制死刑的主张和愿望；有些学者明示“控制”与“限制”的界限，但是在立场上态度暧昧；还有一些学者回避区分“控制”与“限制”，但在立场上明确主张“通过司法程序限制死刑”（或曰“死刑的司法限制”），关注点在于死刑数量的明显减少。笔者以为，不论是“司法控制”还是“司法限制”，二者都是以死刑暂时存置为逻辑前提的，二者的不同主要在于关注点和制度预期。“司法控制”论不考虑死刑本身的正当性或者认为死刑虽不正当但须容忍，以程序公正为立足点，主张在现行实体法未修改的情况下通过完善诉讼程序、发挥量刑自由裁量权，确保死刑适用的公正与准确，避免死刑的适用不当和适用过多，关注的重点是死刑适用程序的严格、公正；“司法限制”论以死刑不具有正当性为立足点，主张在废除死刑时机未到的情况下采取从限制到废除的迂回战略，主张通过司法程序少判乃至不判死刑，关注的重点是死刑数量的大幅下降，谋求死刑“名存实亡”②或“事实上被废除”③。一般而言，基于学术立场，实体法学者相对更习惯于使用“限制”，如“立法限制”“司法限制”等，程序法学者相对更习惯于使用“控制”，如“立法控制”“司法控制”等。

基于对“限制”“控制”的本义，笔者倾向于使用“立法限制”“司法控制”。作为严格控制死刑适用有效路径之一，立法限制通过修改刑事实体法削减死刑罪名、限缩死刑适用对象和范围等，从立法上一次性、根本性地解决问题，由于

---

① 林维：《中国死刑七十年：性质、政策及追问》，载《中国法律评论》2019年第5期。

② 胡云腾：《存与废——死刑基本理论研究》，中国检察出版社2000年版，第266页。

③ 杨文革：《死刑程序控制研究》，中国人民公安大学出版社2009年版，第17页。

其“毕其功于一役”的彻底性,使得立法限制成为死刑控制的基础和根本。①

(一)两轮死刑罪名削减

死刑复核权收回带来的死刑适用程序改革、死刑的数量明显减少,为死刑控制带来新的空间。通过《刑法修正案(八)》《刑法修正案(九)》大幅削减死刑罪名,两次共削减了22个死刑罪名(见表30),这些罪名的共同特征是司法实践中适用数量少、频度低,或者基本未曾适用过。

2011年通过的《刑法修正案(八)》增加了“审判的时候已满七十五周岁的人,不适用死刑”的规定,扩大了不适用死刑的主体范围;创设了死缓限制减刑制度,缩小了死缓和死刑(立即执行)的差距,拓展了死缓适用范围;削减了13个死刑罪名,死刑罪名减至55个。

2015年通过的《刑法修正案(九)》创设死缓终身监禁,进一步拓展了死缓适用空间;修改了绑架罪和“特恶”②贪污、受贿犯罪的绝对死刑;严格了死缓期间犯罪执行死刑的条件(故意犯罪+情节恶劣),削减了9个死刑罪名,死刑罪名减至46个。

表30 中国死刑罪名数量沿革一览

时间	罪名数量
1980.1.1~1997.9.30	1979年《刑法》规定28个,单行刑法多次补充,死刑罪名增至71个
1997.10.1~2011.4.30	1997年《刑法》调整后,死刑罪名为68个
2011.5.1~2015.10.30	《刑法修正案(八)》削减下列13个犯罪的死刑,死刑罪名减至55个 1.走私文物罪 2.走私贵重金属罪 3.走私珍贵动物、珍贵动物制品罪 4.走私普通货物、物品罪 5.票据诈骗罪 6.金融凭证诈骗罪 7.信用证诈骗罪 8.虚开增值税专用发票、用于骗取出口退税、抵扣税款发票罪 9.伪造、出售伪造的增值税专用发票罪 10.盗窃罪 11.传授犯罪方法罪 12.盗掘古文化遗址、古墓葬罪 13.盗掘古人类化石、古脊椎动物化石罪

① 赵秉志:《论中国贪污受贿犯罪死刑的立法控制及其废止》,载《现代法学》2016年第1期。

② 指贪污、受贿数额特别巨大,犯罪情节特别严重、社会影响特别恶劣、给国家和人民利益造成特别重大损失。

续表

时间	罪名数量
2015.11.1～	《刑法修正案(九)》削减下列9个犯罪的死刑,死刑罪名减至46个 1. 走私武器、弹药罪 2. 走私核材料罪 3. 走私假币罪 4. 伪造货币罪 5. 集资诈骗罪 6. 组织卖淫罪 7. 强迫卖淫罪 8. 阻碍指挥人员或者值班、值勤人员执行职务罪 9. 战时造谣惑众、动摇军心罪

由于死刑在我国依然有着强大的民意支撑,所以刑法两次罪名削减,主要针对罪不至死或适用极为有限的罪名。经过两次大规模死刑罪名削减,学术界普遍认为"立法的手段从眼下来看已经暂时用尽",①"短期内不宜再次从立法上大规模地废除死刑"。② 就我国刑法修改过程及现实国情来看,寄希望刑法修改"毕其功于一役",短期内通过立法大幅度、实质性消减死刑罪名,显然不太切合实际。未来相当长的时期内,死刑还会存在,如何进一步减少死刑的适用,将是我国死刑改革中需要努力探讨的方向。③ 笔者自建的"死刑案例数据库"收录了24908例死刑案件,通过这些案例,可以观察我国现有死刑罪名(见表31)的司法适用情况,发现死刑罪名分布特征,分析死刑罪名削减的可见未来。

表31　中国现有死刑罪名一览

类罪	数量	罪名
国家安全 《刑法》分则第1章	7	1. 背叛国家罪 2. 分裂国家罪 3. 武装叛乱、暴乱罪 4. 投敌叛变罪 5. 间谍罪 6. 为境外的机构、组织、人员窃取、刺探、收买、非法提供国家秘密或者情报罪 7. 资敌罪

① 王勇:《不杀止于杀——死刑司法控制中的公众舆论引导研究》,载《法学杂志》2017年第3期。
② 王勇:《中国死刑立法改革的过程叙事及其突围》,载《吉林大学社会科学学报》2017年第4期。
③ 赵秉志、商浩文:《论死刑改革视野下的终身监禁制度》,载《华东政法大学学报》2017年第1期。

续表

类罪	数量	罪名
公共安全 《刑法》分则第2章	14	8. 放火罪 9. 决水罪 10. 爆炸罪 11. 投放危险物质罪 12. 以危险方法危害公共安全罪 13. 破坏交通工具罪 14. 破坏交通设施罪 15. 破坏电力设备罪 16. 破坏易燃易爆设备罪 17. 劫持航空器罪 18. 非法制造、买卖、运输、邮寄、储存枪支、弹药、爆炸物罪 19. 非法制造、买卖、运输、储存危险物质罪 20. 盗窃、抢夺枪支、弹药、爆炸物、危险物质罪 21. 抢劫枪支、弹药、爆炸物、危险物质罪
经济秩序 《刑法》分则第3章	2	22. 生产、销售假药罪 23. 生产、销售有毒、有害食品罪
人身安全 《刑法》分则第4章	5	24. 故意杀人罪 25. 故意伤害罪 26. 强奸罪 27. 绑架罪 28. 拐卖妇女、儿童罪
财产安全 《刑法》分则第5章	1	29. 抢劫罪
社会秩序 《刑法》分则第6章	3	30. 暴动越狱罪 31. 聚众持械劫狱罪 32. 走私、贩卖、运输、制造毒品罪
国防利益 《刑法》分则第7章	2	33. 破坏武器装备、军事设施、军事通信罪 34. 故意提供不合格的武器装备、军事设施罪
职务犯罪 《刑法》分则第8章	2	35. 贪污罪 36. 受贿罪
军人职责 《刑法》分则第10章	10	37. 战时违抗命令罪 38. 隐瞒、谎报军情罪 39. 拒传、假传军令罪 40. 投降罪 41. 战时临阵脱逃罪 42. 驾驶航空器、舰船叛逃罪 43. 为境外的机构、组织、人员窃取、刺探、收买、非法提供军事秘密罪 44. 盗窃、抢夺武器装备或者军用物资罪 45. 非法出卖、转让军队武器装备罪 46. 战时在军事行动地区，残害无辜居民或者掠夺无辜居民财物罪

(二)死刑替代模式完善

我国《刑法》将死刑从执行方式上分为两种,即死刑立即执行和死刑缓期二年执行。众所周知,判处死缓,基本上不会走向死刑执行,胡云腾教授早在1995年就有死缓"99.99%都没有执行死刑"①的论断。笔者在收集死刑案例的过程中,曾遇到过死缓期间再犯罪被核准执行死刑的案例,但数量非常有限。

法院在判处死刑时,"缓期二年执行"的后缀,短短六个字,却是生死两重天,不被执行"死刑"的死缓,相当于"无期徒刑高配版"。从这个意义上来讲,死缓空负"死刑"之名,并无"死刑"之实,实为"生刑之最"。与死缓相对,死刑(立即执行)才是实至名归的剥夺生命的刑罚,才属于严厉至极的刑罚,也才是国际社会通用表达的"死刑"。有学者对南方某重刑犯监狱的实证调研显示:②该监狱未出现过死缓犯被执行死刑的记录,尽管立法将死缓设定为死刑的执行方式之一,但在行刑领域,对死缓制度的评价显然不同于立法预期。

基于死缓与死刑(立即执行)之间存在的巨大差距,刑法修正案对死缓制度进行了一系列修改:《刑法修正案(八)》调高了死缓二年期满后减刑的下限,将"十年以上二十年以下有期徒刑"调整为"二十五年有期徒刑";创设死缓限制减刑制度,提高了死缓减刑后实际执行年限;《刑法修正案(九)》创设了死缓终身监禁制度,提高了死缓执行死刑的门槛,增设了死缓执行期间重新计算制度。

对死缓制度的调整完善,尤其以替代死刑为设计初衷与最终归宿③的死缓终身监禁制度的创设,一定程度上缓解了我国刑罚"生刑太轻、死刑太重"的状况。刑法修正案在削减死刑罪名的同时,加重了生刑,弥补了部分犯罪的生刑与死刑之间的刑罚空档,对减少死刑而言意义重大。④

最高人民法院收回死刑复核权后,死缓的判处数量超过了死刑(立即执行)的判处数量。十余年来,随着立法层面不断削减死刑罪名、限缩死刑

① 胡云腾:《死刑通论》,中国政法大学出版社1995年版,第241页。

② 陆侃怡:《死刑刑事政策:近代以来死刑立法的变迁》,中国政法大学出版社2015年版,第10~11页。

③ 吴尚聪、万颖颖:《终身监禁对于死刑的"功能替代"及其"总则化"构建——以死刑制度改革为切入点》,载《郑州大学学报(哲学社会科学版)》2020年第2期。

④ 王志祥、单奕铭:《论废止死刑与加重生刑的关系》,载《南都学坛》2021年第1期。

适用范围，司法层面不断强调“严控死刑”①，“保留死刑、严格控制和慎重适用死刑”的死刑政策得到严格执行，最高人民法院出台司法解释和规范性文件，强化了死刑适用标准、严格了办案程序，死刑适用越来越慎重。在尚未公开死刑适用数据的情况下，虽然无法确知死刑(立即执行)判处数量的下降幅度，但通过考察笔者所收集的死刑案例也可以发现：在死刑适用上，判处死刑(立即执行)的占比不断下降，判处死缓的占比不断上升；通过纵向比较，很多以前大概率判处死刑(立即执行)的案件，现在基本上都会判处死缓，死缓事实上已经替代了很大一部分的死刑(立即执行)。学界期待的“发挥死缓在死刑限制中的更大作用，并最终使死缓充当死刑立即执行的替代措施”，②正在成为现实。

经过《刑法修正案(八)》《刑法修正案(九)》对死缓制度的连续两次调整之后，我国事实上形成了死刑(立即执行)、死缓终身监禁、死缓限制减刑、死缓四位一体的死刑制度。相应地，我国已经形成了“一般死缓、限制减刑的死缓和终身监禁的死缓三位一体的多元死刑替代模式”。③

(三)死刑罪名分化加剧

根据司法实践反映的死刑适用情况，现行刑法规定的46个死刑罪名，可以分为三类：常用死刑罪名、不常见死刑罪名、不常用死刑罪名。

常用死刑罪名，指司法实践中适用数量较多、频度较高的死刑罪名，根据司法适用情况，还可以进一步细分为两种，即适用较多的死罪、适用较少的死罪。

不常见死刑罪名，指刑法为特殊类型犯罪设定的死刑，其适用情况难为社会公众感知，相关信息一般也不对外公开，我国现有的危害国家安全类死罪、危害国防利益类死罪、军人违反职责类死罪等共计19个，属于不常见死刑罪名。

不常用死刑罪名，即指司法实践中适用数量较少、频度较低的死刑罪名。

考察笔者自建的“死刑案例数据库”所反映的死刑罪名，可以得出如下结论。

---

① 如2019年10月17日至18日召开的第七次全国刑事审判工作会议要求“进一步严控和慎重适用死刑”，2020年11月20日召开的全国部分法院刑事审判工作座谈会要求“要准确把握死刑政策，扎实做好死刑案件审判工作”。

② 刘仁文、陈妍茹：《死刑改革的重要进展——以〈刑法修正案(九)〉为视角》，载《法学杂志》2017年第2期。

③ 梁根林、王华伟：《死刑替代措施的中国命运：观念、模式与实践》，载《中国法律评论》2020年第5期。

第一，常用死刑罪名集中于命案、毒品犯罪两大领域。

“死刑案例数据库”收录入库一审、二审判处死刑、报请最高人民法院复核死刑的案件共计24908例，共涉及死刑罪名23个，其中现行罪名18个、已消减罪名5个。命案（8个罪名）与毒品犯罪占比极高（见表32），属于常用死刑罪名。

表32　24908例死刑案件中命案、毒品犯罪分布

审级	统计	罪名分布										
		杀人	抢劫	伤害	绑架	放火	强奸	爆炸	投毒	命案合计	毒品	合计
一审案件12874例	案件数/例	6823	993	894	73	34	34	4	6	8860	3914	12774
	占比/%	53.0	7.71	6.94	0.57	0.26	0.26	0.03	0.05	68.82	30.40	99.22
二审案件10938例	案件数/例	4394	624	1105	53	22	25	6	5	6234	4594	10828
	占比/%	40.17	5.70	10.10	0.48	0.20	0.23	0.05	0.05	56.99	42.0	98.99
复核案件1096例	案件数/例	581	260	6	32	5	14	3	2	903	168	1071
	占比/%	53.01	23.72	0.55	2.92	0.46	1.28	0.27	0.18	82.39	15.33	97.72

一审死刑案件共计12874例，其中命案8860例，毒品犯罪3914例，二者占全部一审案例的99.22%。

二审死刑案件共计10938例，其中命案6234例，毒品犯罪4594例，二者占全部二审案例的98.99%。

死刑复核案件共计1096例，其中命案903例，毒品犯罪168例，二者占全部复核案例的97.72%。

第二，不常用死刑罪名占比高，适用数量少、频度低。

在现有27个普通犯罪死刑罪名中，不常用死刑罪名共计18个，主要集中于公共安全、经济秩序、社会秩序、职务犯罪领域。观察笔者收集的24908例死刑案例，有些死刑罪名完全未出现，有些死刑罪名适用数量少、出现频率低。

完全未出现的罪名共9个，包括：（1）决水罪；（2）破坏交通工具罪；（3）破坏交通设施罪；（4）破坏电力设备罪；（5）劫持航空器罪；（6）非法制造、买卖、运输、储存危险物质罪；（7）生产、销售假药罪；（8）暴动越狱罪；（9）聚众持械劫狱罪。

适用数量少、出现频率低的罪名共9个，包括：（1）贪污罪；（2）受贿罪;(3)以危险方法危害公共安全罪;(4)拐卖妇女、儿童罪;(5)生产、销售有毒、有害食品罪;(6)破坏易燃易爆设备罪;(7)非法制造、买卖、运输、邮寄、储存枪支、弹药、爆炸物罪;(8)盗窃、抢夺枪支、弹药、爆炸物、危险物质罪;(9)抢劫枪支、弹药、爆炸物、危险物质罪。

第三,死刑罪名表现出三分格局。

观察死刑适用中的罪名分布,可发现46个死刑罪名呈现出明显的三分格局。

常用死刑罪名9个,主要包括命案(8个)和毒品犯罪(1个),而且4+5的格局非常明显,死刑适用高度集中于杀人、抢劫、伤害、毒品4个死刑罪名,其余5个死刑罪名适用数量不多、频度不高。

不常用死刑罪名18个,主要是指司法实践中适用数量少、频度低的死刑罪名,这类死刑罪名表现出较为明显的备而不用特征,死缓终身监禁制度落地之后,此类死刑罪名的死刑(立即执行)适用的数量、频度都将越来越小。

不常见死刑罪名19个,主要是国家安全、国防安全类犯罪,包括危害国家安全类死罪(7个)、危害国防利益类死罪(2个)、军人违反职责类死罪(10个),这些犯罪的死刑适用因为不常见,基本不影响中国死刑控制大局。

三、司法控制:死缓替代慎用死刑

死刑的司法控制,即通过调整刑事政策、完善刑事程序法,在死刑适用实践中严格控制死刑适用、确保死刑适用的公正与准确,严守慎杀、严防错杀、严控多杀,事实上形成死刑适用数量下降的结果。

联合国在推动死刑改革相关的行动中,在推动实体法上废除死刑、停止适用死刑的同时,不断呼吁通过司法程序控制死刑。我国法学界也认同短期内难以从立法上废除死刑的现实,死刑相关研究也发生了转向:研究重心从死刑存废论争转向死刑严格适用,研究重点从宏观的死刑存废、死刑立法限制转向微观的死刑裁量、死刑程序,由追求从立法上限制死刑逐渐转向追求通过司法控制死刑。通过司法渐进地控制乃至减少死刑,从而促进立法机关批量地削减死刑罪名,被认为是“我国死刑制度改革的可行选择”。①

刑法规定的死罪和死刑,只有经过法律规定的相关程序,才有可能落实为实际的处罚(执行死刑)。放眼世界,考察死刑的程序控制,莫过于三

① 储槐植:《错案、死刑与法治——死刑改革应立法和司法两路并进》,载《中外法学》2015年第3期。

种情形:一是通过司法程序严格适用死刑,二是通过死刑确定后的赦免、减刑程序减少死刑执行,三是通过执行程序暂缓、减少甚至停止执行死刑。第一种情形是司法权通过司法程序发力死刑控制,后两种情形都是行政权通过行政程序减少适用死刑。解决我国死刑适用过多问题,在程序控制上,唯一选择就是通过司法程序控制死刑。

面对限制、减少乃至废止死刑的国际潮流,国家清晰地认识到严格控制死刑适用的重要意义,为了从程序上保证"慎杀"、实体上确保"少杀",推动了以最高人民法院收回死刑复核权为引擎的死刑程序改革。最高人民法院2010年工作报告明确强调"严格控制和慎重适用死刑",2016年工作报告再次强调"确保死刑只适用于极少数罪行极其严重的犯罪分子"。最高人民法院的多次公开表态死刑控制足以说明:国家就死刑控制问题达成了共识,通过司法严格控制死刑,已经成为中国法院系统的基本死刑观。

在最高司法机关收回死刑复核权、立法机关两次削减死刑罪名后,"通过各级法院审慎、限制死刑的适用以加强死刑的控制,并且充分运用核准权对于死刑政策的指引,就成为司法的政治责任"。① 我国司法机关确实为死刑控制付出了巨大的努力,主要体现在两个方面:一是发力诉讼程序改革,对死刑案件适用更严格的程序,提高死刑程序的正当化程度;二是落实严格控制死刑的刑事政策,在司法裁判中慎用死刑,减少死刑适用数量。通过十余年的死刑控制努力,司法控制死刑取得了非常显著的效果。

死刑控制的程序法进展作为本书重点,将在后文展开。本部分将立足笔者收集的死刑案例数据,展示死刑控制的实体法进展,即在减少死刑适用数量方面的效果。

《刑法修正案(八)》《刑法修正案(九)》在提高死缓执行死刑的门槛、加重死缓惩罚力度的同时,通过创设死缓限制减刑、死缓终身监禁制度,形成了三位一体的死刑替代模式。在不得不适用死刑的情况下,大量适用作为名义上"死刑"的死缓,切实减少死刑(立即执行)的适用数量,成为我国死刑司法控制的有效路径。数据显示,我国死刑适用中,死缓所占的比重越来越高,死缓充分发挥了替代死刑的作用,严格控制死刑适用、减少死刑适用的成效日渐显现。

(一)死缓适用占比提高

考察死刑适用最为集中的命案、毒品犯罪死刑判处中的死缓占比,可

① 林维:《中国死刑七十年:性质、政策及追问》,载《中国法律评论》2019年第5期。

以直观感知死缓替代死刑的效果。随着时间的推移,死刑立即执行的数量逐渐下降,死缓占比明显增加,说明控制死刑的立场转变,也足以说明2007年复核权上收的里程碑式意义。

观察"死刑案例数据库"收录案例的死刑判处情况(见表33)可知:一审判处死刑(含死缓)的案件中,死缓判处占比接近八成,二审判处死刑(含死缓)的案件中,死缓判处占比超过九成。23812例一审、二审死刑案件共判处死刑25805人,其中死刑立即执行3989人、死缓21816人,死缓判处占比84.54%。12874例死刑一审案件共判处死刑14429人,其中死刑(立即执行)3108人、死缓11321人(含死缓限制减刑1387人、死缓终身监禁9人),死缓判处占比78.46%;10938例上诉、抗诉案件进入二审,其中一审原判死刑10907例共判死刑12672人,其中死刑(立即执行)2103人、死缓10569人(含死缓限制减刑1043人),死缓判处占比83.40%;10938例上诉、抗诉案件经过二审程序后,共有9924例案件判处死刑11376人,其中死刑(立即执行)881人、死缓10495人(含死缓限制减刑1090人、死缓终身监禁1人),死缓判处占比高达92.26%。

表33　23812例死刑案件之死缓判处占比一览

审级分类		死刑/人	死缓			合计/人	死缓占比/%
			总数/人	限制减刑/人	终身监禁/人		
12874例一审死刑案件		3108	11321	1387	9	14429	78.46
10938例二审死刑案件	二审前原判	2103	10569	1043	0	12672	83.40
	二审后判处	881	10495	1090	1	11376	92.26
一审、二审判处合计		3989	21816	2477	10	25805	84.54

再观察死刑适用数量最多、频度最高的命案、毒品犯罪的死缓判处情况(见表34、图19),也能得出类似的结论。

表34　23602例命案、毒品案件之死刑判处占比一览

罪名	一审案件12774例 其中:命案8860例、毒品3914例			二审案件10828例 其中:命案6234例、毒品4594例		
	死刑+死缓数	死刑占比/%	死缓占比/%	死刑+死缓数	死刑占比/%	死缓占比/%
全部	14429	21.54	78.46	11376	7.74	92.26

续表

罪名		一审案件 12774 例 其中:命案 8860 例、毒品 3914 例			二审案件 10828 例 其中:命案 6234 例、毒品 4594 例		
		死刑 + 死缓数	死刑占比 /%	死缓占比 /%	死刑 + 死缓数	死刑占比 /%	死缓占比 /%
命案	杀人	6950	23.37	76.63	4152	10.28	89.72
	抢劫	1111	43.65	56.35	637	21.98	78.02
	伤害	926	8.42	91.58	981	1.63	98.37
	绑架	95	57.89	42.11	61	44.26	55.74
	爆炸	6	66.67	33.33	7	28.57	71.43
	放火	36	30.56	69.44	21	33.33	66.67
	强奸	34	32.35	67.65	22	36.36	63.64
	投毒	6	50.00	50.00	4	25.00	75.00
走贩运制毒品		5148	15.54%	84.46%	5400	4.52%	95.48%

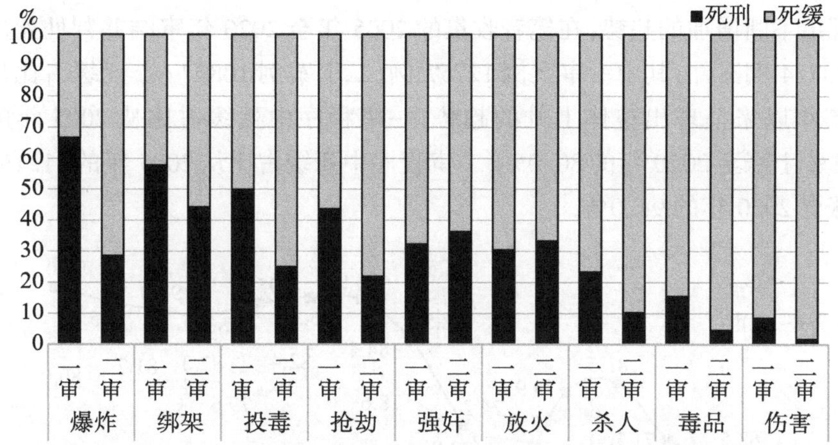

图 19　23602 例命案、毒品案件之死刑、死缓判处占比

作为死刑判处人数最多的罪名,故意杀人罪判处死缓的占比整体超过八成,其中一审判处死缓的占比为 76.63%,二审判处死缓的占比达到 89.72%。

位列死刑判处人数前三名的抢劫罪,判处死缓的占比也接近七成,其中一审判处死缓的占比为 56.35%,二审判处死缓的占比达到 78.02%。

死缓占比最高的罪名为故意伤害罪,作为命案三大暴力犯罪之一的故意伤害罪,在判处死刑的一审案件中,死缓所占比例超过九成,达到 91.58%;在判处死刑的二审案件中,死缓所占比例更是达到了98.37%。易言之,如果被认定为故意伤害罪,极大概率不会被判处死刑(立即执行)。

同属命案类犯罪的其他五个罪名(爆炸、绑架、投放危险物质、强奸、放火)中,投放危险物质、放火、强奸等三个罪名判处死缓的整体占比都超过六成;绑架、爆炸两个罪名判处死缓的占比相对偏低,尤其在一审程序中,获判死缓颇有难度,考虑到绑架、爆炸犯罪发案数量少,死刑适用数量也不多,整体上不会对死缓替代死刑的作用有太大影响。

作为死刑适用量较大的毒品犯罪,死刑判处人数占全部死刑判处人数的四成以上,因走私、贩卖、运输、制造毒品犯罪判处死刑的案件中,死缓的占比接近九成。在判处死刑的一审毒品犯罪案件中,判处死缓的比例达到了84.46%,在判处死刑的二审毒品犯罪案件中,判处死缓的比例直接飙升到了95.48%。易言之,严重的毒品犯罪,仅有极少数极为严重的犯罪才有可能被判处死刑(立即执行),毒品犯罪适用死刑极大概率会判处死缓。

(二)死缓替代效果显著

观察死刑判处中死缓占比的走势(见图20),可以明显发现死缓占比呈现出不断增加的趋势,在笔者收集的2005年至2020年审结并判处死刑的23754例案件,其中一审案例12757例、二审案例10897例,死缓占比从2005年以来呈现出整体上升的趋势,一审程序中死缓占比从2005年的45.8%上涨至2020年的80.0%,二审程序中死缓占比从2005年的31.1%上涨至2020年的98.0%。

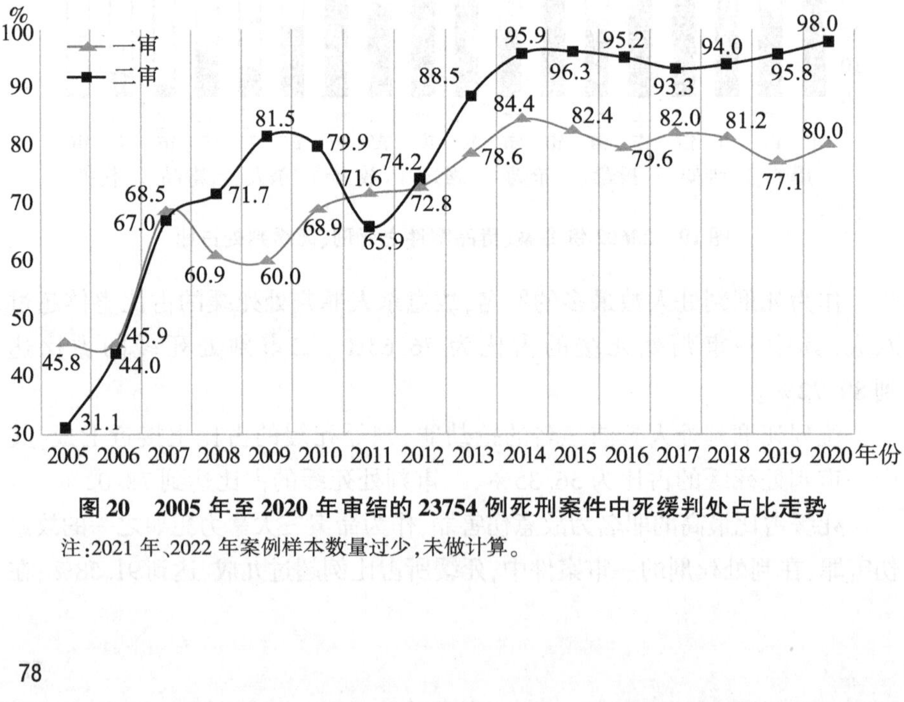

图20　2005年至2020年审结的23754例死刑案件中死缓判处占比走势

注:2021年、2022年案例样本数量过少,未做计算。

观察死缓判处占比走势,也能明显感受到死刑程序改革对死缓判处的重要影响:2007年最高人民法院收回死刑复核权,死缓判处占比呈现出较大幅度的增长,一审、二审的死缓判处均有超过23%的增长;2011年《刑法修正案(八)》加重了死缓的惩罚力度,一审程序中判处死缓的占比增加,致使二审程序中原判死刑(立即执行)被告人的占比显著增加,①因此出现了二审后判处死缓占比连续两年下降的情况;2015年《刑法修正案(九)》提高了死缓执行死刑的门槛,实质上降低了死缓的惩罚力度,拉近了死缓与无期徒刑之间的距离,导致部分可能被判死缓的犯罪最终直接退出"死刑圈"而被判处无期徒刑,因此一审程序中死缓判处的占比连续多年出现小幅震荡和回调。

考察二审程序后的刑罚变动,能够更直观感受到死缓的替代作用。笔者统计的10938例二审案件中,2103人在一审程序中被判死刑(立即执行),经过二审程序后,裁判结果见表35。以《刑法修正案(八)》生效后判处的1823人为例,排除刑罚待定(发回重审)252人、终止审理10人,二审程序实际判处刑罚1561人,改判死缓人数为843人,即54%的原判死刑(立即执行)被告人被改判死缓,死刑(立即执行)维持率为37.52%。用同样的方法,观察《刑法修正案(八)》生效前原判死刑(立即执行)被告人的刑罚走向可得:死刑(立即执行)维持率将近七成,高达67.50%,仅有30.55%的原判死刑(立即执行)被告人被改判死缓。两相对比可知:死缓限制减刑制度的落地,极大地推动了死缓替代死刑模式的作用发挥。

表35　2103名原判死刑(立即执行)被告人的二审裁判结果

单位:人

时间	终止审理	发回重审	无罪	15年有期	无期	死刑	死缓	备注
2005年至2011年4月 280人死刑	0	5	0	0	2	189	84	—
2011年5月至2021年 1823人死刑	10	252	2	2	30	684	843	死缓限制减刑166 死缓终身监禁1

再以职务犯罪的死刑适用为例,能够更直观地观察死缓替代死刑的巨

① 一审判处死缓的被告人倾向于不上诉,而一审判处死刑(立即执行)的被告人原则上都会上诉,笔者统计进入二审程序案件中原判死刑(立即执行)的占比:2010年36.09%、2011年50.00%、2012年40.17%,2013年22.48%。

大作用。“死刑案例数据库”共收录《刑法修正案(九)》生效后一审判处死刑的贪污、受贿案件16例,判决结果为:死刑(立即执行)3人、①一般死缓4人、死缓终身监禁9人。对于贪污、受贿数额特别巨大的“大老虎”,民间长期流传“过亿必死”的经验规律。因《刑法修正案(九)》创设了死缓终身监禁制度,以“坐穿牢底”的制度宣示,平衡、消解了死缓可能招致的轻纵质疑,②才让“过亿必死”的经验规律失效,也没有引起社会对“贪官不死”、职务犯罪基本不判死刑(立即执行)的焦虑和不安。

“罪不至死”的案件事实当然可能影响二审向轻改判,但也不能断定改判死缓的前述927人都是“罪不至死”,无关死刑政策、限制减刑制度改革“红利”。笔者以为,可以大胆假设:如果没有死缓限制减刑、死缓终身监禁制度的出台,前述一审判处死刑的2103人,有机会从二审程序中“死里逃生”者不会有那么多,至少被判死缓终身监禁、死缓限制减刑的167人,是很难在二审程序中“全身而退”的,死刑(立即执行)适用数量大概率会增加百余人。

(三)死刑数量明显下降

我国死刑适用过多的问题,长期以来受到理论界诟病和国际社会责难,在“限制死刑”“减少死刑”成为基本共识的背景下,立法限制、司法控制两路并进,我国死刑控制在过往十余年取得了重大进展,一个集中的表现就是死刑适用数量明显下降,死刑适用过多的问题已经得到一定程度的缓解。虽然国家尚未公开死刑适用数字,但通过间接材料,也能得出我国死刑适用数量明显下降的结论。

最高人民法院收回死刑复核权后,死刑(立即执行)的数量和判处率均有明显下降。时任最高人民法院副院长姜兴长表示,2007年死刑数量已降至此前10年来的最低点。③ 2008年两会期间,时任最高人民法院刑一庭庭长的黄尔梅接受记者采访时表示,2007年收回死刑复核权以来,判处死刑缓期二年执行的罪犯人数首次超过判处死刑立即执行的罪犯人数。④ 西北某重点城市中级人民法院副院长介绍,2007年其所在法院执行死刑数大约10例,而往年的平均数量是60例。⑤ 2014年,

---

① 其中1人二审改判终身监禁死缓,2人二审维持后被执行死刑。

② 梁根林、王华伟:《死刑替代措施的中国命运:观念、模式与实践》,载《中国法律评论》2020年第5期。

③ 宗边:《死刑核准权收归最高法院统一行使后死刑数量明显下降》,载《人民法院报》2007年9月6日,第1版。

④ 李武清:《从死刑状况看中国人权》,载《今日中国论坛》2008年第8期。

⑤ 赵蕾:《死刑复核:激荡一年间》,载《南方周末》2007年12月20日,第A04版。

《南方周末》报道中援引“一位接近法院系统的学者”认为，“和2007年以前相比，全国（每年）的（死刑）数字减少可能超过三分之一，有些地方（减少了）将近一半”。① 综合这些信息，再结合死刑复核权上收前死刑复核程序名存实亡、上收后15%左右的不核准率，②得出死刑数量大幅下降的结论，可谓不容置疑。

死刑数量明显下降也是既有研究成果的普遍共识。有学者在回顾中国死刑七十余年的研究中，高度评价了最高人民法院收回死刑复核权是“现代司法史上人权保障的巨大进步，成为中国司法文明发展的里程碑之一”，并认为此举对死刑适用数量的影响更为重大，“实际上死刑下降比远不止15%，因为最高人民法院收回死刑核准权这一举动本身带给各地法院严格控制死刑的信息。据估计，2007年收回死刑核准权后，中国的死刑执行数至少减少了1/2甚至2/3”。③ 有学者回顾死刑司法改革时指出：既往10年进展甚巨，一方面积极贯彻严控死刑政策，有效控制了死刑适用范围，另一方面加强死刑程序改革，严格控制了死刑适用数量。④ 有资深法学家曾表示死刑复核权收回10年来，死刑数量下降很快，“从万字号下降到了千字号”“十年少杀了60%”，⑤有学者直言，“过去近十年的改革中，中国死刑实际执行的数量在稳步下降”。⑥

在笔者收集的死刑案例中，有多例系被告人犯罪潜逃十余年后归案，同案犯早在当年被执行死刑，而作为主犯的被告人十余年后却能获判死缓而保全性命。被告人多年潜逃对被害方带来更大的身心摧残，若非严控死刑的政策和司法氛围，这些被告人是殊难“死里逃生”的。

笔者在对死刑案件主审法官的调研中也发现，死刑适用下降是死刑案件主审法官的普遍感受（见图21）：95%的死刑案件主审法官认为其所在法院的死刑适用数量出现下降，对于下降幅度，22%的法官表示下降幅度超过60%，39%的法官认为下降幅度在30%至60%，还有26%的法官认为存在较小幅度的下降。在对一些法官的访谈也获悉，其所在法院2007年前后死刑适用数量就已不算多。对于死刑适用数量减少的原因，死刑案件主审法官也给出了回应（见图22），严格控制死刑的理念

① 任重远：《死刑复核权上收八年　最高法院如何刀下留人》，载《南方周末》2014年10月16日，第32版。

② 《15%死刑案件未被核准》，载《南方日报》2008年3月11日，第A01版。

③ 林维：《中国死刑七十年：性质、政策及追问》，载《中国法律评论》2019年第5期。

④ 赵秉志、袁彬：《我国死刑司法改革的回顾与前瞻》，载《社会科学》2017年第2期。

⑤ 李蒙：《收回死刑复核权后取得了哪些成就》，载《民主与法制》2016年第39期。

⑥ 时延安：《死刑立即执行替代措施的实践与反思》，载《法律科学》2017年第2期。

深入人心、最高人民法院收回死刑复核权、死刑案件程序正当化成为最有影响力的因素。

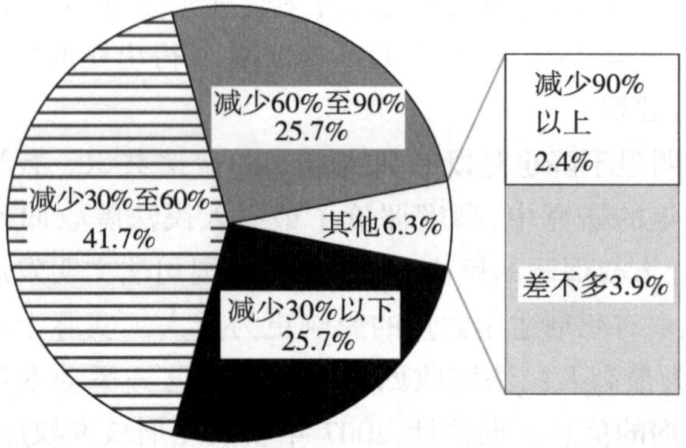

图21　死刑案件主审法官眼中所在法院近十年死刑数量减少的程度

注:本题系2022年法官问卷调研新增一问,原有"增加了"选项,无人点选。

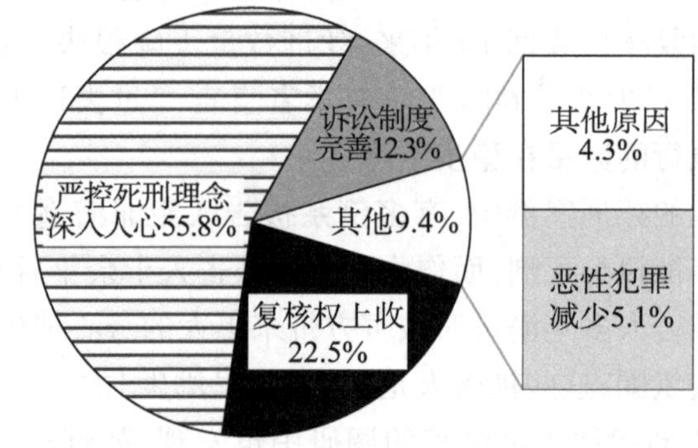

图22　死刑案件主审法官眼中所在法院近十年死刑数量减少的诱因

法官访谈中发现,有些地方法院判处死刑大幅度减少,除了贯彻"少杀、慎杀"的刑事政策外,也存在着有意扩大死缓适用,尽量不适用死刑立即执行,该判死刑者被轻处死缓,从而规避最高人民法院死刑复核程序的情况。

笔者梳理收集死刑案例,观察十余年来我国死刑的适用情况,能够明显地感受到死刑适用日趋严格的趋势,死缓已成为死刑适用的首选,死刑(立即执行)在全部死刑适用中的占比明显下降(见图23)。

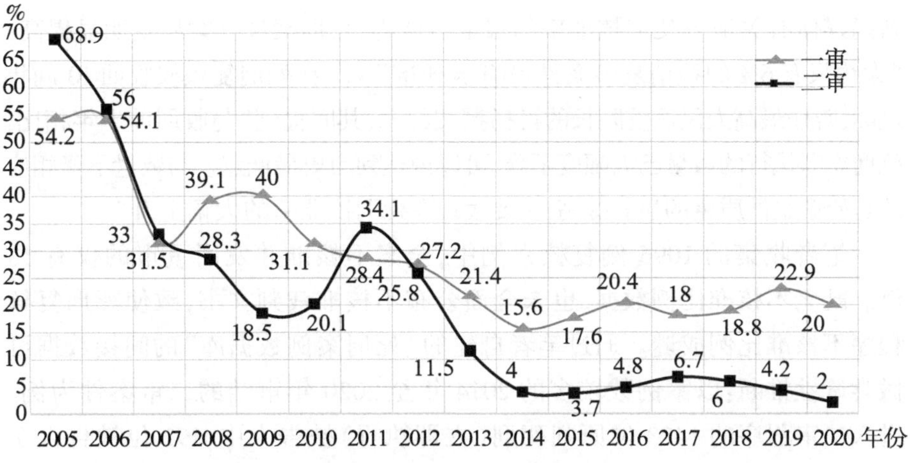

图 23　2005 年至 2020 年审结的 23663 例死刑案件判处死刑立即执行占比

注:1. "死刑立即执行占比"指死刑立即执行人数与所有死刑(含死缓)人数之比。

2. 曾入库的 2002 年至 2004 年审结的二审案例 71 例,死刑立即执行占比分别为:2002 年 60%、2003 年 68.9%、2004 年为 52%;2021 年、2022 年样本量太少,未做统计。

3. 根据陈泽宪教授领衔的"死刑案件辩护调查课题组"的统计:2001 年至 2005 年的 211 件死刑一审案件中,判处死刑立即执行 137 人,死缓 53 人①,据此可推知死刑立即执行占比为 64.9%,亦可与笔者得出的 2005 年度立即执行占比相互印证。

(四)死刑适用愈趋慎重

在最高人民法院收回死刑复核权的 2007 年,时任最高人民法院副院长姜兴长表示,死刑案件"在办案质量上更加严格,在适用死刑上更加审慎,在审判程序上更加公正"。② 随着严控死刑政策的强调、死刑程序改革的推进,法院在死刑适用上表现出越来越慎重的态度,对比改革前后的死刑裁判,能够明显感受到死刑适用越来越严格,法官只有在"不得已"时才会选择适用死刑。通过笔者收录的死刑案例和两次法官问卷调研,均可以强烈感受到中国在严格控制死刑适用方面的巨大进步。

死刑复核权收回首年,最高人民法院曾披露过死刑复核程序中 15% 不核准的比例,③此后再未披露过死刑复核不核准比例相关的信息,而且"死刑不核准的裁判文书在最高人民法院内部都没有做到完全的检索公开、内部通用,更没有在全国法院系统内统一检索"④。有学者考察 2009 年至 2015 年

① 死刑案件辩护调查课题组:《死刑案件辩护案卷分析报告》,载陈泽宪主编:《死刑案件的辩护》,中国社会科学出版社 2006 年版,第 60 页。

② 董瑞丰:《死刑复核权上收"盘点"》,载《瞭望》2007 年第 36 期。

③ 田雨、王建达:《已办结死刑复核案:不核准的比例较大》,载《新华每日电讯》2007 年 9 月 6 日,第 1 版;董瑞丰:《不核准的比例较大 死刑数量明显下降》,载《光明日报》2007 年 9 月 10 日,第 9 版。

④ 林维:《中国死刑七十年:性质、政策及追问》,载《中国法律评论》2019 年第 5 期。

新闻媒体有关地方死刑核准率的报道后认为，死刑案件办案质量明显提高，“大约只有6%的报请复核案件没有被核准”①。在死刑复核权收回10周年之际，曾任最高人民法院院长的肖扬撰文纪念，其间提到“与收回前十年相比，死刑立即执行的数量已大幅度下降，可以说达到历史最低点。与数量下降相应的是死刑案件质量的显著提高，主要表现在死刑核准率的大幅上升”。②

笔者收集的1096例复核案例中，全案不核准并发回重审的仅有13例。既无不核准比例数据，也未全面公布不核准裁判文书，致使死刑复核程序不核准比例成谜。通过笔者自建的“死刑案例数据库”的间接数据可做尝试性推断：以案例数较多的2014年至2020年审结的二审案件为例，进入二审程序的1423位原判死刑（立即执行）被告人中，192位被告人系最高人民法院不核准死刑被发回重审的（见表36），被最高人民法院不核准死刑而发回重审进入二审程序的被告人占比年均为13.34%，再加上最高人民法院所做核准死刑判决中对部分共同犯罪被告人改判死缓的情况（笔者收集的案例中约2%）。据此，笔者保守估计，最高人民法院死刑复核的不核准比例应该能达到15%左右。再考虑到2011年《刑法修正案（八）》实施以来，死刑（立即执行）的判处数量较大幅度下降的实际情况，对一审、二审程序已经极为慎重而判处的死刑（立即执行），还能保持住15%左右的不核准比例，也足以得出近年来死刑适用越来越慎重的结论。

表36　最高人民法院不核准死刑发回重审进入二审的192名被告人

类别		2014年	2015年	2016年	2017年	2018年	2019年	2020年
原判死刑	总数	147	181	285	355	264	140	51
不核准发回重审	人数	15	21	41	51	42	13	9
	占比	10.2	11.6	14.39	14.37	15.91	9.29	17.65

死刑适用的慎重，还表现在死刑案件办理过程中法院内部对死刑裁判层层把关。所有死刑案件最终均须交由审委会讨论决定，这种司法习惯虽然存在欠缺庭审亲历性，导致审、判分离等程序性缺陷，但在确保死刑适用的实体公正、严控死刑适用、减少死刑数量等方面还是具有不可否认的积极意义的。

法院在办理死刑案件的过程中，往往还通过大量工作（如动员被告人积极赔偿）追求案结事了、化解民间积怨，但凡此类工作进展顺利，被告人

① 高通：《最高人民法院死刑复核全面审查原则再检视》，载《法学家》2017年第3期。
② 肖扬：《历史的回声——纪念最高人民法院收回死刑核准权十周年》，载《中国法律评论》2017年第1期。

态度积极者，最终的量刑结果往往表现为死刑适用的谦抑（不适用死刑或不适用死刑立即执行）。

法院系统经常性地强调死刑案件的“铁案”工程，要求死刑案件要经得起考验。在此氛围下，虽然确实存在一些法官信奉重刑主义，习惯于重刑治重罪，但在严格控制死刑适用已成为法官群体基本死刑观的背景下，绝大多数法官或基于对生命的敬畏，或迫于错案责任的威慑，在做出死刑裁判时，相对于一般刑事案件要慎重得多（见图24），对所在法院的死刑裁判质量也给予了积极评价（见图25）。

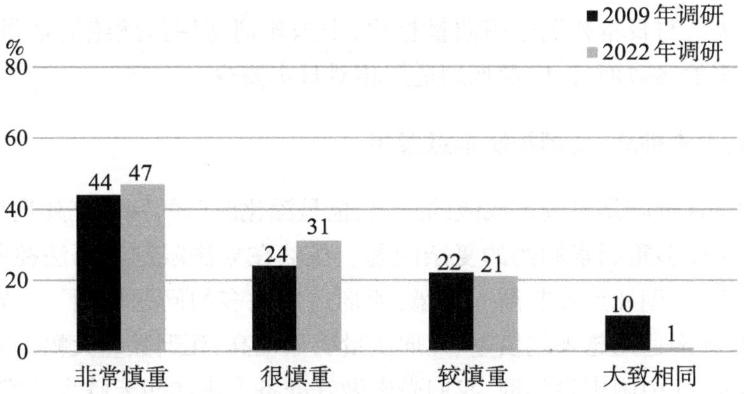

图24　死刑案件主审法官对所在法院死刑适用的评价

注：2009年调研，本题曾有“不慎重”选项，有3人勾选“不慎重”，2022年调研删除了该选项，故2009年“不慎重”计入了“大致相同”项。

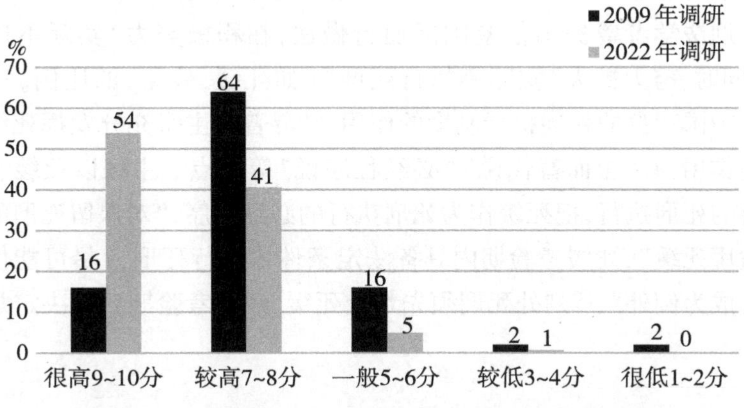

图25　死刑案件主审法官对所在法院死刑质量的评价

注：2009年调研采用了百分制评分模式，2022年调研中调整为十分制选择评价模式。调研中，也有一些法官表示：死刑案件办案质量的提高，主要得益于国家严格控制死刑适用政策的推行，以及死刑复核权上收、二审开庭审理等一系列程序方面的改革，但也有不少改革措施表现为“面上功夫”，尚须进一步落实和深化。

行文至此，与日本死刑适用做横向对比，或许可以对中国的死刑适用问题给出一个估计性评价。根据日本警察厅发布的犯罪统计资料，近二十年间，日本每年发生杀人案件约有 1000 件，①按照公安部公布的我国命案发案率②折中数 0.7 计算，中国命案发案数至少是日本的 10 倍。日本 2007 年至 2020 年共终审判处死刑 126 人。笔者收集的二审案件同期共计判处死刑 824 人，按照保守估计 15% 的不核准率计算，估计有 700 人被核准死刑。虽然笔者收集的案例肯定与实际数据有差距，但检查发现，见诸媒体的死刑执行案例，在笔者的案例库基本都有收录，也可推断这个差距不会太大。与日本死刑适用数量相比，中国死刑适用虽然绝对数量大，但相对命案发案数而言，中国死刑适用相对日本要少。

四、未来挑战：死刑控制难点聚焦

效果评价既是对改革成败的总结，也是深化改革的基础。死刑控制无疑是一个受多重因素制约的复杂问题。虽然在立法限制和司法控制的双重加持下，中国死刑控制渐入佳境，死刑适用过多的问题得到了一定程度的缓解，死刑适用越来越慎重、死刑质量明显提高、死刑数量大幅下降。

然而，在中国废除死刑，我们尚未做好准备。正如胡云腾大法官所言："事实上，在我国法学法律界和社会各界，主张将来可以废除死刑但当下应当保留死刑的观点，已经处于压倒地位且属无须论证的公论；而主张立即废除死刑的观点则鲜有耳闻，因为这种观点过于脱离实际。"③

有刑法学者曾提出借鉴国际通行做法，在积极努力"实际不适用死刑"的同时，努力扩大"实际不执行死刑"（如死缓、赦免）的比例。④ 对死缓这一中国特色的死刑执行制度的作用，学界普遍主张充分发挥死缓的限制死刑作用，有"全面替代说""必经程序说"等观点。主张以死缓制度替代现行的死刑执行，把死缓作为死刑执行的必经程序，"对保留死刑的罪名一律适用死缓"，死缓考验期内具备法定条件才执行死刑，"尽可能使死刑的执行成为例外"，⑤判处死刑须先判处死缓，经过考验期后再决定是否执

---

① 警察庁「犯罪統計」(2001 - 2021)による，警察庁ウエブサイト。

② 2018 年 1 月 22 日至 23 日召开的中央政法工作会议披露，"2017 年我国每 10 万人中发生命案 0.81 起"；2021 年 12 月 15 日，平安中国建设表彰大会披露"每 10 万人的杀人犯罪数仅为 0.56"；2022 年 9 月 27 日公安部新闻发布披露"去年我国每 10 万人口命案 0.5 起"。

③ 胡云腾：《论中国特色死刑制度的"三个坚持"》，载《中国法律评论》2023 年第 4 期。

④ 黄素萍：《论我国刑法中死刑限制的途径》，载《浙江社会科学》2009 年第 8 期。

⑤ 卢建平：《死缓制度的刑事政策意义及其扩张》，载《法学家》2004 年第 5 期。

行死刑，①从事实上减少死刑适用。

有关中国死刑控制的诸多积极主张，有些已经实现，有些已在路上，有些还未上路。在笔者看来，未来中国的死刑控制，需要破解民意压力，拓展立法限制空间，加大司法控制力度。

（一）死刑民意引导压力

虽然我国在死刑控制方面取得了重大进展，但是综合我国现有国情、民意、社会形势等方面来看，目前乃至今后的一段时间内我国仍不具备废除死刑的条件。保留死刑、严格限制死刑适用，是基于死刑存废问题长期争议难有定论的背景下，适合我国国情的现实抉择。但是也不可否认，随着现代社会法治文明的进步，死刑最终将会退出中国刑罚的历史舞台，在坚持严控死刑适用的同时，也不能放弃在未来合适时机废除死刑的追求。

对于我国死刑废止的未来进程，有学者明言未来几年中国死刑改革，不得不面对严重暴力犯罪的死刑废止问题，必将面临真正的"攻坚期"，因为将碰触民意最为"坚固"的部分，如果处理不当，可能导致死刑改革踟蹰不前。② 有学者认为"我国的死刑文化是精英思维与大众观念之间相互冲突、对立的文化"，主张"作为一种典型的精英理念，废止死刑只有得到民众的广泛支持，才能成为现实的实践"，并认为"合理的做法是采取切实措施引导民众形成理性的死刑认识"。③ 笔者对此表示赞同，长期以来，民意是影响我国死刑政策的重要因素，死刑的民意引导，确实是我国未来死刑控制、死刑废除不可逾越的重大障碍。

在中国，死刑不仅是法律问题，同时也是政治问题和社会问题。死刑有其存在深厚的生物基础，不能把"把死刑存废看成一个纯伦理选择或文化选择"，也绝非"只要法学界集体努力，说服了民众，或是通过强有力的政治领袖的政治决断，就可以废除死刑"。④ 尤其是在日益变得"透明"的网络信息时代，司法的剧场化效应日益凸显、不断被放大，⑤死刑案件尤其如此。相对于法学家的"干预"，民意对死刑适用的制约更为根本。⑥ 死刑制度的存废、改革，有必要回应民意，但也不能掩盖"死刑应当在比较短的时间内进一步地大幅度减少，并且最终被实质性废除"⑦的趋势。民众的

① 张文、黄伟明：《死缓应当作为死刑执行的必经程序》，载《现代法学》2004 年第 4 期。
② 时延安：《死刑立即执行替代措施的实践与反思》，载《法律科学》2017 年第 2 期。
③ 王志祥、单奕铭：《论废止死刑与加重生刑的关系》，载《南都学坛》2021 年第 1 期。
④ 朱苏力：《从药家鑫案看刑罚的殃及效果和罪责自负》，载《法学》2011 年第 6 期。
⑤ 李立丰：《中国死刑适用的民意拟制与导入机制研究》，上海三联书店 2020 年版，"前言"第 3 页。
⑥ 姜涛：《死刑废除的刑法教义学言说何以可能》，载《南京师大学报（社会科学版）》2022 年第 4 期。
⑦ 林维：《中国死刑七十年：性质、政策及追问》，载《中国法律评论》2019 年第 5 期。

死刑观念受朴素的正义观以及传统文化的重要影响,“重刑主义”思想和“杀人偿命”的朴素正义观念早已根深蒂固,一时之间难以转变,短期内废除死刑必然会面临巨大的民意压力。近年来,虽然我国的犯罪结构已经发生重大变化,但是严重暴力犯罪人数仍然不少,各种恶性犯罪依然层出不穷。① 虽然民众逐渐适应了贪污贿赂犯罪等经济性、非暴力犯罪不用、少用死刑的现实,但对暴力犯罪的死刑仍持高度肯定态度。据梁根林教授依托中国家庭追踪调查项目获得的数据,②31665 位受访者中,对死刑的支持率高达 88.39%,持“杀人偿命”死刑报应观点的受访者占 83.7%,持“杀一儆百”死刑威慑观点的受访者为 65.1%。梁根林教授的研究结论是:“在死刑观念层面,民众偏好支持死刑”“中国民众的死刑观念偏好是:极度认同报应观念,同时高度认同威慑观念”。③ 基于这样的社会现实,进一步控制死刑,以及未来废除死刑,如何引导民众死刑观念的转变,都是不可回避的重要课题,亟待学界的重视努力。

我国死刑控制的历史进程中,必然要面对死刑的强大民意支撑问题,通过严格、公正的程序控制死刑适用,就能正确引导民意,赢得民意支持。④ 需要在死刑适用与民意之间建立联系,适用死刑时与民意进行沟通。因此,从发展的角度看,对民意仅仅给予吸收和回应是不够的,⑤还需要基于引导民意正确认识死刑的目的,同民意进行积极沟通,推进社会各阶层对话,确保民众诉求能够完整体现,沟通的桥梁或许可以逐渐淡化民意与死刑适用之间的隔阂,中国死刑控制的路就会越走越宽。

(二)立法限制空间渐小

客观来说,经过《刑法修正案(八)》《刑法修正案(九)》对死刑“大刀阔斧”改革后,立法限制死刑空间在短期内已经暂时用尽,通过立法削减罪名、逐步废除死刑的步伐会有所放缓,死刑罪名限减将会进入慢速通道。⑥

---

① 以《最高人民检察院工作报告》披露的“严重暴力犯罪”起诉人数为例,2013 年至 2017 年 40.8 万人,年均 8.1 万人,2018 年 59717 人,2019 年 60654 人,2020 年 5.7 万人。

② 为了客观、全面地了解中国民众的死刑态度与死刑观念,梁根林教授与北京大学中国社会科学调查中心合作,依托中国家庭追踪调查(CFPS)项目,实施了 2014 CFPS 法学专题搭载项目,是目前为止有关死刑民意问题的样本数量最大的研究。详见梁根林、陈尔彦:《中国死刑民意:测量、解构与沟通》,载《中外法学》2020 年第 5 期。

③ 梁根林、马永强:《中国民众的死刑观念:观察、猜想与解析》,载《清华法学》2020 年第 6 期。

④ 陈海平、王雨琦:《死刑适用与民意的交锋——张扣扣案引发的思考》,载《燕山大学学报(哲学社会科学版)》2022 年第 2 期。

⑤ 赵秉志、张伟珂:《略论死刑的民意引导:以慎用死刑为视角》,载《国家检察官学院学报》2013 年第 4 期。

⑥ 林维:《中国死刑七十年:性质、政策及追问》,载《中国法律评论》2019 年第 5 期。

随着近几年中国社会的快速发展,尤其自党的十八大以来,中国社会发生了历史性变化,中国司法改革取得了巨大突破,中国死刑的司法控制进展明显,慎用死刑、少用死刑的社会认同度不断增加,现行《刑法》规定的46个死罪中,不常用死刑罪名占比越来越高,死刑罪名削减出现新的空间。考察既有研究成果,刑事法学界在死刑的未来立法限制方面存在着广泛共识。期待学界再起死刑罪名削减热议,探索新的可能,寻找新的方案,及早达成共识,推动下一轮死刑立法限制。

对于逐步废除死刑的路径,普遍认同"从限制到废除",即认真对待中国社会对死刑的深厚社会基础和文化传统,通过司法限制减少死刑适用,大幅度减少死刑执行数量,降低社会公众对死刑的期待,引导死刑民意的转变,适时在立法上削减死刑罪名,条件成熟时在立法上彻底废除死刑。早在20世纪90年代中期,胡云腾教授就提出了从立法上大规模削减死刑罪名,"把逐渐废除死刑作为我们的立法思路和追求目标",①并把应当废除的死刑罪名分为"可以立即废除死刑的罪名"和"可以在近期内废除死刑的犯罪",主张通过"三步走"实现中国废除死刑的百年梦想。② 赵秉志、陈兴良、卢建平、张文等学者均提出过不同版本的死刑废除"路线图",形成了"分步走"的基本共识:③建党百年(2021年)前后废除非暴力犯罪的死刑,基本建成法治国家、法治政府、法治社会(2035年)之际废除非致命性犯罪死刑,新中国成立百年(2049年)前后彻底废除死刑。

对于限制死刑适用和死刑罪名削减的策略,学界普遍主张"先易后难",即先从非暴力犯罪的死刑上发力,优先推动职务犯罪、经济犯罪、毒品犯罪等非暴力犯罪死刑罪名的削减,之后逐渐扩展到轻度暴力犯罪的死刑,最后集中解决暴力犯罪死刑的废除难题。以贪污贿赂犯罪为例,对于这一犯罪率极高的罪名,刑法学界普遍主张废除贪污贿赂犯罪的死刑,核心理由在于:④贪污罪受贿罪的本质特征在于其贪利性和侵犯职务廉洁性,与剥夺犯罪人生命的死刑在性质上具有明显的不对等性;纵观中国多年来反腐败斗争实践(即便存在死刑但贪污贿赂犯罪依然不断发生)可知,死刑对腐败犯罪的威慑力、预防作用有限,并非有效遏制犯罪的手段。有学者从职务犯罪死刑与民意的特殊关系出发,主张"通过改变死刑民意

---

① 胡云腾:《减少死刑的设想及理由》,载《法学》1995年第3期。

② 邱兴隆:《死刑通论》,中国政法大学出版社1995年版,第305～306页。

③ 陈海平、孙爽:《刑法学者的死刑观——基于研究成果的分析》,载《法制与经济》2021年第12期。

④ 赵秉志:《当代中国死刑改革争议问题论要》,载《法律科学》2014年第1期。

来培育政治家废止死刑的法治情感”；①有学者提出阶段性废除贪污受贿犯罪死刑的路径，即从严把握贪污受贿犯罪适用死刑的条件，死刑适用上明确死缓为主、死刑立即执行为辅的原则，先行废除罪质较弱的受贿罪的死刑，条件成熟时再废除贪污罪的死刑；②也有学者从国际合作打击外逃贪官的角度出发，主张“为反贪贿，应废除贪墨罪死刑”。③《刑法修正案(九)》针对贪污贿赂犯罪增设的死缓终身监禁制度，在非废除该罪死刑的情况下，事实上已经大幅度减少了死刑(立即执行)的适用，在某种程度上已经达到了贪污贿赂犯罪死刑“形同虚设”的效果。

特别需要说明的是，在我国19个不常见死刑罪名中，有7个属于危害国家安全类死罪，10个属于军法死罪，其中平时军法死罪4个、战时军法死罪6个。因为我国军事刑法长期未做修订，造成了军法死罪较多的现状。有学者研究表明，“从97刑法制定至今，军事死刑几乎没有适用过”。④ 事实上，国际公约对军法死刑也给予了更高的容忍度，“战时可对在战时犯下最严重军事性罪行被判罪的人适用死刑”，是联合国《旨在废除死刑的〈公民权利和政治权利国际公约〉第二项任择议定书》明确规定的唯一可以声明保留的内容。考虑到保留国家安全死罪、⑤军法从严的国际惯例，以及此类犯罪死刑适用不常见，无关死刑控制大局的实际情况，我国《刑法》规定的危害国家安全类死罪(7个)、军法死罪(10个)可予搁置，待普通犯罪死罪削减完成后，采取先易后难的策略，先削减平时军法死罪，最后待时机成熟再一举废除危害国家安全类死罪、战时军法死罪。

对于死刑立法限制的操作方案，学界也有诸多探讨。笔者综合既有研究成果，整合立足前贤主张，⑥围绕29个普通犯罪提炼出如下“总则＋分

① 张伟珂：《腐败犯罪死刑立法改革的特殊性研究》，载《中国刑事法杂志》2015年第2期。

② 徐楠：《阶段性废除贪污受贿犯罪死刑的路径构想》，载《中州学刊》2020年第3期。

③ 周永坤：《为反贪贿，应废除贪墨罪死刑》，载《法学》2006年第8期。

④ 万志鹏：《军事法治视野下军事死刑废止研究》，载《湘潭大学学报(哲学社会科学版)》2019年第3期。

⑤ 例如，日本自从第二次世界大战结束以后，并未发生过内战、军事力量入侵日本之类事件，内乱罪和外患罪(外患诱致罪、外患援助罪)实际上并未适用过，但死罪一直予以保留，因为无关死刑控制，所以也鲜见主张废除者。

⑥ 主要参考莫洪宪、刘夏：《进一步推进死刑改革的设想——废除女性犯罪死刑适用》，载《吉林大学社会科学学报》2014年第6期；赵秉志：《中国死刑立法改革新思考——以〈刑法修正案(九)(草案)〉为主要视角》，载《吉林大学社会科学学报》2015年第1期；时延安：《死刑立即执行替代措施的实践与反思》，载《法律科学》2017年第2期；袁彬、徐永伟：《我国现阶段死刑制度改革之立法前瞻——对〈刑法修正案(十一)〉死刑修正的设想》，载《学术界》2020年第4期；梁根林、王华伟：《死刑替代措施的中国命运：观念、模式与实践》，载《中国法律评论》2020年第5期；赵秉志、张伟珂：《论运输毒品罪死刑废止的可行性》，载《河北法学》2020年第11期。

则”的立法限制思路。

总则层面：

1. 扩大限制死刑适用对象：改进“老年人免死”制度，废除“例外规定”（特别残忍手段致人死亡），确立审判时已满70周岁“不适用死刑”制度；增设针对哺育期妇女、精神障碍人、聋哑人等特殊主体的死刑适用限制，“排除对整个女性群体的死刑适用”，或“通过设立例外条款在极端情况下保留对女性适用死刑”。

2. 严格解释“情节恶劣”规则，提升死缓犯执行死刑门槛，死缓考验期满减刑时决定是否适用限制减刑。

3. 改革死缓终身监禁制度，将死缓终身监禁由贪污贿赂犯罪扩张至“不法与罪责程度最重、死刑废除难度最大的极少数死刑罪名”，发挥死刑替代作用。

分则层面：

1. 限缩毒品犯罪死刑适用对象，废除运输毒品行为的死刑。

2. 直接削减危害公共安全、国防利益的5个非暴力犯罪的死罪：(1)非法制造、买卖、运输、邮寄、储存枪支、弹药、爆炸物罪，(2)非法制造、买卖、运输、储存危险物质罪，(3)盗窃、抢夺枪支、弹药、爆炸物、危险物质罪，(4)破坏武器装备、军事设施、军事通信罪，(5)故意提供不合格武器装备、军事设施罪。

3. 利用数罪并罚、法条竞合、转换犯原理技术性削减11个死罪：① (1)将结果加重行为单独评价为故意伤害罪、故意杀人罪等，实行两罪并罚保留犯罪行为的死刑，从而限减绑架犯罪的死刑；(2)利用罪名之间的法条竞合关系或者想象竞合关系，通过重法优于轻法的处理原则保留死刑适用的可能，从而削减9个罪名的死刑，包括放火罪，决水罪，爆炸罪，投放危险物质罪，以危险方法危害公共安全罪，破坏交通工具罪，破坏交通设施罪，破坏电力设备罪，破坏易燃易爆设备罪；(3)设定行为人实施犯罪构成之外的行为导致犯罪性质发生转化，将其导入故意伤害罪、故意杀人罪中适用死刑，从而削减抢劫枪支、弹药、爆炸物、危险物质罪的死刑。

4. 利用交叉式法定刑修正模式清理现有4个死罪的绝对确定死刑，修正为相对确定死刑：②劫持航空器罪，拐卖妇女、儿童罪，暴动越狱罪，聚众

---

① 袁彬、徐永伟：《我国现阶段死刑制度改革之立法前瞻——对〈刑法修正案（十一）〉死刑修正的设想》，载《学术界》2020年第4期。

② 袁彬、徐永伟：《我国现阶段死刑制度改革之立法前瞻——对〈刑法修正案（十一）〉死刑修正的设想》，载《学术界》2020年第4期。

持械劫狱罪。

5. 通过对死刑适用标准的弹性收缩，从而为司法上限制故意杀人罪、故意伤害罪、抢劫罪、强奸罪、(走私、贩卖、制造)毒品犯罪的死刑适用提供更多可能。

笔者以为，上述罪名削减方案中，直接削减的5个死罪属于不常用、不常见死罪，技术性削减的1个死罪，保留了严重犯罪的死刑适用空间，既能满足罪名削减需求，也不会因为罪名削减招致民意的激烈反弹，可以说是极为务实的死刑逐步废除方案。按此方案削减后，中国死刑罪名将从46个减少至30个，除去危害国家安全、军法死刑的17个罪名，普通犯罪死罪将仅剩下13个。

(三)司法控制难度渐增

死刑的司法控制，即通过完善死刑案件办理程序、强化死刑案件证明标准、完善死刑复核程序等，保证死刑案件的办案质量，在裁判中扩大死缓适用，严格控制死刑(立即执行)适用。从结果看其表现不外乎两方面，一是死刑适用数量的下降，二是死刑适用程序的完善。经过十余年的司法控制努力，死刑数量有了明显的下降，死刑程序改革多措并举，程序的正当化程度、死刑适用的慎重程度均有明显提升。

计算机编程和软件工程领域有一个著名法则，即“九九定律”，指软件开发中，前90%的工作需耗费90%的时间，而剩余10%的工作却需再耗费90%的时间。笔者以为，“九九定律”在很多社会领域同样适用，在死刑控制过程中，在死刑适用数量过多、案件质量偏低的开始阶段，无论是立法限制，还是司法控制，都能一路高歌猛进。随着死刑控制进程的推进，死刑控制的阻力就会渐增、难度渐大。当下的死刑控制，虽然未必是“剩余10%”，但理论界、实务界都已经感受到阻力、难度的增加，如李昌奎案再审改判死刑后，“一段时间内，法院因为害怕遭遇类似批评，一些本来可以不杀的都杀了。死刑数字也一度出现反弹”。①

自从最高人民法院收回死刑复核权以来，在立法限制和司法控制的合力加持下，中国死刑控制取得了巨大的进展，表现之一就是死刑数量的显著下降。立法限制虽然进程放缓，但还有空间，如前文所述，至少还有16个死罪可以削减；即便是面对“不法与罪责程度最重、死刑废除难度最大的极少数死刑罪名”，死缓终身监禁制度也还有扩展空间。立法上限制死刑、

① 任重远：《死刑复核权上收八年　最高法院如何刀下留人》，载《南方周末》2014年10月16日，第32版。

未来废除死刑的最大障碍不在前期的罪名削减，而在“最后一公里”，过往两次罪名削减，以及学界主张的未来罪名削减方案，先易后难是基本共识，在削减罪名的同时，也在强化“顽固”死刑罪名的削减难度。如前文所述的数罪并罚、法条竞合、转换犯原理技术性削减方案，在减少死刑罪名数量的同时，扩张了故意杀人、故意伤害罪的包容度，也增大了两罪的未来废止难度。正因为此，美国、日本等国虽然早已将死刑限制在致命型犯罪，不但始终未能踏出立法上的最后一步（废除死刑），而且依然看不到乐观预期。

与立法上限制死刑的重大障碍在未来不同，司法上控制死刑的障碍和压力可以说无处不在、无时不在。尤其是经过十余年的控制努力后，死刑适用已经不断集中于命案和毒品犯罪。如前文所述，不论是死刑适用案例数，还是死刑（立即执行）数，命案和毒品犯罪，都是绝对多数。笔者收集的24908例死刑案件中，命案和毒品犯罪，占一审案例数的98.3%、死刑（立即执行）判处数的98.84%，占二审案例数的98.22%、死刑（立即执行）判处数的98.98%，复核案例数的93.47%、死刑核准数的97.97%。换言之，98%左右的死刑（立即执行）适用集中于命案和毒品犯罪。

在保留死刑的情况下，司法机关准确、公正地适用死刑是死刑司法的当然要求，在关乎生死的案件中，给予被告人合理、公正的裁判，既是法律本身的要求，也是对生命的敬畏与尊重。

众所周知，在几千年“杀人偿命”的传统正义观下，命案犯罪治理，同时肩负着社会治安稳定的重任。命案死刑的司法控制，每一案、每一步都充满着艰难和挑战，无法回避社会治理需求，也不得认真对待广泛而强大的民众死刑观念，命案死刑司法控制的未来，注定需要面对小步前进、不断反弹。正如陈光中教授所言：“今后应当在保证社会治安稳定的前提下，逐步实现死刑人数稳中有降”。①

毒品威胁着全人类的健康、安全和福祉，中华民族对毒品问题有着特别的历史记忆，甚至可以说，百年中国近代史，就是百年禁毒史。“世界毒品问题仍然对全人类构成挑战”是联合国对世界毒品问题的基本判断，“决心解决世界毒品问题”是联合国推动下的世界共同行动，“推行对涉毒犯罪实行相称量刑的国家政策、做法和准则，使刑罚轻重与罪行轻重相称”是国际社会在毒品司法问题上的普遍共识。② 放眼国际社会，立法上对毒

---

① 陈光中、唐露露：《我国死刑复核程序之完善刍议》，载《法学杂志》2020年第2期。

② 联合国大会2016年4月19日通过的第S－30/1号决议，《我们对有效处理和应对世界毒品问题的共同承诺》，参见2023年9月18日联合国官网：https：//www. un. org/zh/documents/treaty/A-RES-S－30－1。

品犯罪设定死刑的国家数量在增多,但实际判处、执行死刑的却比较少,总体来看毒品犯罪的刑罚科处趋于缓和。① 我国历来奉行"重刑治毒"策略,但毒品犯罪形势依然极为严峻,也折射出"重刑治毒"刑事政策的有限性。② 毒品犯罪的死刑控制和废止,必须考虑中国特殊的民众情感,国际潮流、国外经验都难以成为具有说服力的理由。随着死刑司法控制的不断推进,毒品犯罪的控制压力还会不断加大,有待学术界、实务界共同努力,消解障碍、拓展空间。

面对死刑控制的巨大压力,有来自法院的学者主张应当将死刑控制的压力通过死刑案件办案程序向侦控机关传导,自侦查伊始即对死刑案件进行特别程序关照,法院系统也在试图说服公安、检察机关接受、践行这一思路。笔者认为,把侦控机关绑在死刑控制的战车上,不具有可行性。要求侦控机关在程序上"特别关照"死刑案件,必赖于侦控机关接手案件时即判定案件"可能判处死刑",侦控机关站在追诉立场,其诉讼认识是随程序推进而不断深入的,基于部门利益的考量,侦控机关在判定个案"可能判处死刑"的动力不足,对此无从规制。再者,侦控力量分配本来就因案而异,其考量的关键因素不是法定刑轻重,而是侦控难度和社会影响。侦控力量的强化配置必然会产生客观上限制被追诉方权利、弱化程序保障的效果,要求侦查机关对死刑案件主动进行程序关照,立法也难以根据可能刑罚分别设计程序。

可喜的是,最高司法机关不断强调保留死刑、严格控制死刑的死刑政策,在最高人民法院收回死刑复核权的带动下,关键证人出庭、庭审实质化、死刑案件二审开庭审理、强化死刑案件质量保障、加强死刑案件辩护保障、死刑复核法律援助等一系列改革走向前台。

遗憾的是,前述改革的落实还有待加强,改革的预期效果还未达到,死刑案件的程序保障还有待继续强化,通过程序确保死刑适用公正与准确的能力还有待提升。

虽然死刑复核权上收在一定程度上实现了死刑适用标准的统一,但现有的行政化复核模式与"司法""审判"特性还有距离,不符合程序正义要求,死刑复核程序只能防止轻罪重判(死刑),而难以避免重罪轻判(死缓及其以下刑罚),在确保死刑适用标准统一方面存在重大缺陷。

虽然刑事诉讼法已经确立了强制证人出庭作证的制度,最高人民法院

① 李运才:《毒品犯罪的死刑限制与废止》,中国人民公安大学出版社 2013 年版,第 11 ~ 16 页。
② 何荣功、杨俭等:《毒品类死刑案件的有效辩护》,中国政法大学出版社 2017 年版,第 19 页。

和地方各级部门也都在强调死刑案件关键证人的出庭作证,但证人出庭率极低甚至根本不出庭的现状依然没有改观。

虽然死刑案件的强制辩护在形式上得到落实,但辩护对死刑案件审判过程和裁判结果的影响力依然极为有限,死刑辩护低效的现实依然如故。

虽然推进以审判为中心的刑事诉讼制度改革是党中央部署的重大改革任务,司法实务部门也举措频出,但就死刑案件的程序保障而言,距离国际公约要求的最严格、最正当程序尚有距离。

后文将重点围绕司法控制死刑的前述难点、痛点展开论述。

第三章 中国死刑程序改革:回顾与反思

死刑复核权收归最高人民法院前后,因死刑复核权上收带动了死刑司法程序领域自上而下、声势浩大的程序改革,极大地推动了中国死刑司法的进步,严控死刑适用的理念逐渐深入人心,死刑适用程序正当化程度明显提高,死刑适用数量明显下降,死刑案件质量明显提升。

脱离实践的理论是苍白的,脱离理论的实践是盲目的。死刑程序改革创设了诸多新举措,当然也可能遗留老问题,甚至衍生新问题。集中研讨死刑程序改革,既利于清醒认识改革面临的现实困境,也利于及时廓清制度创设面临的理论障碍。有必要系统梳理死刑司法领域的改革举措,客观评估司法控制死刑的实际效果,继续揭示司法控制死刑面临的障碍,深入思考司法控制死刑的未来深入。

一、死刑程序改革的历程回顾

死刑复核权上收带动了死刑司法程序改革,也带动了整个刑事司法制度的改革。宽严相济政策、非法证据排除、证人出庭作证、庭审实质化、刑事辩护保障等改革,都和死刑司法改革的经验和教训直接相关,也和死刑制度改革相呼应。①

梳理十余年来的死刑司法程序改革,其主要历程如下:

2003 年十届人大一次会议期间,人大代表提出建议最高人民法院收回死刑复核权。

2004 年十届人大二次会议期间,41 名人大代表联名提出最高人民法院收回死刑核准权的建议,最高人民法院时任院长肖扬表示“最高人民法院正在考虑收回死刑核准权”。

2005 年 10 月 26 日,最高人民法院发布的《人民法院第二个五年改革纲要》(以下简称《法院二五改革纲要》)明确要求:改革和完善死刑案件的审判程序,改革和完善死刑复核程序,最高人民法院统一行使死刑核准权,并制定死刑复核程序的司法解释。

2005 年 12 月 7 日,最高人民法院发布《关于进一步做好死刑第二审

---

① 林维:《中国死刑七十年:性质、政策及追问》,载《中国法律评论》2019 年第 5 期。

案件开庭审理工作的通知》（已废止，以下简称《二审开庭通知》），强调“死刑案件，人命关天，必须适用极为严格、审慎的审理程序”，全面部署死刑二审案件开庭审理工作：自2006年1月1日起，“对案件重要事实和证据问题提出上诉的”死刑二审案件，一律开庭审理；积极准备条件，2006年下半年所有死刑二审案件开庭审理；控辩双方有异议、对定罪量刑有重大影响的证人、鉴定人应当出庭作证。

2006年9月21日，最高人民法院、最高人民检察院联合发布《关于死刑案件第二审开庭审理程序若干问题的规定（试行）》（已废止，以下简称《二审开庭规定》），具体规定了死刑二审案件开庭审理的范围、程序、重点审查事项，以及指定辩护、证人出庭作证等内容。

2006年10月31日，全国人大常委会修改《法院组织法》，明确规定死刑复核权专属于最高人民法院。

2006年12月28日，最高人民法院发布《关于统一行使死刑案件核准权有关问题的决定》，正式收回死刑复核权。

2007年2月27日，最高人民法院发布《关于复核死刑案件若干问题的规定》（已废止），系统规定了死刑案件的复核程序。

2007年3月9日，最高人民法院、最高人民检察院、公安部、司法部联合下发《关于进一步严格依法办案确保办理死刑案件质量的意见》（以下简称《确保死刑质量意见》），贯彻中央“严格依照法律程序办案，确保死刑案件的办理质量”要求，强调确保死刑案件质量，强调了办理死刑案件应遵循的原则，进一步明确了死刑案件的办理程序和具体要求。

2008年5月21日，最高人民法院、司法部联合发布《关于充分保障律师依法履行辩护职责确保死刑案件办理质量的若干规定》（以下简称《保障死刑辩护质量规定》），充实和细化律师参与死刑案件辩护的规定，明确了法院、司法行政机关、律师协会在死刑案件辩护中的职责和义务，严格了承担死刑案件法律援助律师的资格，完善了死刑案件指定辩护程序和律师参与死刑复核程序的相关规定。

2009年3月17日，最高人民法院发布《人民法院第三个五年改革纲要（2009—2013）》（以下简称《法院三五改革纲要》）要求：完善死刑复核程序、提高死刑案件复核的质量和效率、建立严格的死刑缓期执行、提高死缓的严厉程度。

2010年2月8日，最高人民法院发布《关于贯彻宽严相济刑事政策的若干意见》（以下简称《宽严相济意见》），具体阐释了国家的死刑政策“保留死刑，严格控制和慎重适用死刑”的理解和适用，强调“对依法不应当判处死刑的案件,无论面临多大的压力……决不能违法适用死刑。”

2010年6月13日,最高人民法院、最高人民检察院、公安部、国家安全部、司法部联合发布《关于办理死刑案件审查判断证据若干问题的规定》(以下简称《死刑案件证据规定》),严格了死刑案件的证据要求,细化了死刑案件的证明标准,明确了死刑案件中各类证据的收集、固定、审查、判断和运用,强调办案质量,要求铁证办铁案,确保每一起死刑案件都能经得起法律和历史的检验。之后,最高人民检察院印发、最高人民法院转发了《关于适用〈关于办理死刑案件审查判断证据若干问题的规定〉和〈关于办理刑事案件排除非法证据若干问题的规定〉的指导意见》,要求办案机关“坚持更加严格的证明标准,确保死刑案件的办案质量”。

2011年2月25日,十一届全国人大常委会第十九次会议通过《刑法修正案(八)》,增加了审判时年满75周岁不适用死刑的规定,增设了死缓限制减刑制度,拓展了死缓适用范围,缩小了死缓和死刑的差距,取消了13个死刑罪名,死罪减至55个。

2011年4月25日,最高人民法院发布《关于死刑缓期执行限制减刑案件审理程序若干问题的规定》,回应《刑法修正案(八)》确立的死缓限制减刑制度,明确了适用限制减刑应遵循的原则、构建了死缓限制减刑案件的审理程序、示范了裁判文书表述样式,规定了限制减刑的适用的时间效力。

2012年3月14日,十一届全国人民代表大会第四次会议通过《刑事诉讼法》第二次修正,从立法上确认了此前施行多年的二审开庭、证人出庭、死刑复核等死刑司法程序相关改革措施,强化了死刑案件办理程序要求,如侦查讯问同步录音录像、放宽了死刑案件审理期限,进一步完善了死刑复核程序。

2015年1月29日,最高人民法院发布《关于办理死刑复核案件听取辩护律师意见的办法》(以下简称《复核辩护办法》),明确了死刑复核程序中辩护律师可以查询立案信息,可以查阅、摘抄、复制案卷材料,可以提交书面意见或当面反映意见,复核终结后宣判法院须将裁判文书送达辩护律师。

2015年8月29日,十二届全国人大常委会第十六次会议通过《刑法修正案(九)》,新设死缓终身监禁制度,修改了绑架罪和“特恶”贪污罪、受贿罪的绝对死刑,严格了死缓期间犯罪执行死刑条件,取消了9个死刑罪名,死罪减至46个。

2015年9月16日,最高人民法院、最高人民检察院、公安部、国家安全部、司法部联合发布《关于依法保障律师执业权利的规定》(以下简称《保障律师权利规定》),构建律师执业权利保障措施,健全律师执业权利保障制度,保障律师执业权利、充分发挥律师作用,不得阻碍律师依法执业。

2016 年 11 月 14 日,最高人民法院修改《办理减刑、假释案件具体应用法律的规定》(以下简称《减刑假释规定》),回应《刑法修正案(九)》关于"特恶"贪污、受贿犯罪绝对死刑的修改,统一了减刑、假释的办案理念,调整了死缓犯的减刑起始时间、间隔时间、减刑幅度,提升了死缓的严厉程度,使刑罚内部结构更加合理。

2019 年 8 月 8 日,最高人民法院发布《关于死刑复核及执行程序中保障当事人合法权益的若干规定》(以下简称《复核程序保障规定》),进一步规范死刑复核及执行程序,强化当事人合法权益保障,要求高级人民法院送达裁判文书时告知被告人在复核阶段有权委托辩护人,扩充了复核阶段的辩护渠道和权利,细化了死刑执行前临刑关怀相关规定。

2021 年 12 月 30 日,最高人民法院、司法部发布《关于为死刑复核案件被告人依法提供法律援助的规定(试行)》(以下简称《复核案件法援规定》),回应《法律援助法》的最新规定,即死刑复核案件被告人纳入法律援助对象,明确了死刑复核阶段法律援助的具体规程。

二、死刑程序改革的主要举措

死刑复核权上收带动的死刑司法程序领域改革,对死刑适用影响深远,涉及了从一审到复核的整个死刑程序、牵涉到所有办理死刑案件的办案机关、涵盖了死刑案件的控、辩、审诉讼环节。重点集中于下列四个方面。

(一)死刑复核程序改革

死刑复核程序,植根于整个刑事诉讼程序之中。曾经一段时间死刑复核权被下放,绝大部分死刑裁判的复核权被授予高级法院行使,由此造成了死刑复核程序与二审程序合而为一、死刑复核程序的功能难以发挥的困境。随着法治进程的稳步推进、人权与法治观念的日渐增强,法学界对死刑复核权的下放开展了长期而持久的口诛笔伐,社会各界要求上收死刑复核权呼声不断高涨,特别是 2005 年前后相继曝光的佘祥林案、聂树斌案、滕兴善案等重大死刑冤案,加速了死刑复核权上收之路。在 2004 年、2005 年两会期间,时任最高人民法院院长肖扬两度表示最高人民法院正在考虑收回死刑复核权。2005 年 3 月 14 日,时任国务院总理温家宝在答记者问时明确表示"中国正在着手进行司法制度的改革,包括上收死刑核准权到最高人民法院。”死刑复核权在下放高级人民法院20多年后,终于踏上了回归之旅。此后近两年间,经过全国人大常委会修改《法院组织法》,最高人民法院建章立制设定死刑复核程序、增设3个刑事审判庭、扩编数百名刑事法官等一系列准备活动,从2007年1月1日起,所有死刑(立即执行)的复核权均由最高人民法院统一行使,死刑复核制度经历26年的沧桑、遭受多年质疑后终于迈出了“中国司法体制改革中最勇敢的一步”,实现了我国法治进程的重大进步。死刑复核权的上收,促使一审、二审法院更加慎重处理死刑案件,有利于死刑适用标准更加统一、死刑适用程序更加公正、死刑适用结果更加准确。经过此后三年多的死刑复核实践,死刑复核相关的改革不断探索和深化。2012年修正的《刑事诉讼法》,完善了死刑复核程序,增加了最高人民检察院提出意见、听取辩护律师意见等规定。2015年最高人民法院发布《复核辩护办法》,明确了死刑复核程序中辩护律师可以查询立案信息,可以查阅、摘抄、复制案卷材料,可以提交书面意见或当面反映意见,明确了宣判法院向辩护律师送达复核文书的要求。2019年最高人民法院发布《复核程序保障规定》,进一步规范了死刑复核程序,强化了当事人合法权益保障,要求高级法院送达裁判文书时告知被告人在复核阶段有权委托辩护人,扩充了复核阶段的辩护渠道和权利,细化了死刑执行前临刑关怀等相关规定。2021年最高人民法院、司法部发布的《复核案件法援规定》,在《法律援助法》将死刑复核案件被告人纳入法律援助对象的基础上,具体规定了死刑复核阶段法律援助的实施细则。

时至今日,死刑复核程序的性质,究竟是审判程序还是具有行政性的非审判程序,依然是学界争论的焦点,①越来越多的学者主张将其界定为审判程序。现行刑事诉讼立法体系也将死刑复核程序作为两审终审制之外的特殊审判程序,但具体的法律规则和相关的司法实践均未能鲜明体现出死刑复核的“审判”特性,更多是在强调其“核准”特性。复核过程由最高人民法院单方包办、封闭运行,②除了讯问被告人外,主要通过书面审查(卷审)方式复核,因为不开庭审理、控辩参与有限。③ 最高人民法院曾明

① 陈光中、唐露露:《我国死刑复核程序之完善刍议》,载《法学杂志》2020年第2期。

② 从死刑复核程序启动开始,下级法院的案件报送、复核法官的阅卷、复核结论的形成过程、复核后的裁定都是在法院单方面控制下秘密进行的,复核文书的公开范围有限,社会公众甚至当事人很难获知案件复核的进程。当然,与死刑复核权收回的2007年相比,这方面已有很大进步,比如明确了“应当讯问被告人”。

③ 2014年3月28日,最高人民法院《“关于改革死刑复核程序建议”的答复》称:“检察机关、辩护律师参与死刑复核程序已有明确法律依据”,并表示在依法独立行使死刑复核权的同时,“在复核过程中,将充分听取检察机关和辩护律师提出的意见”。

确表态,淡化死刑复核程序的司法性质、强化法院内部纠错的行政化色彩,但坚持认为“从法律程序角度来考虑,死刑复核不是诉讼程序,只是法院为确保死刑案件质量的特别审核程序”。[①] 当然,基于现行死刑复核程序的固有缺陷,为了尽可能确保死刑适用的公正与准确,最高人民法院推出了诸多积极举措,如要求复核法官坚持最严格的证据标准,全面审查案件的事实认定、法律适用和诉讼程序,并分别提出处理意见和阐明理由,尽可能听取被告人及其律师的辩护意见,审判委员会讨论死刑复核案件时邀请检察长(或检察长委托的副检察长)列席。

讯问被告人、听取辩护律师意见被学界视为死刑复核的两个底线,远程视频提讯缓解了死刑复核的效率难题。最高人民法院从收回死刑复核权起,对于核准死刑裁判的案件,都做到了提讯被告人、调查核实证据,[②] 这也加剧了死刑复核权上收引发的案多人少、不堪重负的难题,使死刑复核程序陷入效率困境。当下,在线开庭、在线讯问被告人早已成为理所当然的常规操作。但在最高人民法院收回死刑复核权之初,在死刑复核程序中运用视频提讯方式,堪称一大创举。最高人民法院通过前期的远程视频提讯试点,在总结成功经验的基础上,在制度上强化了视频提讯的合法性,于2009 年 3 月下发了《关于开展远程视频提讯工作前期准备事项的通知》,提讯被告人原则上以视频提讯方式为主,以其他形式为补充,在全国开展对死刑复核案件被告人的远程视频提讯。2009 年 9 月,最高人民法院建成全国法院专网远程视频系统。视频提讯成为死刑复核的法定提讯方式,高效率、低成本地解决了死刑复核程序面临的难题。这也为 2012 年修订的《刑事诉讼法》增加“最高人民法院复核死刑案件,应当讯问被告人”的规定奠定了基础。

有关死刑复核程序的进一步改革完善,将在后文第四章展开论述。

(二)死刑案件二审开庭审理

死刑案件的二审程序,在死刑适用的实体准确和程序公正方面都具有相当重要的价值:赋予被告人上诉权,增加司法救济机会,由更高级别法院重新审理,更能保证死刑适用的公正与准确,更能确保死刑适用标准的统一;通过确认、撤销下级法院的死刑判决,既能监督下级法院的死刑适用,还能推动国家严格控制、慎重适用死刑政策的彻底落实。因此,基于死刑

---

① 王斗斗:《最高法解答死刑核准权收回十疑》,载《法制日报》2006 年 12 月 29 日,第 8 版。

② 最高人民法院副院长姜兴长接受采访时表示:最高人民法院复核死刑案件,“均派人赴当地提讯了被告人,有的到案发现场进行了核实”。参见王斗斗:《新受案均派人赴当地提讯被告人》,载《法制日报》2007 年 3 月 2 日,第 1 版。

案件的重大司法利益,死刑案件的二审理应适用最严格的审判程序。死刑二审案件实行开庭审理,不仅有利于二审法院对一审法院死刑判决的事实认定和法律适用进行全面审查;还有利于二审法院在适用死刑时充分听取诉讼各方的意见,以确保死刑适用的公正与准确,体现国家在剥夺公民生命时的高度谨慎;此外,通过公正的庭审程序,还能彰显死刑适用中的程序正义、树立死刑裁判的司法权威,使死刑二审裁判具有更高的公信力和可接受性。①

虽然死刑案件的二审程序如此重要,但遗憾的是,1996 年修正《刑事诉讼法》后,二审死刑案件的不开庭审理成为常态,曾经长期以书面审理、与死刑复核程序合一为基本特征,也因此一直遭受着法学界的攻伐与批判。在最高人民法院决意推动死刑案件二审开庭审理之前,理论界早就对此问题达成了共识:很多学者认为,正是因为二审程序的不开庭审理,造成了一审死刑判决的错误难以被及时发现和纠正的难题;②死刑二审案件的不开庭审理已经在很大程度上影响到死刑案件的公正处理,二审程序的不透明、不公开也使社会公众对死刑适用的正确与否抱有怀疑,死刑二审案件的不开庭审理问题成为制约死刑案件程序正当性的关键障碍之一,直接影响着死刑适用的实体公正与准确,"解决死刑案件二审开庭问题甚至在一定意义上说不亚于死刑核准权的回归";③也有学者在《刑事诉讼法》修改建议稿中明确提出所有二审案件都应开庭审理的主张。④ 对此,最高人民法院也及早表明了其对法学界上述共识的赞同态度。事实上,早在 2004 年发布的《法院二五改革纲要》中,即已对此问题做了长远部署:2006 年以后,法院审理死刑二审案件,均应当开庭审理。2012 年《刑事诉讼法》修正后,死刑案件二审开庭审理进一步制度化。

死刑复核权上收,使最高人民法院成为"保证死刑司法正当性的最后一道保障,司法权力的集中同样意味着错案概率的集中",最高人民法院面临着"随时可能出现的具有潜在可能的误判性在何时转变成为现实的误判"的巨大压力。⑤ 在最高人民法院的需求与法学界的推动合力之下,基于对死刑案件质量的担忧和为统一行使死刑复核权做准备的考虑,以死刑

① 孙长永:《通过正当的法律程序控制死刑》,载《南京大学法律评论》2008 年春秋合卷。
② 高铭暄、朱本欣:《论二审死刑案件的公开审理》,载《现代法学》2004 年第 4 期。
③ 胡常龙:《论程序正义视域中死刑案件二审开庭问题》,载《法学论坛》2008 年第 2 期。
④ 徐静村主持:《中国刑事诉讼法(第二修正案)学者拟制稿及立法理由》,法律出版社 2005 年版,第 265 页。
⑤ 林维:《中国死刑七十年:性质、政策及追问》,载《中国法律评论》2019 年第 5 期。

复核权上收为契机,死刑程序改革启动,死刑案件二审程序的改革成为重点之一,死刑案件的二审开庭审理正式启动。

最高人民法院 2005 年 12 月 7 日发布《二审开庭通知》,开始部署死刑案件的二审开庭审理工作,要求在继续坚持对检察院抗诉的死刑二审案件进行开庭审理的基础上,自 2006 年 1 月 1 日起,对重要事实和证据问题提出上诉的死刑二审案件,一律开庭审理,并积极创造条件于 2006 年下半年对所有死刑二审案件实行开庭审理。经过 9 个多月的试运行后,2006 年 9 月 21 日,最高人民法院与最高人民检察院联合发布《二审开庭规定》,要求对于检察院抗诉的、一审原判死刑(立即执行)的、原判死缓但上诉中提出影响定罪量刑新证据的、原判死缓但合议庭认为需要开庭审理的死刑二审案件,都要开庭审理。《二审开庭规定》明确规定了死刑案件二审开庭的主要程序,具体包括庭前准备、法庭审理、证人出庭、裁判文书内容及检察院抗诉、出庭、法律监督等程序性内容,是死刑案件二审开庭审理程序的最重要法律依据。在最高司法机关努力推动的死刑案例二审开庭审理改革中,很多地方法院、检察院,结合本地实际,单独或联合发布了一系列规范性文件,①进一步细化了死刑案件二审开庭审理的改革,在具体改革措施上提出了不少创新性举措,为死刑案件二审开庭审理改革的贯彻落实提供了有力的程序保障。

有关死刑案件二审开庭审理改革的进展和反思,将在后文第八章展开论述。

(三)加强死刑案件的辩护保障

辩护权是宪法赋予被告人的一项重要诉讼权利,在保障被告人合法权益、平衡控辩双方力量对比、确保案件的实体公正、彰显审判的程序公正等方面具有不可替代的作用。死刑案件攸关被告人生死,极度严厉且不可回复,辩护尤为重要,“是社会以法律名义剥夺被告人生命之前他所能赖以看到存留尘世中的最后一线生机、最后一缕希望”。②

正是基于辩护在死刑适用中极为重要的作用,《公民权利及政治权利国际公约》将被告人的辩护权设定为公正审判的底线性标准之一,保留死

① 如广东制定《关于做好死刑案件二审开庭审理工作会纪要》(2005.12)、云南制定《关于死刑二审案件开庭审理若干问题的意见》(2006.06)、安徽制定《关于死刑案件第二审开庭审理工作有关问题的意见》(2006.07),等等。

② 张绍彦、谭淦:《死刑辩护的实践形态分析》,载陈泽宪主编:《死刑——中外关注的焦点》,中国人民公安大学出版社 2005 年版,第 275 页。

刑的国家普遍确立了死刑案件的强制辩护制度。① 美国把保障被告人的辩护权上升到宪法的高度，当作一项基本的宪法原则对待，死刑辩护一直被称为“对美国法律制度来说技术上最困难的诉讼形式”，②无论是在立法规范还是司法实践中，均特别强调保障死刑被告人的辩护权，死刑辩护存在瑕疵是导致美国死刑裁判推翻率高达68%的直接因素之一。③ 事实上，在加勒比海国家，许多身陷死囚区的死刑犯正是因为英国伦敦律师的介入才最终免于被执行死刑的。④ 正如有学者强调的那样：“死刑案件诉讼中被告人诉讼权利保障程度如何，直接影响着该国人权保护的力度和现状。”⑤

长期以来，虽然我国立法上对死刑案件确立了强制辩护的制度，但死刑辩护的实际效果却不理想。理论界对此给予了长期的关注，开展了广泛深入的研讨，并提出了诸多颇具见地的改革方案，推动了一系列死刑辩护的培训项目；实务界也积极反思死刑辩护的症结所在、大胆探索和检验了诸多改革主张。在死刑复核权上收的背景下，理论界和实务界合力推动了我国死刑辩护保障的改革。

在死刑复核权上收带动下的死刑程序改革中，强化死刑辩护是颇受关注的改革措施之一。在最高人民法院会同相关部门先后出台的《二审开庭规定》《确保死刑质量意见》《保障死刑辩护质量规定》等规范性文件中，均大量涉及或专门规定了死刑辩护问题，很多地方办案机关制定了相关的规范性文件，更为具体深入地规定了死刑辩护问题。概言之，近几年在死刑辩护方面的改革举措主要有：强调各办案机关要为死刑案件辩护职能的充分发挥提供便利，明确要求选择“有经验”⑥的律师担当死刑指定辩护人，明确强调死刑复核程序中要听取辩护人意见，禁止死刑指定辩护人将案件转由律师助理办理，减免死刑指定辩护人复制案卷材料的费用，要求辩护人庭审后提交书面辩护意见，各地也通过制定规范性文件提高死刑指定辩

① 赵秉志：《死刑改革探索》，法律出版社 2006 年版，第 560 页。

② AlbertI. Vreeland, Statutory Fee Liminations and Ineffective Assistance of counsel in Capital Litigation, Michigan Law Review, Vol. 90, 1991, p. 626.

③ 陈永生：《死刑与误判——以美国 68% 的死刑误判率为出发点》，载《政法论坛》2007 年第 1 期。

④ [英]罗吉尔·胡德、[英]卡罗琳·霍伊尔：《死刑的全球考察（第 4 版）》，曾彦等译，中国人民公安大学出版社 2009 年版，第 279 页。

⑤ 胡常龙：《死刑案件程序问题研究》，中国人民公安大学出版社 2003 年版，第 210 页。

⑥ 《确保死刑质量意见》第 29 条要求指定辩护选择“有刑事辩护经验的律师”；《保障死刑辩护质量规定》第 3 条规定指定辩护要选择“有刑事案件出庭辩护经验的律师”；2021 年的《复核法援规定》更进一步，要求死刑复核案件中要指派“具有三年以上刑事辩护执业经历的律师”。

护人的办案补贴(多由以前的数百元提高到数千元)。2015 年发布的《保障律师权利规定》《复核辩护办法》,全方位构建辩护律师的执业权利保障机制,明确了死刑复核程序中辩护律师查询立案信息、复制案卷材料、提交书面意见、当面反映意见等具体辩护手段,死刑案件的辩护保障日臻完善。为了进一步规范法律援助案件办理程序,保证法律援助质量,司法部于 2022 年启动修订,并于 2023 年 7 月 11 公布实施的《法律援助案件办理程序规定》,强化了"法律援助是国家责任"的理念,努力解决了法律援助实践的突出问题,加强了法援案件的质量保障和过程监督。

对于死刑案件辩护的现状评估和优化思路,将在后文第六章展开论述。

(四)死刑案件关键证人出庭作证

对于死刑案件关键证人出庭作证的必要性,法学界早在死刑复核权收回前后就已经达成了共识。2006 年 6 月 18 日在北京师范大学举行的"中美死刑制度比较研究座谈会"上,针对死刑案件证人出庭作证问题,美方法官和专家均表示:证人出庭作证是非常重要的,如果证人不出庭作证,就不能进行交叉询问,这样就可能会影响对证人证言真实性的判断,死刑案件证人不出庭作证,这是不可想象的。① 有学者在《刑事诉讼法》修改建议中将死刑案件列为"特别需要证人出庭的案件"②之一。有学者立足于死刑案件辩护准备极不充分的现实,认为"如果能够在法庭审理中有机会反询问控方证人,并且传唤有利于被告人的证人出庭作证,也许还能在一定程度上保证被告人获得公正审判"。③ 有学者通过对死刑误判的成本分析得出的结论是:"如果说一般刑事案件审判的质量因为证人未出庭而受影响还在社会所能承受的范围内,那么死刑案件审判的质量因为证人未出庭而受影响可以说就超出了社会所能承受的范围。……一个国家尽最大努力保证死刑案件的依法审判应当是其道德上的起码义务。司法经验证明,证人的口头陈述和书面陈述是有较大差异的。证人出庭不仅有利于案件基本事实的查明,而且有助于发现一切有利于被告人的事实。"④有学者认为,无论是死刑一审案件还是死刑二审案件,关键证人均应出庭作证,并具体列举出死刑案件关键证人的范围:控辩双方存在异议并且对案件的定罪

---

① [美]Jerome A. Cohen、赵秉志主编:《中美死刑制度现状与改革比较研究》,中国人民公安大学出版社 2007 年版,第 118 页。

② 龙宗智主编:《徘徊于传统与现代之间——中国刑事诉讼法再修改研究》,法律出版社 2005 年版,第 299 页。

③ 孙长永:《中国死刑案件的司法程序——基于国际准则的分析》,载陈泽宪主编:《死刑——中外关注的焦点》,中国人民公安大学出版社 2005 年版,第 314 页。

④ 杨正万:《死刑的程序控制》,载《贵州民族大学学报(哲学社会科学版)》2003 年第 2 期。

量刑有重大影响的、法院认为其他应当出庭作证的情形。①

最高司法机关不断强化和推动死刑案件关键证人出庭作证制度。最高人民法院早在2004年的《人民法院第二个五年改革纲要》(以下简称《二五改革纲要》)中就强调:2006年以后,法院审理死刑二审案件,均应当开庭审理,相关证人和鉴定人应当出庭。2005年的《二审开庭通知》重申:死刑案件的证人和鉴定人在控辩双方有异议、证言对定罪量刑有重大影响等两种情形下应当出庭作证。2006年5月召开的全国刑事审判工作座谈会上,时任最高人民法院院长肖扬指出:对案件事实认定和定罪量刑具有关键证明作用或者控辩双方有异议的证人、鉴定人应当出庭作证,无正当理由拒不出庭作证,其书面证言、鉴定意见经质证无法确认的,不能作为定案的根据,要加强对证人、鉴定人的人身保护,落实证人出庭作证的误工费、交通费等费用的补偿措施。2006年的《二审开庭规定》中,强调控辩双方有异议且对定罪量刑有重大影响以及法院认为有必要的证人、鉴定人、被害人应当出庭作证。2007年的《确保死刑质量意见》中,明确提出了办理死刑案件应当"坚持证据裁判原则",重申了法院通知关键证人出庭的要求,进一步强调了证人出庭对案件实体审判的重要性,并将死刑案件关键证人出庭作证的制度全面推向一审程序。前述改革和尝试的成果,在2012年《刑事诉讼法》修正时悉数被吸纳,系统规定了证人出庭制度,对于证人出庭作证的条件、强制证人出庭作证的情形予以明确,同时设立了近亲属出庭作证的豁免制度,并在其他相关立法和司法解释中规定了证人保护、无正当理由拒不出庭作证的处罚措施。2015年以来推进的庭审实质化改革中,关键证人出庭作证成为当然要求。最高人民法院、最高人民检察院、公安部、国家安全部、司法部于2016年联合发布《关于推进以审判为中心的刑事诉讼制度改革的意见》,最高人民法院2017年发布《关于全面推进以审判为中心的刑事诉讼制度改革的实施意见》,均将出庭作证的证人范围进一步限定在"关键证人"。

地方司法机关积极制定相关规范,推动死刑案件关键证人出庭作证工作。在最高人民法院的强调和推动下,江西、安徽、四川、北京等地法院会同公安、检察、司法行政机关,第一时间发布相关规范,②在最高人民法院

① 崔敏:《死刑考论——历史　现实　未来》,中国人民公安大学出版社2008年版,第253页。

② 江西制定《关于死刑案件言词证据的若干意见(试行)》(2006.08)、《关于规范故意杀人死刑案件证据工作的意见》(2008.01),四川制定《关于死刑第二审案件证人、鉴定人出庭作证的若干意见》(2006.10),辽宁省制定《关于规范死刑案件证据的意见》(2006.11)、北京制定《关于死刑第二审案件证人等诉讼参与人出庭作证的意见(试行)》(2007.12),等等。

相关规定的基础上,尝试更进一步的改革,其中有不少可喜的重大进步:扩大应该出庭作证的证人范围,如二审期间出现的新证人、新鉴定意见以及存在明显疑点的勘验、检查笔录,相关人员也应出庭作证;明确规定关键证人证言、鉴定意见非经当庭询问、质证并查证属实,不能作为定案根据;完善出庭证人的保护补偿制度,如强调办案机关的证人保护义务,在证人和被告人之间设置剪影屏风,补偿范围包括交通费、住宿费、生活补助费及误工费等;明确法院对出庭作证证人的通知义务,同时强调控辩双方对其申请出庭的证人、鉴定人有确保按时到庭作证的义务,实行"谁申请谁确保到庭"的制度;要求侦查人员到庭作证,有些地方明令侦查人员非因正当理由不得拒绝出庭作证。庭审实质化改革启动以来,一些地方将出庭作证率纳入司法机关的绩效考核指标,①积极推动证人出庭作证。

对于关键证人出庭作证的现状反思和解决方案,将在第七章展开论述。

三、死刑程序改革之进路反思

最高司法机关极力推动、地方司法部门积极响应、各级政府高度支持的死刑程序改革,与预期相比,多举措落实并不到位,原因何在?值得反思。笔者认为,死刑程序改革收效偏低,是司法改革难以深入、进退失据的局部表现。既有改革进路存在缺陷,办案机关主导下准备不足,办案机关在职权范围内的自我改良,导致了改革的高成本低收益。

(一)"自伤式"改革动力不足难有作为

死刑程序改革,理应针对既有体制不顺、权力配置不当、程序运行不公、权利保障不力等问题展开。

理想的改革主导者应该是超越体制约束、超脱部门利益者。办案机关应该是改革瞄准的对象、承受改革的客体。如果完全任由办案机关主导,当改革触及其无力改变的宏观体制、需要限制其权力、扩大相对方权利、消减其部门利益时,办案机关难免顾虑重重,在改革措施设定上必然倾向于原则化处理,改革的成果最终只有"改革"本身而已,收效不大自是必然结果。例如,死刑案件审判中,庭审过程的"病根"之一,是法院内权力(院庭长、审委会等)对合议庭的内行干预,合理的改革对策应是限制干预(如限制审委会介入范围、废除案件审批机制)或者改良干预手段(如将审委会改为审理制),既有的改革实践表明:主导改革的院内权力主体通常就是

---

① 程银、朱若荪、谢丽珍:《论证人出庭"温州经验"的新挑战与实务应对》,载《法律适用》2019年第1期。

“干预者”，不但未能对此“病根”切断，反而通过规范性文件将这种干预“合法化”，甚至进一步强化（如某法院确立死刑案件“五级审核制”）。如关键证人出庭作证，很难相信主导改革的办案机关没有意识到其对证人出庭作证的排斥态度是根源所在，但并未设法确保证人出庭作证。即便在高层不断推动以审判为中心的刑事诉讼制度改革的近年，关键证人出庭作证的改革依然收效有限，“有必要出庭作证的证人出庭率低下的情况没有根本改观”。①

（二）“合作式”改革保障不足难以落实

办案机关主导的改革未必都能得到相关部门支持，保障不足必然导致难以落实。死刑程序改革乃至司法改革都绝非办案机关一家或数家的“家务事”，脱离相关部门的支持，改革措施必将难以甚至无法落实；即便有些改革吸收相关部门联合发文、共同主导，但这些参与部门是否能够遵行这些改革措施完全依赖于其自觉性，随着情势变更，有些部门的消极应对（如不执行也不反对或拖或赖）甚至坚决抵制（如正面拒绝、直接“毁约”）也属在所难免，合作主导的改革就很难得到落实。

理想的改革主导者应该是对改革涉及的所有部门均有控制能力和约束手段者，办案机关最多只能作为改革主导者的咨询者。例如，最高人民法院和司法部联合发文，要求保障死刑被告人的指定辩护，各地司法机关联合财政部门出台文件提高死刑指定辩护补贴，有些地方财政部门态度积极，尽力支持，但也有不少地方财政部门态度消极甚至不合作，导致有些地方提高死刑指定辩护人办案补贴的改革预期成为空谈。如推行死刑案件二审开庭审理，各地法院要求扩编人员、增加预算，在中央高度强调“严格控制，慎重适用”死刑政策的形势下，很多地方政府表现得很“大度”，但随着中央政策重点的转向，改革所需的人事、财政支持还能得到充分保证吗？不能寄希望于办案机关主导下相关部门的“自觉合作”，需要通过顶层设计和权力推动，使其“不得不合作”。

（三）“运动式”改革后劲不足难以持久

办案机关主导的改革，往往容易表现为“一哄而上”的“运动式”改革图景。一旦时过境迁或者事过境迁，相应的改革也就被弱化了。当然，司法机关在司法改革领域主动拥抱、认可与接受“运动式改革”，“可能不是固执己见的专断之举，其背后必然有更深层次的原因”。② 有学者认为，如

---

① 李昌盛：《证人出庭难的应对方案》，载《当代法学》2021年第3期。

② 侯学宾、陈越瓯：《人民法院的运动式治理偏好》，载《吉林大学社会科学学报》2020年第6期。

果这种运动思维不能得到彻底改变,司法政策的治理化和地方实践的“运动化”就很难避免。①

理想的改革方式应该是经过充分调研和论证,稳步而持续地推进,否则很难确保改革行为的延续和改革成果的长效。正如有学者所言:“司法改革正在面临内卷化风险”,“往往只能在既定框架下对有限领域展开审时度势、持续不断的调整”。② 例如,“二审开庭运动”③伊始,各地办案机关纷纷“跑经费”“跑编制”,各级政府也给予了高度支持,要钱给钱,要人给人。但在最高人民法院决意通过完善一审程序提高死刑裁判质量时,各地办案机关和政府就不那么积极了,也未形成相应的“运动”风潮,致使该改革预期基本成为“纸面文章”。同样在“二审开庭运动”中,很多地方的办案机关和财政部门纷纷以提高死刑二审案件指定辩护人办案补贴的形象亮相,而当最高人民法院发布文件要求确保一审裁判质量、加强死刑指定辩护保障时,地方司法机关和财政部门并没有积极响应,致使目前一审和二审中的死刑指定辩护补贴悬殊较大,辩护难度更大、成本更高的死刑一审案件的指定辩护,终因未形成“运动”效应而不得不无声而终。由此可见,深化死刑程序改革,既要避免因个别改革“运动过度”导致“元气大伤”,也要避免“运动不足”造成“状态低迷”,还需稳步渐进。

四、死刑程序改革之适当进路

司法改革只能是一种渐进的、逐步改良的过程,不可寄希望于一蹴而就。涉及利益更为巨大、冲突更为剧烈的死刑程序改革,必须做好打持久战、稳步渐进的心理准备。死刑程序改革进路的合理设定极为关键,绝不能“跟着感觉走”,否则“改革的期盼”就可能变为“改革的欺瞒”,落得一场空欢喜。④

(一)适格主体理性主导

司法改革不可能孤立存在,它在本质上属于政治体制改革的范畴,不是一项单纯的技术性改革,必须纳入政治体制改革中通盘考虑详加规划,“司法改革应该以司法体制为重点,也必须以司法体制为重点,并且始终围绕这一重点加以推进”,⑤只有“自上而下与自下而上双向互动、整体推进

---

① 钱大军、薛爱昌:《司法政策的治理化与地方实践的“运动化”》,载《学习与探索》2015 年第 2 期。

② 王禄生:《我国司法改革的内卷化风险及其治理》,载《法商研究》2022 年第 3 期。

③ 陈瑞华教授将死刑案件二审开庭审理改革称为“二审开庭运动”。参见陈瑞华:《刑事诉讼的中国模式》,法律出版社 2008 年版,第 181 页。

④ 季卫东:《世纪之交日本司法改革的述评》,载《环球法律评论》2002 年第 1 期。

⑤ 卓泽渊:《司法体制:司法改革的重点》,载《中国党政干部论坛》2004 年第 9 期。

与重点突破有机结合、中国国情与司法规律融会贯通”，①才能逐步达到理想的结果。

司法改革的主导者应该是有权威且能够超脱部门利益者，办案机关因欠缺改革主体的适格性，很难保证其主导之改革措施的合理性和实际落实。

值得欣慰的是，办案机关以外的部门开始主导司法改革。2003 年 5 月，中央政法委员会牵头成立了中央司法体制改革领导小组，着手起草司法体制改革的方案；2007 年 10 月中共十七大报告正式提出“深化司法体制改革”要求；2008 年 12 月，中央政法委员会制定发布了《关于深化司法体制和工作机制改革若干问题的意见》，具体部署司法体制改革。尤其是党的十八届四中全会以来，司法改革迎来了“史上最佳时期”，经过近年的砥砺前行，司法体制改革基于改革的深度与广度，已经发展成为一场影响深远的“司法革命”，实现了从“司法改革”到“政法改革”的转变，②司法改革已经进入全面深化阶段，正在“从局部分散化的技术改革向全面顶层性的体制改革迈进”。③ 当然，中央对司法改革的主导主要停留在重大问题层面，办案机关事实上依然主导着很多改革的方向和进程。

死刑程序的改革主体应设定为：中央统一部署、立法机关整体设计、办案机关积极落实，改革的部署和重大宏观问题的决定应由党中央集中统一领导，改革的具体推动和实施应由立法机关主导，办案机关服从立法机关的改革主导，落实具体的改革措施。简言之，中央顶层设计，立法机关具体主导，办案机关积极落实。司法改革的实践证明，如果没有得到中央的强力支持和立法机关的立法推动，改革的落实情况和实际效果往往不乐观。

中央顶层设计，不但能够确保改革措施的具体落实，还能极大提速改革进程。④ 当然，中央应向社会及时公布改革主张和进程，⑤既可以直接回

---

① 吴卫军：《习近平法治思想中的司法体制改革理论研究》，载《比较法研究》2022 年第 5 期。

② 陈卫东：《改革开放四十年中国司法改革的回顾与展望》，载《中外法学》2018 年第 6 期。

③ 郑涛：《中国司法改革七十年的逻辑与进路》，载《哈尔滨工业大学学报（社会科学版）》2020 年第 2 期。

④ 死刑复核权上收、员额制、司法责任制等改革的快速和彻底，都是极好例证。

⑤ 例如最高人民法院在其文件中称：“中央决定改革授权高级人民法院行使部分死刑案件核准权的做法，将死刑案件核准权统一收归最高人民法院行使，并要求严格依照法律程序办案，确保死刑案件的办理质量。”又如，2008 年发布的《关于深化司法体制和工作机制改革若干问题的意见》，也是仅发至省军级和省级政法部门的机密文件，十年多后，绝大多数法学界人士还是难窥全豹，依然无从系统了解中央有关司法改革的基本精神和具体要求。再如，中共中央办公厅、国务院办公厅 2021 年 8 月印发《新时代法治人才培养规划（2021—2025 年）》，事关法学教育改革、法治人才培养大局，除了能够查到有关机关、地方部门贯彻落实该“规划”的实施意见以外，依然见不到中央的全部要求。

应社会上下的改革需求,也是践行“江山就是人民,人民就是江山”的权力观,实现对人民的承诺,接受社会监督的重要方式。

立法机关主导改革,既可以全面审视改革基础,合理设定改革措施和具体进程,也能使改革措施获得权威性,能够保证其贯彻落实。既有的死刑程序改革中,因为中央部署和立法机关参与而快速推进的典型就是死刑复核权上收最高人民法院。观察其他以最高人民法院、最高人民检察院、公安部等上级办案机关主导推进的改革措施,虽然因改革主体的局限,改革不一定彻底,但绝大多数措施都是合理可行、值得肯定的,其难以落实或者落实不到位的根本原因显然在于权威性欠缺所致,典型如最高人民法院多次主导的审判委员会改革,早在2005年发布的《二五改革纲要》提出设立刑事专业委员会,“将审判委员会的活动由会议制改为审理制”,时隔多年该项改革依然未落地。又如2019年发布的《人民法院第五个五年改革纲要》(以下简称《五五改革纲要》)要求“完善审判委员会讨论案件的决定及其理由依法在裁判文书中公开机制”也未落地。

(二)统筹协调合力推进

司法改革作为一项系统工程,是兼具全局性、整体性和长期性特征的艰巨工程。不仅涉及办案机关的职权优化配置、立法授权,还需要党政部门的保障支持。

同样,死刑程序改革,既需要中央决策机关的宏观部署和立法机关的整体设计,也需要办案机关统一步调、共同努力,还离不开各级党政部门的人、财、物保障与支持。

如果将改革路径设定为中央统一部署、立法机关整体推进、办案机关积极参与,改革措施的出台和落实所面临的部门、地域不公现象将迎刃而解,改革所需的人、财、物保障与支持将不再需要办案机关去“跑”去“要”,改革措施落实面临的阻力将得到很大程度的缓解,改革实效也将得到很大程度的提升。

(三)关注细节确保落实

死刑程序改革,包括宏观制度设计和微观程序构建两个层面。宏观制度设计往往可以通过改革一步到位,“关键问题是如何在微观层面实现”。[①] 我国立法长期奉行“宜粗不宜细”理念,容易造成宏观制度设计落空。对于微观程序构建,我们习惯于忽视,以为此端“小节”大可“不拘”。事实上,正是此类细节,最终导致改革措施难以落实、改革目的不能实现。

---

① 董玉庭:《司法体制改革不能忽视的四种关系》,载《求是学刊》2017年第1期。

就死刑程序改革而言，此类事例实在不胜枚举：例如最高司法机关强调保障死刑被告人的辩护权，要求指定"有刑事辩护经验""有刑事案件出庭辩护经验"的律师作为死刑案件辩护人，但对何谓"有经验"却未曾明确，致使办案机关不进行新的解释就无法适用；又如最高人民法院要求死刑案件关键证人出庭作证，但又完全没有涉及切实有效的保障措施和法律后果，在办案机关普遍排斥证人出庭的背景下，即便再"关键"，可能还是证人出庭率低；再如近些年着力推动的庭审实质化改革，对于庭前全面阅卷必然导致庭审流于形式这一问题，不但没有设计相关程序予以防止，反而通过《刑事诉讼法》的修改不断强化。

老子有云："图难于其易，为大于其细；天下难事，必作于易，天下大事，必作于细。"①在死刑程序改革中，必须关注程序细节方面的改良和进步，必须以规则的精密性保证规则的可操作性，对于纯粹技术性的规则应明确授权特定部门制定，通过精密细致的规则设定遏制办案机关的法律规避和扩张解释。对于办案机关而言，落实程序细节就等于落实改革，唯有这样，死刑程序改革才能避免流于形式，改革预期才能实现。

死刑程序改革必然是一项系统工程，是一个渐进的过程。它有赖于整个刑事程序的理性化变革，有赖于微观规则、司法程序、制度理念的革新与完善。虽然既有改革与理想预期尚有距离，改革依然面临障碍，但是"期望司法过程现在就完全理性化，无论如何都是一种应被抛弃的无稽之谈。但我们不能因此而拒绝竭尽全力"。② 可以肯定的是在严格控制死刑的理念和政策引领下，在理论界的不懈推动下，在司法实务部门的不断探索中，通过调整改革进路、点点滴滴努力，死刑程序必然会走向科学与理性，中国死刑控制的路必然越走越宽。

---

① 老子：《道德经·六十三章》。

② [美]本杰明·N. 卡多佐：《法律的成长 法律科学的悖论》，董炯、彭冰译，中国法制出版社2002年版，第37页。

第四章　死刑复核程序：三审化改造

在短期内难以实现废除死刑的现实下，严格适用死刑已成为我国的普遍共识。“人命关天”要求死刑案件审判严之又严、慎之又慎，生命不可逆转要求死刑适用必须极度谨慎。要使死刑裁判经得起时间检验，就必须建构更为严格的死刑适用程序，确保死刑适用的公正与准确。

在立法限制死刑短期内难以期待重大进展的情况下，司法控制死刑成为最受关注、最值得期待的方式。最高人民法院在死刑控制上影响死刑控制大局，关涉死刑适用的国家形象。如何强化最高人民法院的死刑控制、优化死刑控制策略、规避死刑控制风险，是亟待探讨的现实问题。

一、最高法院与死刑控制

有学者研究表明：隋唐以后的封建时代，死刑复核始终是最高司法权的核心组成部分，也是最高审判机关的基本职能。死刑复核权上收后，最高人民法院死刑复核以“人权保障、少杀慎杀”为首要功能。① 作为最高审判机关的最高人民法院，不仅负有个案解决的微观功能，还肩负权力制约的政治性功能和统一法律适用的司法性功能。② 作为死刑适用的最后一道防线，作为死刑控制的主要路径，最高人民法院以其更强的超脱性，以死刑复核为最直接的方式，“在死刑的司法控制中发挥着其独特的作用”。③ 可以说，最高人民法院直接左右着中国死刑（立即执行）适用的数量，在死刑控制上也拥有更大的可能性。

除了直接介入死刑复核以外，最高人民法院还通过发布指导性案例、制定司法解释和规范性文件，构建死刑适用的实体性标准，完善死刑案件的办理程序，程序上提高死刑案件办案质量。在不能从立法上废除死刑的情况下，最高人民法院有关死刑的司法解释，对于各级法院的死刑适用“具有不可替代的规范效力”。④ 通过四个“纪要”和一个“意见”，即1999年《全国法院维护农村稳定刑事审判工作座谈会纪要》（法〔1999〕217号，以

---

① 聂鑫：《中国最高审判体制的刑民分立——传统与现代化》，载《中国法学》2022年第4期。

② 左卫民：《死刑控制与最高人民法院的功能定位》，载《法学研究》2014年第6期。

③ 陈兴良：《死刑适用的司法控制——以首批刑事指导案例为视角》，载《法学》2013年第2期。

④ 赵秉志、王鹏祥：《中国死刑改革之路径探索》，载《中州学刊》2013年第6期。

下简称《农村稳定刑事审判座谈会纪要》)、2008 年《大连会议纪要》、2015 年《武汉会议纪要》、2023 年《昆明会议纪要》,2009 年《关于审理故意杀人、故意伤害案件正确适用死刑问题的指导意见》(以下简称《命案适用死刑指导意见》),对命案、毒品犯罪领域的死刑适用标准进行了规范,为地方法院在裁量个案的死刑适用方面提供了可靠依据。通过 2010 年的《宽严相济意见》,准确理解和严格执行"保留死刑,严格控制和慎重适用死刑"政策,为地方法院的死刑适用提供了政策指导。

死刑复核权的回归之初,最高人民法院即面临着"政治风险、职能难题、整体性问题和程序性障碍"。① "再完美的司法制度也无法完全避免错案的发生",最高人民法院全面掌控死刑适用,"造成了第一审中心地位的失落,也将死刑固有的责难和错判风险集于一身"。② 有些难题、障碍依然没有妥善解决。

总体来说,自死刑复核权收回以来,最高人民法院通过个案复核的直接控制、理念引领的间接控制,付出了艰辛的努力,也取得了巨大的成就。死刑复核已成为最高人民法院主要职能和常规工作,更多精力投入个案处理,在一定程度上影响了死刑相关的司法解释制定、司法政策引领、裁判规则提供等间接控制功能的发挥,尤其自 2010 年以来,发布的死刑相关指导案例仅有两个,司法解释和司法政策制定方面动作也有限。

死刑复核权的收回,引发了最高人民法院内部结构和实际功能的深刻变化,"这些变化并不完全符合现代法治理念下最高人民法院的功能定位"。③ 死刑复核权的收回也整体削弱了死刑相关主体的影响力,法院占据了博弈优势,死刑数量的下降正是这种博弈优势的集中体现,但是"法院在博弈结构中所占的优势不是绝对的,死刑数量不可能无限地减少",④最高人民法院必须探寻新的措施,强化这种博弈优势,才能稳定来之不易的死刑控制成果,开拓司法控制死刑的新局面。

最高人民法院收回死刑复核权 17 年来,通过发布司法解释不断完善死刑复核程序,如强化讯问被告人、听取辩护人意见、提供法律援助,引入最高人民检察院参与,相关改革举措已被修订之后的《刑事诉讼法》吸纳。然而,必须清醒地认识到,这些改革完善并没有完全解决死刑复核面临的

① 龙宗智:《收回死刑复核权面临的难题及其破解》,载《中国法学》2006 年第 1 期。

② 魏晓娜:《论死刑案件的权威结构》,载《中国刑事法杂志》2015 年第 2 期。

③ 左卫民:《死刑控制与最高人民法院的功能定位》,载《法学研究》2014 年第 6 期。

④ 秦宗文:《中国控制死刑的博弈论分析——以最高人民法院行使死刑复核权为背景》,载《法商研究》2009 年第 1 期。

根本问题,要确保死刑适用的公正与准确,必须调整死刑复核程序封闭的书面审理方式,改变了最高人民法院单方掌控死刑复核进程、排斥控辩双方参与其中的局面,死刑复核程序的三审化是必要且可行的稳妥改革方案。

二、复核程序三审化的必要性

早在死刑复核权收回前,即有学者主张一步到位实现死刑复核程序的诉讼化;①死刑复核收回并全面运行后,最高人民法院也意识到了死刑复核程序诉讼化态势的不可阻挡,在复核程序中逐渐改变排斥控辩双方参与的态度;②“死刑复核程序完善的目标和路径,应当是进一步深化诉讼化改革”,③已经成为学界的基本共识。有学者综合分析死刑复核的发展史和实践效果后认为,现有制度框架内的程序优化比三审化更现实、更可行,但同时也认可“三审制改革是具有理想主义的一种主张”。④

刑法学界肯定最高人民法院指导案例的作用,尤其认为“拓展司法解释型”的指导案例更符合司法需求,⑤也有刑法学者主张最高人民法院多开庭审理案件,“写真正有意义的、说理性很强的判决”并全面公开,“比指导性案例所起的作用更大”。⑥

两审终审之外特别设计的死刑复核程序,体现着国家对死刑适用的高度谨慎,鉴于现行死刑复核程序不符合程序诉讼化的要求、难以规避死刑控制巨大风险的现实,理论界对死刑复核程序的三审化改革探讨多年,共识颇多,就三审化改革的必要性,笔者做如下补充分析。

(一)满足死刑适用程序正义的要求

最高人民法院收回死刑复核权虽然暂时克服了二审和复核程序合一

---

① 参见陈卫东、刘计划:《死刑案件实行三审终审制改造的构想》,载《现代法学》2004 年第 6 期;樊崇义、张中:《论刑事司法体制改革与诉讼结构之调整》,载《环球法律评论》2006 年第 5 期。

② 吴宏耀、王凯:《死刑复核案件的法律援助制度研究》,载《法学杂志》2022 年第 2 期。

③ 卞建林:《统一行使死刑案件核准权:十年回顾与展望》,载《甘肃政法学院学报》2017 年第 3 期。类似主张可参见陈瑞华:《通过行政方式实现司法正义?——对最高人民法院死刑复核程序的初步考察》,载《法商研究》2007 年第 4 期;王运生:《死刑复核程序的诉讼化改造》,载《郑州大学学报(哲学社会科学版)》2010 年第 5 期;胡铭:《程序法视域中的争议性死刑案件——吴英案引发的程序法思考》,载《南京大学法律评论》2013 年第 2 期;穆远征:《死刑复核程序中律师辩护的困境与改革》,载《法学论坛》2014 年第 4 期;等等。

④ 陈光中、唐露露:《我国死刑复核程序之完善刍议》,载《法学杂志》2020 年第 2 期。

⑤ 赵秉志、张伟珂:《新中国刑法司法 70 年:回顾与前瞻》,载《法律适用》2019 年第 19 期。

⑥ 张明楷、陈兴良、车浩:《立法、司法与学术——中国刑法二十年回顾与展望》,载《中国法律评论》2017 年第 5 期。

的问题,实施了辩护人有限参与、最高人民检察院检察长列席等改革,但其书面、封闭的复核方式并未发生根本性改变。从立法体例来看,“死刑复核程序”一直被规定于《刑事诉讼法》第三编即“审判”编中,但从其运行实践来看,死刑复核程序只是一种法院系统内部核准的特殊救济程序,并非审级意义上的“审判”,①虽然《刑事诉讼法》和相关司法解释一直强化保障被告人的辩护权,但直到2021年《法律援助法》出台前,死刑复核程序中,被告人一直无法获得法律援助,死刑复核中“应当听取辩护律师的意见”的要求并没有得到很好的执行,辩护律师参与率一直很低。② 最高人民法院复核死刑主要通过书面阅卷和提讯被告人而非开庭审理方式,这种单方主导、书面审理、封闭推进的程序,无从体现其作为“审判”程序的司法和诉讼特征。

作为特别救济程序组成部分的死刑复核程序,其设计初衷是通过严格审查一审、二审的死刑裁判,避免死刑案件在事实认定和法律适用方面出现错误,为死刑案件被告人提供一次额外的救济保护,以体现国家对生命的慎重。

如前文所述,在我国的死刑适用实践中,超过85%为受教育程度(初中及以下)较低的人群,90%为农民、无固定职业群体,毒品犯罪领域这个比例甚至高达95%,既有研究成果也有类似结论。③ 进入死刑复核程序的被告人受教育水平低、经济状况差,对其通过程序行使权利、保障权益的意识和能力造成显著负向影响,参与诉讼程序、表达诉求的能力偏低。在辩护律师参与有限、“检察机关的监督权难以得到有效执行”④的情况下,再面对这样的被告人,寄希望于最高人民法院复核法官通过(大多采取远程视频提讯)讯问,发现案件疑点,确保事实认定和法律适用的正确,确实不太现实。

书面审理所依托的材料基础,主要包括“报请复核的报告,第一、二审裁判文书,案件综合报告各五份以及全部案卷、证据”,⑤姑且不论这些案卷材料本身的倾向性,历经多个办案机关的“千锤百炼”,除非复核法官练

① 李奋飞:《最高人民法院死刑复核程序新探》,载《国家检察官学院学报》2014年第5期。

② 吴宏耀、张亮:《死刑复核程序中被告人的律师帮助权——基于255份死刑复核刑事裁定书的实证研究》,载《法律适用》2017年第7期。

③ 281名被告人,农民/农民工、无业群体占91%、初中以下占87.54%。参见吴宏耀、张亮:《死刑复核程序中被告人的律师帮助权——基于255份死刑复核刑事裁定书的实证研究》,载《法律适用》2017年第7期。

④ 姜明:《死刑复核程序中检察权行使的完善》,载《学习与探索》2015年第8期。

⑤ 最高人民法院2021年《刑事诉讼法解释》第425条。

就火眼金睛,否则很难发现其中隐藏的秘密。正如有学者的评价:"通过对案卷的审阅,对纸面笔录的审查所能起的作用是非常有限的""行政化的死刑复核程序无法实现该制度的原初使命。"①总体来说,死刑复核程序因其程序设计上的缺陷和运行中的折扣,严重影响其纠错和救济功能,难以充分发挥司法救济和人权保障作用。

党的十八届四中全会通过的《中共中央关于全面推进依法治国若干重大问题的决定》中明确要求:"推进以审判为中心的诉讼制度改革,确保侦查、审查起诉的案件事实证据经得起法律的检验。全面贯彻证据裁判规则,严格依法收集、固定、保存、审查、运用证据,完善证人、鉴定人出庭制度,保证庭审在查明事实、认定证据、保护诉权、公正裁判中发挥决定性作用。"要推进"以审判为中心"的诉讼制度改革,其核心要求便是坚持"庭审中心主义",摒弃"卷宗中心主义"传统。而死刑复核程序依旧以书面审理为主,以审查案件卷宗为核心手段,与诉讼制度改革方向不符。死刑复核程序的设计和运作绝不能一直延续行政化模式运行,必须遵从司法和诉讼的一般规律。只有通过诉讼化改造,将死刑复核程序改造为死刑案件的第三审程序,才能发挥其预期功能,才符合起码的程序正义要求,也才能保证死刑适用的公正与准确。

(二)优化最高人民法院死刑控制的方案

死刑案件三审终审制度缺位,难免导致死刑适用失衡,最高人民法院无法通过死刑复核程序完全控制死刑裁判权。死刑复核程序存在的重大意义之一在于确保死刑的统一适用。死刑复核权的一度下放,使最高人民法院放逐了对大部分死刑案件的审查权;死刑复核权的收回,最高人民法院从死刑适用指导者转变为死刑裁判者,需要为死刑适用的质量负总责,确保死刑案件办案质量成为死刑程序改革的出发点。②

考察死刑复核程序的立法设定和复核实践可知:死刑复核权的上收,最高人民法院仅仅收回了对轻罪重判(死刑)案件的终审权;而对于重罪轻判(死缓及其以下刑罚)案件,如引发舆论关注、抹黑中国司法形象的"刘涌案""李昌奎案",最高人民法院依然缺乏控制、难有作为。

最高人民法院死刑复核的对象案件是死刑(立即执行)裁判,下级法院为避免最高人民法院"不核准"的否定评价,司法实践中存在着本应适用死刑而降格适用死缓或更轻刑罚的情况,造成死刑适用的失衡,主要表

① 胡铭:《程序法视域中的争议性死刑案件——吴英案引发的程序法思考》,载《南京大学法律评论》2013 年第 2 期。

② 高通:《最高人民法院死刑复核全面审查原则再检视》,载《法学家》2017 年第 3 期。

现有二:其一,同类案件中,犯罪行为性质相同、情节相同、后果相同、量刑情节相似,而不同法院在死刑适用上差别明显;其二,同一法院对同类案件的死刑适用存在生死差别,如同样的致命性犯罪,同样没有法定减轻情节,但量刑上存在着生(死缓)与死(立即执行)的天壤之别。对此,最高人民法院除非启动审判监督程序,基本无法控制,尤其是一审原判死刑(立即执行),二审"突袭"改判死缓的裁判,检察机关除了报请最高人民检察院抗诉外,在常规审判程序中无从表达诉求,影响法律监督职能发挥。

现行死刑复核程序的制度设计,能够推动死刑减少适用,而难以确保死刑公正适用,即其有能力防止轻罪重判(死刑),而无能力避免重罪轻判(死缓及其以下)。虽然这样的制度安排,是死刑控制、废止论者乐见其成的,但无论是从维护司法公正、法律适用统一的角度,还是落实宽严相济刑事政策、发挥死刑威慑效果的立场来看,显然是有违法治要义的。死刑案件人命关天,追求公正是死刑适用的核心和灵魂。① 法国评论家路易斯·博洛尔认为:死刑裁判的不公正远比大规模、粗暴的武力屠杀更可怕,也更遭人愤恨,"合法而不公正的死刑判决之所以会引发更加可怕的愤怒,那是因为这种行为总是伴随着令人痛恨的伪善,他为暴力披上了合法的伪善外衣。"②

域外死刑控制的经验表明:最高法院控制死刑适用,既要控制轻罪重判,也要控制重罪轻判,也有撤销下级法院的非死刑裁判进而改判死刑的成例。即便最高法院不宜通过审判直接改判极刑,但最高法院有权改判的潜在可能也会促使下级法院在死刑适用上更为谨慎,既能防止轻罪重判,也能避免重罪轻判。如对日本死刑影响深远的永山则夫"少年连续射击杀人案"③"光市母子杀害案"④,都是最高法院在第三审程序中撤销下级法院的无期刑裁判,发回重审并最终判处死刑的。

在我国坚决保留死刑、严格控制死刑适用的政策下,应当追求死刑适用数量的逐渐减少,但必须以死刑的公正适用为前提,轻罪重判(死刑)是

① 陈华杰:《论死刑适用的标准》,人民法院出版社2005年版,第7页。

② [法]路易斯·博洛尔:《政治的罪恶》,蒋庆等译,改革出版社1999年版,第263页。

③ 该案一审被判死刑,二审改判无期,三审发回重审,之后被改判死刑。日本最高法院该案第一次上告审(即三审)的裁判中确立了日本死刑的适用标准,即"永山基准",这一死刑适用标准一直沿用至今。参见最高裁判所第二小法廷1983年7月8日判決 昭和56(あ)1505号,最高裁判所刑事判例集第37巻6号609頁。

④ 该案一审判处无期,二审维持无期裁判,三审发回重审,之后被改判死刑。日本最高法院在第一次上告审中所做的"光市案件"成为"永山基准"确立近50年的"例外",对"永山基准"产生了一定冲击。有关本案的经过和"光市裁判"的影响,请参见陈海平:《日本死刑控制研究》,法律出版社2022年版。

对司法公正和死刑政策的悖反，重罪轻判（死缓及其以下）同样是对司法公正和死刑政策的漠视。对重罪轻判的现象，民众解读更倾向于为司法腐败的现实民情，当年的“李昌奎案”引爆舆论正是如此，面对汹涌民意，法院不得不启动审判监督程序，正如有学者所言“寄希望以审判监督程序来纠正二审可能存在的错误，本身就非明智之举”。①

笔者不得不谨慎地指出：就轻罪重判和重罪轻判而言，我国民众更难容忍重罪轻判，立法和司法对此绝不能漠然视之。现行死刑复核程序重点防止死刑适用中的轻罪重判，基本放弃了对重罪轻判的控制权，势必扩大下级法院在死刑适用上的自由裁量权，难以确保死刑适用的公正与准确，也无以回应社会公众对死刑适用不公的质疑和责难，难保不会出现当年死刑复核权下放之虐。

与死刑复核权上收同理，最高人民法院应当强化对死刑案件重罪轻判的审查权，确立死刑案件三审终审制可谓理想解决方案。只有强化最高人民法院对死刑适用的控制，才能赢得民众的尊重，树立司法权威。

（三）增强死刑裁判可接受性的途径

如果将死刑复核程序诉讼化改造为死刑案件的第三审程序，通过控辩参与的言词审判，最高人民法院对死刑适用的控制力度自然会有很大程度的提高。

虽然我国死刑适用数量已有了较大幅度的下降，法院也在竭力确保慎重适用死刑，但始终难逃理论界之诟病。笔者以为，其深层原因即在于最高人民法院重点关注死刑适用中的轻罪重判，放弃了对重罪轻判的审查权，变相扩大了下级法院在死刑适用上的自由裁量权，有些办案法院倾向于通过非司法手段解决并非与案件直接相关的问题。

以死刑案件的附带民事赔偿为例，有些法院“以判（死刑）压调”，力促被告人“积极赔偿”；而在民事赔偿难以充分实现时，法院在下判死刑（立即执行）时首先会考量被告人的赔偿能力，往往以被告人无赔偿能力为由做出毫无法律依据的“免于民事赔偿”裁判，导致被害方迁怒于法院，进而向法院施压。长此以往，将使司法的公信力受到质疑，也会诱使被害方通过向法院施压来实现其利益诉求。

域外的一些成功经验昭示：案件涉及的法益越重大、犯罪性质越严重，案件办理就越重视法律程序、越注重被告人权利的保障与救济。死刑案件

① 卞建林：《统一行使死刑案件核准权：十年回顾与展望》，载《甘肃政法学院学报》2017 年第 3 期。

实行三审终审制，更能保证诉讼程序的严格运作，更能保障诉讼各方的有效参与，更能促进对死刑被告人主体地位和权利的尊重与保障。此外，审级的提高、程序的复杂化、法官人数的增加、裁判者在司法等级内的更高权威，都可能强化案件处理的慎重性，有助于强化裁判的正当性。[①] 确立死刑案件的三审终审制，必然能强化死刑适用的慎重性，有助于凸显死刑裁判的正当性，有利于增强被告人及社会公众对死刑裁判的接受度和认同感。

（四）强化死刑案件辩护保障的需要

据学者研究，死刑复核裁判文书载明"听取了辩护律师意见"的，即表示复核程序有辩护律师参与，无此表述，则表示复核程序无辩护律师参与，并统计裁判文书网公布的2013年审结的49份死刑复核案件的裁判文书，得出辩护律师参与率为14.29%。[②] 笔者收录的2007年至2021年审结的死刑复核案件合计1096例，共涉及1174名死刑被告人，共有126份[③]死刑复核案件的裁判文书载明"听取了辩护律师意见"，由此可测算出的辩护律师参与率仅为11.5%。有学者实证观察2014年至2015年审结的81例死刑复核案件后认为，"辩护律师的意见对于最高人民法院死刑复核影响并不大"。[④]

笔者曾有意考察辩护参与对复核结果的影响力，虽然辩护参与案件的"发改率"略高于无辩护参与案件，但因为复核裁判文书基本不列举辩护意见，列举意见的10份文书均明确表示不予采纳辩护意见，也不予解释不采纳的理由，因此无法判断复核结果的"发改"与辩护之间的关联。

考察《法律援助法》、最高人民法院《复核案件法援规定》可知，担任死刑复核案件中被告人的法律援助辩护律师，需要"指派具有三年以上刑事辩护执业经历的律师"，相关部门要切实保障辩护律师依法履行职责，最高人民法院要为辩护律师依法行使辩护权提供便利，法律援助辩护律师需要在接受指派之日起45天内提交书面辩护意见或者当面反映辩护意见。

考察一审判决书、二审裁判文书，虽然极个别文书存在对辩护人"隐名

---

① 傅郁林：《审级制度的建构原理——从民事程序视角的比较分析》，载《中国社会科学》2002年第4期。

② 陈学权：《死刑复核程序中的辩护权保障》，载《法商研究》2015年第2期。

③ 因为复核裁判文书并不列明本人信息，在2例共同犯罪各判处2人死刑的案件中，无法确认几位被告人有辩护律师参与，也无法确认该126份复核文书听取了多少名被告人的辩护律师的意见，本部分按128人计算。

④ 高通：《最高人民法院死刑复核全面审查原则再检视》，载《法学家》2017年第3期。

处理”的情况,整体来看都会公布辩护人信息、辩护人意见,释法说理部分对辩护意见大多都会一一回应,表明采纳或不采纳及其理由,由此可以对死刑案件一审、二审程序中的辩护率、辩护效果进行评估。①

相反,通过最高人民法院网络公开的死刑复核裁判文书,基本看不到辩护参与情况,完全无法评估辩护效果。在面临死刑最迫切威胁的时刻,虽然绝大多数死刑复核案件被告人具有极强的求生意志,笔者前文对死刑案件被告人个人情况的统计、既有研究都能表明死刑复核被告人“极差的求生能力”,如果不建立确保死刑复核法官认真对待和回应辩护意见的机制,“你说你的,我判我的”就会成为常态,复核程序中的辩护必然流于形式。②

即便《法律援助法》解决了被告人无力聘请辩护人的问题,如果不改变现行复核程序的书面审理模式,不实行开庭审理,不给予公开听审、表达意见的机会,对死刑复核程序及复核结果,辩护人依然难以对死刑复核发挥有效的影响力。

三、复核程序三审化的可行性

在理论上进行理想的制度设计时,为了确保设计的理想制度能够顺畅运行和实现理想预期,必须注意制度设计的可行性问题。笔者认为,在国家不断强调尊重和保障人权、法治进程不断推进、全社会死刑观念不断更新、社会经济高速发展的时代背景下,将死刑复核程序进行诉讼化、三审化改造,确立死刑案件三审终审,在理论和实践上均具有可行性,下文做具体分析。

(一)复核实践已接近三审化

死刑复核权收回后,程序设计及运行并未如学界期待的那样走向中立、公开、三方参与的“司法化”,面对行政化的复核模式,法学界退而求其次,认为死刑复核程序运作至少应该满足的最低限度要求是:即便可以不开庭审理,也要保障死刑被告人及其辩护人充分而有效的参与。最高人民法院近些年确实也在向这些方向调整,讯问被告人、听取辩护律师意见实现了辩护方的有限参与,听取最高人民检察院意见、反馈并通报死刑复核结果、邀请最高人民检察院检察长列席讨论死刑复核案件的审判委员会会议,引入了控诉方的参与,正在不断接近三方参与的诉讼

① 本书第六章将会围绕死刑案件的辩护,基于大样本统计数据展开论述。

② 吴宏耀、张亮:《死刑复核程序中被告人的律师帮助权——基于255份死刑复核刑事裁定书的实证研究》,载《法律适用》2017年第7期。

构造。正如有学者研究所得:“虽然死刑复核程序尚不具备完整意义上的诉讼形态,但不可否认其已然成为办理死刑案件的一种特殊三审程序。”①

根据《刑事诉讼法》《刑事诉讼法解释》及最高人民法院相关规定,可以获悉最高人民法院死刑复核的基本流程:由审判员三人组成合议庭,要全面审查原审裁判的事实认定、法律适用和诉讼程序;要当面或远程视频提讯死刑复核案件被告人,被告人也可以通过信函等方式提出辩解意见;辩护人提出当面陈述意见的,合议庭要在办公场所听取意见并制作笔录附卷,辩护人提交书面意见的也要附卷备查;要向最高人民检察院通报死刑复核结果,最高人民检察院提出意见的,要听取意见并反馈采纳情况及其理由;合议庭成员要认真审阅案卷,并就案件的事实认定、证据采认、诉讼程序、定罪量刑等问题写出书面审查意见,必要时还应调查核实证据;审判委员会讨论死刑复核案件,一律通知最高人民检察院,请检察长或者检察长委托的副检察长列席。据此可见,现行死刑复核程序,虽然不是开庭审理,但其程序运作的复杂性已经几乎相当于开庭审理,为死刑复核程序支付的司法成本甚至可能高于开庭审理。

在尊重和保障人权成为宪法原则的背景下,死刑程序改革措施推陈出新、刑事诉讼人权保障观念越来越受到社会认同、死刑被告人的权利保障越来越受到社会关注、死刑问题日渐成为社会公共话题。对于未来死刑复核程序的完善,时任中国刑事诉讼法学研究会会长卞建林教授的主张颇具代表性:“不如以死刑案件为样本,探索构建三审终审制,科学界定不同审级各自功能,明确二审三审的目的任务。这样,既有利于保障当事人权益,促进司法公正,又有利于优化审判资源配置,提高审判效率。”②

笔者在2022年对死刑案件主审法官的问卷调研中,也曾设置了死刑案件三审化相关问题。“对于死刑案件三审终审化,您的态度是?”法官们的回答中,认为很有必要占72.8%、没有必要占23.8%、无所谓占3.4%。

综上可见,经过十余年的实践和改革探索,将死刑复核程序改造为死刑案件的第三审程序,在实践、学理、意识等方面都已具备条件,程序变革将要面临的制度、观念等困难并不会太大。

---

① 郭川阳:《中国刑事审级制度的改革进路》,载《中南民族大学学报(人文社会科学版)》2022年第5期。

② 卞建林:《统一行使死刑案件核准权:十年回顾与展望》,载《甘肃政法学院学报》2017年第3期。

（二）不会面临司法资源困难

死刑复核权收回以来，最高人民法院扩编了数百名法官、增设了3个刑事审判庭，死刑复核已成为最高人民法院的主要刑事业务。最高人民法院收回死刑复核权已历17年，平稳过渡、良性运行，死刑适用越来越慎重，死刑数量已有较大幅度的下降，赢得了社会各界的普遍肯定。

将死刑复核程序改造为死刑案件的第三审程序，司法资源不足、加重最高人民法院负担等可能成为反对的理由之一。笔者认为问题并非难以解决：随着我国社会经济的高速发展，经济总量实现了持续、快速、稳定增长，已经跃居世界第二，国家的司法资源投入逐年增长，对诉讼程序变革的支持力度正在不断增强，国家有能力在攸关公民身家性命的死刑案件中投入更多的资源；交通、通信的高速发展，使得以前可能需要大费周折的程序行为在当下则很可能轻而易举；法学教育经过四十多年的稳定发展，曾经长期面临的法治人才不足的难题早已被化解，法治人才储备相对于社会需求日渐呈现出供过于求之势，越来越多的高素质法治人才走出校园，立志投身法治大业，却面临投身无门的无奈。

将现行死刑复核程序改造为死刑案件的第三审程序，对最高人民法院来说，并不会在司法资源方面提出很高的要求。对最高人民法院而言，改变其对死刑复核程序独力包揽并负责到底的制度设计，必然会释放出一部分司法资源，以此可以补充所辖案件范围扩大（如死缓及以下量刑案件的抗诉）带来的资源需求，需要额外投入的司法资源并不会太多。而且，随着立法上死刑罪名的削减，司法上死刑适用数量的下降，最高人民法院死刑复核部门可能还将面临“案少人多”“无案可办”需要分流的问题，正如有学者所言：“即使死刑复核程序进一步正当化，根据现有死刑案件规模设置的死刑复核法官职数等人员编制，也将会有一定甚至是大量富余。”①

对死刑被告人而言，在生死攸关之际，其更关心的在于是否赋予其寻求救济的机会而不是诉讼成本的问题，其最大的诉讼成本主要是律师费用。随着《法律援助法》的出台，复核程序中本就需要指派法律援助律师提供辩护，法律援助制度方面不需要加大投入，甚至可能因为程序改革带来的预期收益提高，一部分被告人自行委托律师反而可能降低国家在法律援助方面的投入。更为理想的预期是：随着死刑辩护的“可见度”、重要性的不断提升，死刑辩护将成为律师成长的重要机会，越来越多的律师愿意提供免费的辩护援助，近年有些热点死刑案件甚至出现了知名律师争夺辩

① 左卫民：《死刑控制与最高人民法院的功能定位》，载《法学研究》2014年第6期。

护权的现象。

对于控诉方而言,确实存在较多的司法资源需求,但也并非难以解决。可以通过发挥检察一体的优势,整合检察系统重大刑事案件的控诉力量,既能优化检察机关公诉资源运行,也能降低死刑案件第三审程序中司法资源的投入压力。

此外,死刑复核程序诉讼化,可能要解决死刑被告人异地羁押的难题,可以通过两种方式解决:一是延续现行复核程序下复核法官到羁押地讯问被告人的做法,到羁押地开庭,最高人民法院的投入不会改变;二是实现死刑被告人的集中羁押和随程序推进转押到高级人民法院所在地看守所羁押,能够一并解决死刑案件二审、三审共同面临的异地羁押问题,降低控辩审三方的资源投入。长远来看,死刑执行也可转由高级人民法院或特定看守所执行。① 例如,日本将死刑被告人集中羁押于高等法院所在地的拘置所,死刑确定后由 7 个拘置所集中执行死刑。② 通过死刑复核程序的诉讼化改造,由此带动死刑案件被告人集中羁押以及死刑执行制度方面的改革,也可谓一举多得。

(三)域外普遍经验可资借鉴

在限制和废除死刑成为国际潮流的时代背景下,不少国家依然坚决保留并适用死刑,但普遍强调死刑的慎重适用,并设置有完备的程序保障。简言之,研究中国的问题,必须有世界的眼光。③ 关注域外经验,既可以使我们开阔眼界、超越局限,亦可以使我们避免盲目、少走弯路。

世界上保留死刑的国家中,死刑案件普遍实行三审终审制度。虽然域外各国在审级制度上各有不同,但基于确保死刑适用的公正与准确、体现国家在剥夺公民生命时的高度慎重,普遍对死刑案件确立了三审终审制度。

在美国,联邦最高法院一直认为,上诉是提高死刑量刑可靠性与一致性的重要措施,并对死刑案件被告人及死刑犯给予了极为广泛的救济机

---

① 有关死刑案件被告人集中羁押的论述,请参见陈海平:《死刑案件二审开庭审理的现在与未来》,载《中国刑事法杂志》2011 年第 12 期。

② 日本设有 8 个高等法院,高松高等裁判所所辖四国岛没有死刑执行设施,由大阪拘置所代为羁押和执行,其余 7 个高等法院所在地的拘置所均设置有死刑执行设施:札幌拘留支所(附设于札幌刑务所)、仙台拘留支所(附设于宫城刑务所)、东京拘置所(设置死刑执行设施前,移送仙台拘置支所执行,"送仙台"曾是死刑执行的代名词)、名古屋拘置所、大阪拘置所、广岛拘置所、福冈拘置所。有关日本死刑执行制度的详细介绍,请参见陈海平:《日本死刑控制研究》,法律出版社 2022 年版。

③ 陈瑞华:《问题与主义之间——刑事诉讼基本问题研究》,中国人民大学出版社 2003 年版,第 1 页。

制,期限、理由、次数等方面的要求非常宽松。联邦和大多数州司法系统都实行三审终审制,死刑案件是三审终审的重点保障对象。①

在日本,刑事诉讼实行三审终审制,死刑案件的第一审由地方法院管辖,第二审由高等法院管辖,第三审由最高法院管辖。一般刑事案件,如果被告人接受一审、二审判决,可以书面放弃上诉,提起上诉后,也有权撤回上诉。因为死刑案件涉及法益特别重大,立法上对放弃上诉、撤回上诉设定了比一般刑事案件更为严格的特殊要求,司法实践中也会予以特别慎重的应对。②

韩国对死刑案件实行三审终审,无论是事实审抑或是法律审,死刑裁判在生效前均有机会经过三级法院的审理。

很多业已废除死刑的国家对重罪案件也实行三审终审制度,如在法国,根据立法的规定,在审级制度上实行两审终审制,但对于重罪案件(可能判处十年以上有期徒刑、无期徒刑的案件)事实上实行三审终审制,在重罪法院审理之前必须经过预审法官和上诉法院起诉审查庭两级预审程序。

域外许多国家除了普遍确立死刑案件的三审终审制外,并对死刑案件给予了诸多额外的特殊程序关照,力求尽最大可能地确保死刑适用的公正与准确。如要求对死刑案件的二审、三审强制上诉、优先受理,死刑案件的第三审必须开庭审理、必须有律师参与辩护,等等。

四、复核程序三审化的程序设计

对死刑复核程序进行三审化改造,确立死刑案件的三审终审制,对于死刑案件的个案公正以及刑事司法的整体进步均有极高的推动价值,符合我国对待死刑案件一贯慎重的态度,也顺应国际上限制、废除死刑的历史潮流。由最高人民法院对死刑三审案件直接、言词审理,对死刑适用作最后的审查与裁决,确保控辩双方对第三审程序的实质性参与,即可解决现行死刑复核程序司法性不足和诉讼性欠缺的难题,必将最大可能地确保死刑适用的公正与准确。对于其基本程序设计,理论界已有诸多探讨,提出了很多颇有见地的主张,笔者择要做如下补充说明。

(一)合理设定三审受案范围

根据现行《刑事诉讼法》,最高人民法院和高级人民法院对死刑一审

① 有关美国死刑案件的三审终审及救济制度的介绍,请参见陈海平:《美国死刑案件审判程序的特色考察》,载《河北法学》2011 年第 5 期。

② 有关日本死刑三审终审及救济制度的介绍,请参见陈海平:《日本死刑控制研究》,法律出版社 2022 年版。

案件均拥有管辖权，在确立死刑案件三审终审制的情况下，最高人民法院和高级人民法院审理一审死刑案件将造成对死刑被告人上诉权的实际剥夺。事实上，最高人民法院和高级人民法院在近几十年的司法实践中基本没有办理过一审死刑案件。对该名不副实的立法规定，取消无虞。取消最高人民法院和高级人民法院对刑事案件的一审管辖权后，所有死刑一审案件均由中级法院管辖。

无论是两审终审还是三审终审，对所有刑事案件均实行整齐划一的审级制度是不科学的，也是不可能的。三审终审制必须与完善的案件分流机制相配套，否则势必造成巨大的积案压力、引发社会不满，应该以案件性质、法定刑轻重、社会影响大小等划定案件分流标准，三审法院仅受理部分案件。

对于第三审程序的定位，应当界定为死刑适用的特别审判程序，在死刑适用数量较多的时代，将其受案范围暂时限定于死刑（立即执行）案件。待将来死刑数量大幅下降后，再考虑适时将死缓、无期徒刑案件纳入第三审的受案范围，将第三审程序改造为重罪案件的特别救济程序，或者一步到位改革刑事诉讼审级制度，实行全面的三审终审制。

对于进入第三审的死刑案件，笔者建议设定为下列两类。

其一，第二审法院判处（或维持）死刑（立即执行）的案件。

现行死刑复核制度下，复核程序系自动启动模式。确立死刑案件三审终审制后，基于体现国家在死刑适用上慎重、尊重和保障死刑被告人生命权利的考虑，应当延续现行自动启动模式，保证所有被判处死刑（立即执行）的被告人均有机会经过三级法院的审判。确立强制上诉制度，即限制死刑被告人消极行使上诉权，经过法定期限即应自动启动二审、三审程序。具体而言，对于一审判处死刑（立即执行）的案件，自动上诉进入二审程序；二审程序中维持或改判死刑（立即执行）的被告人，自动上诉进入三审程序。

其二，第二审法院判处（或维持）死缓及以下刑罚的案件，检察机关抗诉提出死刑（立即执行）量刑建议的。

将检察机关针对判处死缓及以下刑罚案件纳入三审程序的受理范围，目的在于化解司法实践中存在的重罪轻判（死缓及以下）刑罚，造成死刑适用不公的问题，虽然审判监督程序已为此问题提供了解决方案。但作为特别救济程序的审判监督程序，本就不应该作为常规诉讼手段，频繁启动反而有损司法权威；而且法院依职权推翻生效裁判的做法，存在角色冲突，违背司法的被动性和“不告不理”的诉讼原则，这种做法本身就受学界诟病，取消的呼声一直很高；法院依职权推翻生效裁判进而改判死刑，也有损法院严控死刑的中立形象。

在确立死刑案件三审终审制的情况下，对于重罪轻判的案件，由检察机关抗诉进入三审，也是题中应有之义，正如对于一审法院的重罪轻判，检察机关基于其法律监督义务，提起抗诉，是其职责所在。

之所以将检察机关的抗诉限定在提出判处死刑（立即执行）量刑建议，是因为建立第三审程序的初衷在于加强死刑控制、提高死刑适用质量，加强最高人民法院对重罪轻判的控制只是一项附带功能，要避免非死刑案件进入第三审，给最高人民法院带来过多的办案压力。

（二）强制上诉后可撤回上诉

《公民权利及政治权利国际公约》第 14 条第 5 款规定："经判定犯罪者，有权声请上级法院依法覆判其有罪判决及所科刑罚。"这一规定只是要求缔约国必须赋予被定罪者上诉权，但是该上诉权是否得到许可，以及案件能否进入实体审理，则并未明确。① 为了避免出现通过设定刑事上诉许可制度侵犯实现被告人上诉权的可能，联合国经济及社会理事会 1984 年通过的《关于保护面对死刑的人的权利的保障措施》第 6 条明确规定："任何被判处死刑的人均有权向较高级的法院上诉，并应采取步骤确保这些上诉必须受理"，明确要求缔约国赋予死刑被告人的强制上诉权。

在我国现行死刑复核制度框架内，在一审、二审程序中被判死刑（立即执行）的被告人，必须"自动"进入死刑复核程序，亦即我国事实上确立了死刑案件第三审的"强制上诉"制度，对比国际公约要求有权向"较高级法院"的强制上诉而言，我国向最高人民法院强制上诉的制度，事实上是超越了国际公约的要求。在实现死刑复核程序三审化改造后，死刑案件的强制上诉制度有必要要求从三审推及所有审级。

对于上诉人的撤回上诉权，我国刑事诉讼法及相关司法解释的态度是：上诉期内要求撤回上诉的，一概照准；上诉期满后要求撤回上诉的，二审法院首先要对案件进行审查，认为一审判决在事实认定、法律适用、量刑上无问题的准许撤回上诉，认为一审判决在事实认定、法律适用、量刑上存在问题的，不准许撤回上诉，继续按照二审程序审理。基于死刑案件的特殊性，对一审判处死刑（立即执行）被告人的撤回上诉问题，最高人民法

---

① 孙长永：《中国死刑案件的司法程序——基于国际准则的分析》，载陈泽宪主编：《死刑——中外关注的焦点》，中国人民公安大学出版社 2005 年版，第 321 页。

院、最高人民检察院也曾通过司法解释[①]进行专门规定：上诉期满前要求撤回上诉的，一概照准。上诉期满后要求撤回上诉的，以是否开庭审理为界：二审开庭以前申请撤回上诉的，二审法院按照一般刑事案件的处理对待，经过审查认为一审判决无问题的，不再开庭审理，裁定准许被告人撤回上诉，经审查认为一审判决有问题的，不予准许，按照二审程序开庭审理；二审开庭以后申请撤回上诉的，二审法院不予准许，继续按照二审程序审理。

有学者系统研究死刑复核权收回给最高人民法院带来的冲击后指出："全面介入所有死刑案件与最高人民法院的功能定位不符"，耗费了最高人民法院的过多资源，有必要"重新审视死刑司法控制策略及其具体方式"。[②] 笔者收集的1096例涉及1174人的死刑复核案件中，就有116例119人在一审被判死刑后放弃上诉权，自动启动复核程序进入高级法院复核的，放弃上诉的案例占比超过10%。有学者做的同类研究也得出了类似结论：255个复核案件中，一审被判处死刑立即执行后，被告人主动提起上诉的有220个，占比为86.27%，[③]可推算出放弃上诉的比例为13.73%。

复核程序三审化改革后，最高人民法院开庭审理死刑案件，办案工作量、办案压力均会增加。考虑到短期内我国死刑适用数量依然较多的实际，可在所有上诉审程序中确立强制上诉制度的同时，赋予被告人撤回上诉的权利。

对于被判处死刑、无期刑的案件，日本刑事诉讼法确立了强制上诉、可以撤回的制度：在上诉期内，被判死刑的被告人无权通过放弃上诉权的方式，使死刑裁判提前生效；即便其不提出上诉，案件也会自动提交至上一级法院，进入二审或三审程序。据笔者统计，1975年以来，日本死刑确定人数为294人，因被告人在二审（即控诉审）、三审（即上告审）程序中撤回上诉，而致死刑确定的就有40人之多，撤回上诉的比例高达13.6%。[④]

---

① 最高人民法院、最高人民检察院《关于死刑第二审案件开庭审理程序若干问题的规定（试行）》（法释〔2006〕8号），最高人民法院、最高人民检察院《关于对死刑判决提出上诉的被告人在上诉期满后宣判前提出撤回上诉人民法院是否准许的批复》，（法释〔2010〕10号）。2012年《刑事诉讼法》修改后，上述两个司法解释因被取代而失效。

② 左卫民：《死刑控制与最高人民法院的功能定位》，载《法学研究》2014年第6期。

③ 吴宏耀、张亮：《死刑复核程序中被告人的律师帮助权——基于255份死刑复核刑事裁定书的实证研究》，载《法律适用》2017年第7期。

④ 有关日本死刑案件强制上诉、撤回上诉的介绍，请参见陈海平：《日本死刑控制研究》，法律出版社2022年版。

对于死刑、无期刑的案件,日本刑事诉讼法确立强制上诉、可以撤回制度的理由在于:对被判处有期自由刑、缓刑的被告人来说,放弃上诉可以尽早进入执行程序,存在诉讼上的利益;而对被判处无期刑、死刑的被告人来说,并不存在这种诉讼上的利益;放弃上诉的时间仅限于裁判后很短的上诉期间(日本上诉期为14日),而撤回上诉可以在整个上诉审程序中提出,时间相对宽裕很多,从避免被告人轻率处分上诉权的立场出发,对于放弃上诉理应给予一定的限制,所以立法上禁止重刑案件被告人放弃上诉权。对于其他案件,放弃上诉在形式上也有更严格要求,即放弃上诉必须以书面形式,而撤回上诉可以口头为之。①

日本最高法院通过判例表明的态度是:②在确保被告人撤回上诉时精神状态正常、诉讼能力健全的前提下,被告人对撤回上诉的后果有充分、明确认识的情况下,撤回上诉行为有效;在提起上诉和撤回上诉的时间间隔比较长的场合,理应尊重被告人行使上诉处分权。

(三)以争议事实为审查重点

死刑复核程序改造为死刑案件的第三审程序后,其程序定位依然是以确保死刑适用的公正与慎重为目的,坚持最严格的证据标准,严格执行"严格控制,慎重适用"的死刑政策,通过严格、公正的审判程序适用死刑,惩处严重犯罪、保障被告人权利,追求良好法律效果与社会效果。③简言之,死刑案件的第三审程序,重心在于衡量死刑适用的合法性、必要性。

通过最高人民法院的第三审程序,对死刑案件提供更多的程序供给,从刑事诉讼原理而言,"上级审的裁判,未必就比原审正确,只是从形式上看,增加一次审查,可能使裁判相对趋于正确,进而使当事人容易折服"。④上诉审有"复审"和"续审"之别,"续审"指在一审、二审基础上继续审理,重点关注上诉、抗诉理由和争议焦点,"复审"指对案件重新审理,全面审查先行程序的事实认定和法律适用。"续审"式三审既有利于维护一审、二审裁判的权威性,也有利于提高审判效率,还体现了对控辩双方诉讼参

---

① 辻本典央「上訴放棄及び取下の諸問題」近畿大学法学55卷1号(2007年)49頁。

② 最高裁判所第二小法廷1995年6月28日決定　平成6(し)173号,最高裁判所刑事判例集第49卷6号785頁。

③ 最高人民法院2014年3月28日发布的《最高人民法院"关于改革死刑复核程序建议"的答复》。

④ 樊崇义主编:《刑事诉讼法实施问题与对策研究》,中国人民公安大学出版社2001年版,第539页。

与权的尊重。①

随着死刑案件办案质量的提高,全面审查原则在确保死刑案件质量方面的作用快速下滑,并且造成程序重心上移,也给最高人民法院带来特殊的政治风险。② 基于此,对死刑案件第三审程序的审查范围,笔者建议采取重点审查为主、全面审查为辅的原则,将第三审程序界定为严格死刑适用的"续审",不做事实审和法律审的区分。有学者系统研究二审抗诉理由后认为,实践中,事实认定错误与法律适用错误经常交织在一起,并大多附随量刑不当的后果,③有些事实上的争议甚至直接涉及罪与非罪、罪轻罪重的法律适用问题,进而影响到死刑适用。

对死刑案件第三审程序的审理范围,笔者赞同卞建林教授的主张:④以控辩双方上诉、抗诉主张为审查重点,上诉、抗诉对事实认定提出异议的,重点审查异议事实,并确认其他事实认定;上诉、抗诉对法律适用提出异议的,重点审查法律适用;无论是否对事实认定、法律适用提出异议,死刑适用都是第三审程序审查的重点。

经过第三审程序之后所做的裁判可设定为三种:维持原判、改判(法律适用不当、量刑不当)、发回重审(事实认定不当或证据存疑、重大程序违法)。

(四)跨区域调用检察官出庭

根据我国《刑事诉讼法》及相关司法解释的规定,刑事审判长期实行审级对应的检察公诉模式,即法院在审理第一审刑事案件时,由同级检察院指派"公诉人"出庭支持公诉,审理第二审刑事案件时,由同级检察院指派"检察员"出庭履行支持抗诉、法律监督职责。

在死刑复核权收回最高人民法院之前的2006年,最高人民法院开始推动死刑案件的二审开庭审理,在党和国家"严格控制,慎重适用"的死刑政策之下,死刑案件从以往的全部书面审理调整为开庭审理,高级人民法院和同级检察院都曾面临陡然增加的巨大办案压力,检察机关也出现了办案人手不足、运转困难的实际情况。以此为契机,有学者对审级对应公诉

① 孙长永:《通过正当的法律程序控制死刑——从公正审判权的国际标准谈我国死刑司法程序的完善》,载《南京大学法律评论》2008年Z1期。

② 高通:《最高人民法院死刑复核全面审查原则再检视》,载《法学家》2017年第3期。

③ 刘方权:《刑事二审抗诉实证研究——以M省数据为主要对象的分析》,载《地方立法研究》2022年第5期。

④ 卞建林:《统一行使死刑案件核准权:十年回顾与展望》,载《甘肃政法学院学报》2017年第3期。

模式进行了反思，[①]认为“在死刑二审程序中适用‘审级对应式’公诉模式，脱离我国目前检察机关办案人员紧张的现实情况”，并主张改革刑事诉讼立法对二审出庭公诉的硬性规定，依据检察一体的原理，由检察机关根据案情和办案需要自由决定出庭人员。

死刑复核程序运行15年，最高人民法院在人员配置、程序运行方面积累了大量经验，将死刑复核程序调整为第三审程序，通过开庭审理死刑案件，对最高人民法院而言只是办案方式的变化，不会带来太大压力。而对最高人民检察院来说，参与死刑复核程序并非最高人民检察院的主要业务，在死刑复核程序中，只对特定死刑复核案件[②]启动检察监督，主要监督方式为审查案件材料、向最高人民法院提出检察意见、列席最高人民法院审判委员会等。将死刑复核程序调整为第三审程序，最高人民检察院就需要对所有进入第三审的死刑案件履行出庭职责，如果不改变审级对应的出庭公诉模式，最高人民检察院将面临比2006年二审开庭审理改革中省级检察院更大的办案压力。

考察最新修改的《人民检察院组织法》[③]《人民检察院刑事诉讼规则》，[④]可以发现立法和司法解释对审级对应的出庭公诉模式已经做出了调整，最高人民检察院可以在全国检察系统调用人员办理案件。

事实上，实践中已有类似操作，例如2021年安徽芜湖市中级人民法院二审审理“谢留卿案”，安徽省人民检察院从全省检察系统调配芜湖市外8位“外援检察官”进入公诉团队，协助芜湖市人民检察院履行支持抗诉职责。对安徽省检察系统异地调用“外援检察官”的做法，也曾引起辩护人的强烈反对。张建伟教授对此进行专题研究后认为：异地调用检察官的法律依据源于检察一体制度，异地调用检察官利于优化公诉力量，符合司法办案需求、无损于程序公正和武器平等原则，也不会导致检察系统内监督

---

① 姚莉、陈虎、李涛：《死刑二审案件审级对应式公诉模式之改造》，载《人民检察》2008年第3期。

② 《人民检察院刑事诉讼规则（2019）》第603条：最高人民检察院、省级人民检察院通过办理下列案件对死刑复核活动实行法律监督：（一）人民法院向人民检察院通报的死刑复核案件；（二）下级人民检察院提请监督或者报告重大情况的死刑复核案件；（三）当事人及其近亲属或者受委托的律师向人民检察院申请监督的死刑复核案件；（四）认为应当监督的其他死刑复核案件。

③ 《人民检察院组织法》第24条：“上级人民检察院对下级人民检察院行使下列职权：……（四）可以统一调用辖区的检察人员办理案件。”

④ 《人民检察院刑事诉讼规则》第9条：“……上级人民检察院可以依法统一调用辖区的检察人员办理案件，调用的决定应当以书面形式作出。被调用的检察官可以代表办理案件的人民检察院履行出庭支持公诉等各项检察职责。”

制约的缺位。①

现行立法有关异地调用检察官办案的规定，为死刑案件三审化改革扫清了检察出庭的制度障碍，考虑到最高人民检察院的法律监督职责发挥，死刑案件的第三审出庭业务主要由最高人民检察院负担，最高人民检察院也可以根据办案的需要调用熟悉案情的一审、二审检察官，或从全国检察系统调用精于办理特定类型死刑案件的检察官，出庭履行支持抗诉、法律监督职责。

总体来说，死刑案件三审终审制的构建必然是一项系统工程，有赖于微观规则、司法程序、制度理念的革新与完善。可以预期，随着死刑程序改革日渐深化，严格控制死刑政策的深入落实，在理论界不断呼吁、实务界积极行动的合力下，死刑案件第三审程序必将走向台前。

① 张建伟：《异地异级调用检察官制度的法理分析》，载《政治与法律》2021年第9期。

第五章　死刑量刑程序：独立化改革

2007 年 9 月，最高人民法院制定发布《关于进一步加强刑事审判工作的决定》，对加强死刑案件审判工作提出了具体要求：各级法院要深化刑事审判制度改革，制定死刑案件和其他刑事案件的量刑指导意见，建立和完善相对独立的量刑程序，严格控制和慎重适用死刑，刑事案件定罪量刑程序的分离设置被提上日程。之后发布的《法院三五改革纲要》提出“规范自由裁量权，将量刑纳入法庭审理程序”。2008 年 8 月以来，最高人民法院先后发布 6 个版本的“量刑指导意见”，①推动量刑规范化改革。与此同时，最高人民法院、最高人民检察院、公安部、国家安全部、司法部 2010 年 9 月印发《关于规范量刑程序若干问题的意见（试行）》（已废止，以下简称《规范量刑程序意见》），开启了相对独立的量刑程序的改革实践。2012 年《刑事诉讼法》确立了相对独立的量刑程序，2018 年《刑事诉讼法》确立了认罪认罚从宽制度。《规范量刑程序意见》试行十年后，2020 年 11 月“两高三部”对其进行了修改完善，总结了既往改革的经验，吸纳了刑事司法改革的最新进展，对规范量刑程序提出了新的要求。

考察前后两个版本的《规范量刑程序意见》、三个版本的《法院改革纲要》，对死刑案件的量刑程序并无特别规定。死刑案件审判结果事关被告人生命权的剥夺，程序设计必须具备最高的正当性。确保死刑适用的公正与准确，是死刑适用的核心内容，量刑程序是整个死刑程序的关键环节，也是落实严控死刑政策的最终保证。当前死刑案件相对独立的量刑程序弊端叠显，不能满足死刑案件的程序公正要求。实现定罪和量刑的程序分离，是实现死刑案件量刑公正的程序保障，也是死刑控制的重要内容。

其实早在量刑程序改革启动之前，学术界早就一直在呼吁建立死刑案

---

① 2008 年 8 月最高人民法院发布实施《人民法院量刑指导意见（试行）》，2009 年 4 月最高人民法院发布实施《人民法院量刑指导意见（试行）（2009 年 4 月修订）》，2010 年 9 月 13 日最高人民法院发布《人民法院量刑指导意见（试行）（法发〔2010〕36 号）》，2013 年 12 月 23 日最高人民法院发布《关于常见犯罪的量刑指导意见》（法发〔2013〕14 号），2017 年 3 月 9 日最高人民法院发布《关于常见犯罪的量刑指导意见》（法发〔2017〕7 号）。2021 年 6 月 16 日最高人民法院、最高人民检察院联合发布《关于常见犯罪的量刑指导意见（试行）》（法发〔2021〕21 号），2024 年 6 月 25 日最高人民法院、最高人民检察院联合发布《关于常见犯罪的量刑指导意见（二）（试行）》（法〔2024〕132 号）。

件的独立量刑程序。有学者认为,定罪与量刑程序日益受到批判与摒弃,改革的方向正朝着量刑程序独立化方向发展,并认为我国当前实行定罪量刑程序分离具有相当的必要性和可行性;①有学者甚至将死刑案件量刑程序的独立化改革评价为“刑事审判制度改革的突破口”。② 十余年来,对于死刑案件的量刑程序独立化,学界达成了更广泛的共识。下文将立足学界共识,从必要性、可行性、程序设计三个层面展开。

一、量刑程序独立化的必要性

对于死刑案件的量刑程序独立化的必要性,学术界早已探讨多年,已成为死刑程序研究领域的最大共识:定罪量刑程序的完全分离设置,在增强刑事辩护的充分性、制约法官自由裁量权、加强量刑的公开与公正、强化被害方参与等方面表现出明显的比较优势。③ 笔者立足于死刑控制的立场,从四个方面进行补充说明。

(一)死刑量刑程序公正的必然

死刑领域,是量刑规范化的重要场域,虽然从科学意义上来讲并没有唯一正确的量刑结果,却存在着一个“正确”的量刑程序。④ 对死刑案件而言,量刑比定罪更为重要,被告人更关心量刑的结果。来自法院的实证调研显示:⑤经过十余年的量刑规范化改革,刑事审判质效和裁判认可度均得到提升,但量刑程序改革的严重滞后,已成为影响改革整体效果的关键,正在使改革效果呈现边际效用递减的趋势;相对于量刑实体不公正,法官群体认为量刑程序不规范的问题更为严重。

死刑案件涉及法益重大、社会影响广泛,死刑适用不可逆转,死刑适用的公正与准确备受关注,量刑程序的公正自是题中应有之义。从强化死刑案件程序保障的角度来说,死刑案件的量刑程序,理应成为量刑程序改革

① 陈卫东:《定罪与量刑程序分离之辩》,载《法制日报》2008年7月27日,第12版。

② 陈瑞华:《定罪与量刑的程序分离——中国刑事审判制度改革的另一种思路》,载《法学》2008年第6期。

③ 代表性研究成果如陈瑞华:《论量刑程序的独立性——一种以量刑控制为中心的程序理论》,载《中国法学》2009年第1期;高憬宏、戴长林、黄应生:《论我国量刑制度改革的基本思路》,载《人民司法》2009年第3期;王喆:《论死刑量刑程序独立化之进路》,载《河南师范大学学报(哲学社会科学版)》2016年第1期;陈群:《死刑量刑程序的现状反思与模式重塑》,载《江西社会科学》2017年第8期;孟军:《量刑制度改革背景下的死刑案件量刑程序:转型、模式及基础》,载《山东社会科学》2019年第7期。

④ 虞平:《量刑与刑的量化——兼论电脑量刑》,载《法学家》2007年第2期。

⑤ 刘冠华:《对人民法院量刑规范化改革的检视与修正——以量刑程序独立改革为视角》,载《法律适用》2019年第13期。

的最优先领域,理应成为最早实现定罪量刑程序分离的领域以及中国量刑程序的“天花板”。

相对于普通刑事案件而言,死刑案件对程序公正的要求更高。构建死刑案件独立的量刑程序,既是对正当程序和诉讼公正的彰显,更是对生命的法律尊重。在审判实践中,定罪与量刑所依据的事实信息并不一致,在定罪与量刑的一体化(相对分离)模式下,量刑信息提前进入定罪环节,容易对定罪造成误导和干扰,可能导致对被告人定罪的不公正。正如陈瑞华教授所指出的:“既然定罪与量刑所依据的信息是不一致的,既然那种科学的量刑裁决要建立在大量与犯罪事实无关的独立事实信息基础之上,那么,量刑程序就没有必要继续依附于定罪过程之中,而应成为一种独立的司法裁判程序”。①

通过独立量刑程序,对量刑进行过程和结果保障,并非所有刑事案件的需求。2016 年 6 月 27 日,原中央全面深化改革领导小组第 25 次会议审议通过的《关于推进以审判为中心的刑事诉讼制度改革的意见》第 13 条规定:“法庭辩论应当围绕定罪、量刑分别进行,对被告人认罪的案件,主要围绕量刑进行。”众所周知,大量刑事案件通过相对简易的程序进行审理,既是案件繁简分流的需要,也是实现程序需求与程序供给相匹配的必然要求。简易程序、速裁程序都以被告人认罪为前提,庭审的重点本来就是量刑问题,尤其在速裁程序中,控辩双方已就定罪、量刑达成了合意,并不存在实质性异议,庭审重点在于确认被告人认罪认罚的合法性、自愿性、真实性,而后审查确认控方所提的量刑建议,如果再设置独立的量刑程序,既非控辩双方的需要,也会造成司法资源浪费、徒增司法成本。

在被告人不认罪的案件中,才有必要区分定罪、量刑程序,建立独立的量刑程序,控辩双方各自提出量刑证据、量刑主张、量刑理由,法官认定量刑事实、裁量刑罚,才能避免定罪事实对量刑的影响,才能保障量刑适用结果的公正。最高人民法院 2019 年发布的《法院五五改革纲要》明确提出“规范认罪案件和不认罪案件的量刑程序”,也可见最高司法机关的态度,正是将量刑程序区分为被告人认罪、被告人不认罪两种类型,采取不同的规范模式。

当然,死刑案件因其结果的重大性,不能因被告人的认罪就减损程序上的保障,对死刑(重罪)案件适用特别的程序保障、适用最严格证据标准,既是国际公约的要求,也是域外法治国家的普遍经验,还是我国严控死刑政策的内在要求。在我国当下的死刑案件审判中,适用相对独立的量刑

---

① 陈瑞华:《论量刑程序的独立性——一种以量刑控制为中心的程序理论》,载《中国法学》2009 年第 1 期。

程序，正如有学者所解读的：只是受制于现行审判制度及其运作现实的权宜之计，极易导致审判制度改革“徒有其形并无其质”，①并不契合以审判为中心的改革目标。

来自实务部门的学者也持有相同主张：②鉴于量刑程序改革的经验与教训，应当根据案件类型、量刑程序和地区差异，构建多元化量刑程序模式，维持现有相对独立的量刑程序，适用于被告人认罪的案件，建立独立的量刑程序，适用于死刑案件、被告人不认罪的案件。

（二）严格控制死刑适用的要求

死刑之所以备受关注，关键在于其无以复加的严厉性，死刑的适用必须以定罪为前提，在确定无疑地认定被告人有罪之前，或者对是否有罪尚存疑问时，绝不能适用死刑。但是，确保定罪准确并不必然保证量刑的公正与适当，死刑适用尤其需要专门的程序保障，定罪准确只能避免“错杀”无辜，只强调定罪准确而不关注量刑适当，则绝对难以避免“错杀”有辜。无辜者被卷入死刑案件毕竟并非常例，绝大多数被告人都非绝对无辜，防止“错杀”有辜才是死刑适用的重点所在。因此，死刑案件的量刑才是死刑案件审判最为关键的环节。早有学者提出：③死刑裁判本质上是量刑问题，在死刑为非绝对确定刑的案件中，应否适用死刑是一种量刑考量，单凭简单坚持“少杀”“慎杀”“严格控制死刑适用”等信念和模糊原则，并不能保证死刑适用的公正与准确。

就审判实践而言，绝大多数死刑案件在定罪上的争议并不大，控辩双方争议的焦点往往都是适用死刑与否的问题，被告人最恐惧的莫过于判决书宣布“判处死刑”，最期盼的莫过于判决书宣布“罪不至死”，最震撼的莫过于判决书宣布“判处死刑”后紧接着“缓期二年执行”。

量刑程序独立设置，实际是在定罪基本无异议的基础上为死刑的适用增设了一道关卡，既能纠错防漏、避免误判错杀，还能为死刑适用增加一个反复斟酌、慎重衡量的过程，确立死刑适用的刚性标准，确保准确适用死刑，实现死刑适用的公众认同，以“不杀止于杀”；给死刑被告人多一个“求生”机会，即便最终“求其生而不得”，也能使裁判者与死刑囚“皆无恨”，④让死刑适用更为理性和慎重。

---

① 陈群：《死刑量刑程序的现状反思与模式重塑——基于实证的分析》，载《江西社会科学》2017年第8期。

② 彭林泉：《构建多元化的量刑程序模式》，载《人民检察》2012年第20期。

③ 陈卫东、张佳华：《量刑程序改革语境中的量刑证据初探》，载《证据科学》2009年第1期。

④ 卢建平教授结束在最高人民法院的两年死刑复核工作后的感言，参见钱杨：《一个法官的自白：死刑复核，灵魂折磨》，载《人物》2015年第1期。

定罪和量刑,是审判的两个核心,死刑案件不同于普通刑事案件,量刑更受重视,量刑程序不当也更“致命”。有学者认为,现行死刑案件量刑程序存在着严重问题,“整个庭审活动主要围绕定罪进行,量刑无法成为庭审的实质内容”。① 由此也导致被告人的无罪辩护权受到削弱,死刑适用程序的正当化进程受到冲击。无论是理论界还是实务界,都对此提出了诸多质疑。从保证死刑慎用、严控死刑适用的角度考虑,理应建立完全独立的量刑程序模式,科学安排定罪与量刑程序的关系,使死刑案件的量刑程序发挥实质作用。在定罪问题解决后的独立量刑程序中,围绕应否判处被告人死刑的问题专门举证、辩论,使法官有机会综合考量全案量刑情节、全方位审视死刑适用。单独的量刑证明,事实上加大了死刑量刑的证明难度、提高了死刑的适用门槛,②对“严格控制并慎重适用死刑”目标的实现意义重大。

(三)拓展死刑辩护空间的需要

在被告人作无罪辩护的案件中,几乎都存在辩护不充分的问题,辩护方围绕量刑问题发表意见的机会不多,③在我国死刑案件审判实践中,尤其如此。控诉方更关注罪名指控的成功,对于量刑判不判死刑的问题并不特别关注,司法实践中公诉机关以未判死刑为理由提起抗诉的情形并不多见。与之相反,辩护方更关注量刑,司法实践中死刑案件的辩护和上诉往往都以死刑量刑为中心。

基于审判格局中控强辩弱之客观现实,法院更为关注控诉方的立场和主张,对于辩护方的诉求关注相对有限。具体到死刑案件的裁判中,不论被告人是否承认指控的犯罪事实,审判程序往往以定罪问题为中心、裁判文书往往在定罪问题上重点着墨,量刑似乎只是定罪后的顺带而为,在定罪量刑一体化的模式下,量刑过程近乎封闭,“这种非诉讼化的司法裁判活动,本质上剥夺了控辩双方同时参与法庭审判过程的机会”,④由此也导致死刑辩护对审判过程和裁判结果很难产生实质性影响。

在笔者收集的23912例死刑案例中,除了部分未提出明确辩护意见⑤

---

① 陈群:《死刑量刑程序的现状反思与模式重塑——基于实证的分析》,载《江西社会科学》2017年第8期。

② 孟军:《量刑制度改革背景下的死刑案件量刑程序:转型、模式及基础》,载《山东社会科学》2019年第7期。

③ 周振杰:《日本裁判员审判中的对话量刑及其参考价值》,载《法律科学》2015年第4期。

④ 陈瑞华:《中国刑事司法制度的三个传统》,载《东方法学》2008年第1期。

⑤ 一审程序中,有个别案件“对指控的犯罪事实没有异议,未提出具体辩护意见”,二审程序中如系刑附民原告方、非死刑同案上诉的情况,裁判就不涉及原判死刑部分,裁判文书也不列举原判死刑被告人有关死刑适用的意见。

的以外,数量辩护方提出的辩护意见(见图26、图27)可知:绝大多数主张"刑轻"辩护,这一比例在一审、二审程序中均超过83%,"无罪"或"罪轻"辩护的比重并不大。也就是说,控辩双方争议的焦点不在于是否构成犯罪,而在于应否适用死刑的问题上。相对于量刑,控诉方更重视定罪的成功,而辩护方往往在定罪问题上无能为力,在现行相对独立的量刑程序中,只是将法庭调查、法庭辩论阶段分为定罪、量刑两阶段。在定罪问题悬而未决的情况下,控诉方把指控的重点放在定罪事实和证据上,法庭也以能否定罪为审查重点,对量刑即死刑适用的程序保障不足。在控辩双方未就量刑问题展开充分辩驳的情况下,庭审结束进入评议阶段,完成定罪的同时也就完成了量刑,辩护方总有"有力无处使"的无奈和遗憾。

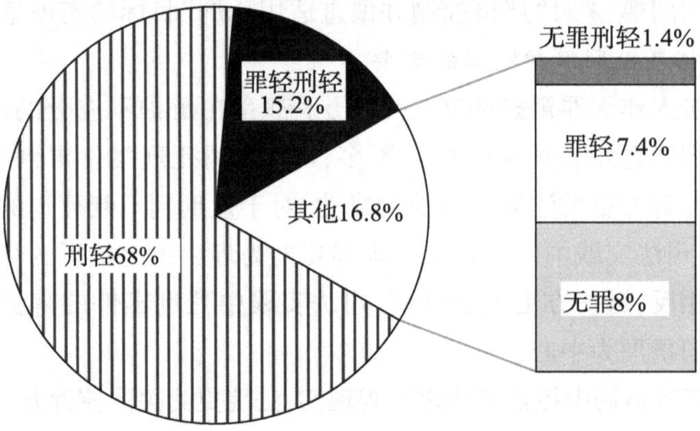

图26 14302名死刑一审案件被告人的辩护主张

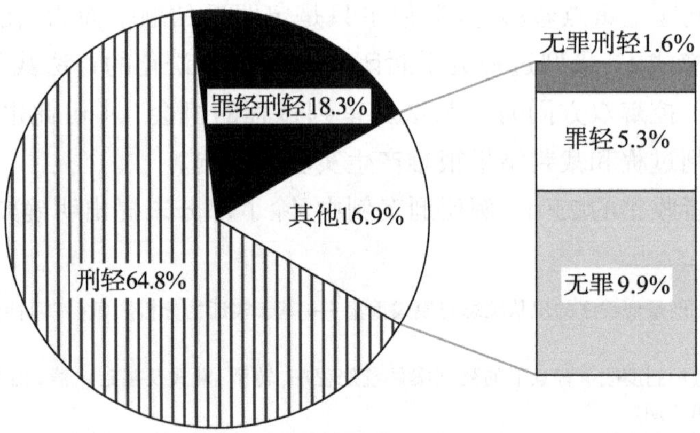

图27 10987名死刑二审案件被告人的辩护主张

基于死刑适用后果的严厉性与不可恢复性,与非死刑案件相比,死刑案件辩护人具有更为重大的辩护责任和压力,死刑案件尤其要通过程序确保量刑辩护的有效性。只有在死刑案件审判程序中实现定罪程序、量刑程序的分离设置,死刑案件的量刑辩护权才有望得到切实保障。

(四)死刑案件庭审实质化之路

以审判为中心的诉讼制度改革,其实质就是以庭审为中心,①实现庭审实质化,要求充分发挥审判特别是庭审的作用,保障庭审在查明事实、认定证据、保障诉权、公正裁判中发挥决定性作用;要求通过法庭审判的程序公正,实现裁判的实体公正;要求充分保障当事人及社会公众参与诉讼。②法院对依法受理的案件有裁判权和责任,但也须受诉权、辩护权的制约,否则会因打破当事人合理预期、损害当事人的诉讼权利而形成"突袭性裁判"。③ 审判实践中,因为现行立法设定的法定刑幅度过宽、量刑原则过于抽象、量刑情节复杂等原因,死刑适用存在着死刑裁量权过大、不受诉权尤其辩护权制约的问题。为规范裁判权的运行,应当发挥量刑程序中诉权、辩护权的制约功能。在确保控辩双方有效参与量刑程序的前提下,真正实现"让审理者裁判",从而达到严控死刑,公正适用死刑的效果。

必须明确:定罪准确和量刑适当都是我们追求的目标,如同对事实的认定、证据的判断、性质的确定(相当于定罪)一样,量刑也是非常重要和复杂的"审判活动",而非简单的"体力劳动"。必须改变法定刑幅度内量刑即"合法"量刑的固有观念,确立虽然符合法定刑幅度但"显失合理"的量刑亦属"量刑不当"的认识,树立量刑适当彰显司法公正、量刑不当贬损司法公正的理念。刑法现代化下的量刑概念至少具有如下内涵:④一是量刑之"量"是"裁量",而非"量化";二是量刑的主体是承办具体案件的审判人员而非其他;三是量刑的对象是犯罪人,而非犯罪嫌疑人和刑事被告人。死刑以剥夺人的生命为代价,而生命权是人最重要的权利,死刑适用程序除要满足程序公正的基本精神外,还应当有更高的要求。构建独立量刑程序,对定罪与量刑同等重视,既可以保证定罪环节的准确,也为法官认识量刑事实提供了足够的诉讼空间,以便通过全面考察被告人的人身危险来斟酌是否适用死刑。一个公正、合理的量刑程序不一定是复杂、漫长的程序,但必须是一个可以保障法官获得足够量刑信息的程序。基于量刑个别化

---

① 樊崇义:《"以审判为中心"与"分工负责、互相配合、互相制约"关系论》,载《法学杂志》2015年第11期。

② 叶青:《以审判为中心的诉讼制度改革之若干思考》,载《法学》2015年第7期。

③ 龙宗智:《刑事诉讼中防止突袭性裁判问题研究》,载《政法论坛》2022年第4期。

④ 熊亚文:《相对独立量刑程序的现实困境与展望》,载《西北民族大学学报(哲学社会科学版)》2014年第6期。

原则的要求,法官能否通过控辩各方的有效参与而获得更为丰富、充分的量刑信息,是量刑程序改革成败的一个关键。

如何理解"由裁判者负责"?学界的主流看法是:"由裁判者负责"不仅仅是出了错案要承担责任,其深刻含义在于做出司法裁判的法官要对案件事实认定负责、对法律正确适用负责、对案件当事人负责、对司法公正和社会公正负责。① 死刑案件人命关天,生命的宝贵决定了死刑的适用必须有正当、合法的理由,并经过严格、正当的程序。审理死刑案件应当充分尊重和保障人权,坚持程序公正和实体公正并重。死刑案件量刑程序的独立化改革,要求法庭在控辩双方的参与下,经过庭审后形成定罪(事实认定)、量刑(法律适用)两个结论,自然要求合议庭合议功能的实质化。在正确定罪的基础上,合理、正确地行使量刑裁量权,是实现死刑适用公正的关键,也是强化责任意识和质量意识,落实司法办案责任制的应然要求,与定罪实现分离的量刑程序独立运行,即能满足前述要求。有学者在中级法院实施的独立量刑程序试点实验已证明:②量刑程序独立运行,能够直接推动实践中"先定后审"习惯的改变,能够直接推动庭审的实质化,能够克服"审者不判、判者不审"的庭审问题。

二、量刑程序独立化的可行性

在我国现行刑事诉讼制度框架下,推进刑事审判定罪与量刑程序的分离设置是否具有可行性的问题,学界早已达成普遍共识;经过量刑程序改革启动之初的试点、相对独立量刑程序改革实践,司法实务界越来越认同对被告人不认罪案件,尤其死刑案件构建独立量刑程序的主张。可以说,在死刑案件审判中,实行定罪量刑程序分离设置,实现量刑程序的独立化,是死刑程序改革的最大共识,多年积累已呈如箭在弦、蓄势待发之势。笔者从死刑控制的立场,结合既有实践、域外经验略作说明。

(一)学界达成广泛共识

在被告人不认罪案件,尤其死刑案件中,推进量刑程序独立化,学界早已达成普遍共识。早在量刑程序改革启动前后,对于量刑程序的模式选择,学界就提出了两种主张,即相对独立的量刑程序与完全独立的量刑程序。

相对独立说认为:考虑中国刑事司法的实际状况,尚不具备量刑程序

---

① 张文显、陈卫东、李贵方等:《专家:法官独立审判不是让"法官独裁" 由审理者裁判,由裁判者负责》,载《贵州法学》2014年第4期。

② 陈卫东、程雷:《隔离式量刑程序实验研究报告——以芜湖模式为样本》,载《中国社会科学》2012年第9期。

独立设置的证据法条件和程序法条件，应将量刑环节设置在统一的庭审过程中，与定罪环节略有区隔即可（最高人民法院表述为“相对独立”），量刑方面改革应以实体法为主，程序法仅需小改微调。①

完全独立说认为：②相对独立的量刑程序并不能从根本上改变量刑程序依附于定罪程序的旧模式，从程序公正的角度考量，仍有很多弊端，不能搭建彻底实现量刑的程序公正目标的制度平台，运作过程难以发挥量刑程序的预设功能；完全独立的量刑程序，在保障量刑辩护、强化被害方参与、加强诉权对量刑裁判权的制约等诸多方面能够发挥更大的作用，更利于实现量刑的程序公正。独立的量刑程序以量刑控制为中心，使量刑程序具备基本的诉讼形态，使公诉方、被害方、被告人、辩护人共同参与量刑决策过程；③通过庭审对量刑事实、量刑情节进行考察和量化，并实现量刑过程与量刑理由的公开。④

长远来看，在重罪案件，尤其是死刑案件中，构建完全独立的量刑程序，才能更好地实现量刑改革的目标。⑤ 对于死刑案件的独立量刑程序构建，陈光中教授曾有过通俗易懂的解读：⑥被告人被定罪后，是否会被判处死刑、判处死刑立即执行还是死缓，要作为一个专门的程序来进行，亦即通过庭审专门就量刑问题进行辩论。

在量刑程序改革的模式选择上，最高司法机关最终选择了实体上细化量刑规范（发布、修改《量刑指导意见》），程序上构建相对独立量刑程序（发布、修改《规范量刑程序意见》）的改革模式，业已运行十余年。如今回头来看，当初选择这样一个改革进路，考虑了当时的司法实际和诉讼效率需要，确实显著推进了中国的量刑规范化进程，尤其2018年《刑事诉讼法》修正后，量刑规范化改革与认罪认罚从宽制度改革交织共促，量刑规范化问题逐渐聚焦于认罪认罚案件，⑦有效实现了刑事案件的“繁简分流”，刑

---

① 左卫民：《中国量刑程序改革：误区与正道》，载《法学研究》2010年第4期。

② 代表性成果如陈卫东、程雷：《隔离式量刑程序实验研究报告——以芜湖模式为样本》，载《中国社会科学》2012年第9期；韩红：《独立量刑程序的理论剖析》，载《学习与探索》2011年第5期；余剑：《被告人不认罪案件量刑程序模式选择与程序展开》，载《法学》2010年第11期。

③ 陈瑞华：《论量刑程序的独立性——一种以量刑控制为中心的程序理论》，载《中国法学》2009年第1期。

④ 王喆：《论死刑量刑程序独立化之进路》，载《河南师范大学学报（哲学社会科学版）》2016年第1期。

⑤ 仇晓敏、温克志：《关于量刑程序改革几个难点问题的思考》，载《中国刑事法杂志》2010年第9期。

⑥ 张媛：《应为死刑案件设置独立的量刑程序》，载《法制日报》2011年11月30日，第3版。

⑦ 卞建林：《刑事程序法向度的量刑规范化研究》，载《云南社会科学》2022年第1期。

事司法领域基本未出现“案多人少”的矛盾。

对于死刑案件的量刑程序的独立化构建，学界已热议多年，并且形成广泛共识，几乎所有可能的影响因素都已被充分考虑和深入探讨，不存在认识上的障碍。尤其是在量刑规范化改革取得明显进展、司法资源供给能力已经明显改善、死刑控制理念接受度更高的当下，越来越多的学者认为，相对独立的量刑程序未能实现量刑程序的真正独立，使量刑辩论功能趋于虚置，①忽视了定罪环节对防止死刑误判的重要作用，②更易产生留有余地的死刑判决，更易忽视量刑情节的调查和辩论，“完全独立的量刑程序”在死刑案件中更有其正当性和必要性，③也是严控死刑适用的必然选择。

（二）相关改革准备充分

自从《法院三五改革纲要》提出“把量刑纳入法庭审理程序”开始，我国开启了量刑规范化改革，通过发布三个版本的《量刑指导意见》在实体法上细化量刑规范，通过发布两个版本的《规范量刑程序意见》、修正《刑事诉讼法》，确立了相对独立的量刑程序，量刑规范化改革从实体和程序两个层面不断深化。

在相对独立的量刑程序改革过程中，围绕完全独立量刑程序的改革试点，陈卫东教授与安徽芜湖中级人民法院合作的试点项目最具代表性，根据量刑程序改革试点所获材料，运用严格科学的经典实验法，通过综合比对与配对比对测试隔离式量刑程序（即完全独立量刑程序）的实施效果，得出的试点结论是：④独立量刑程序有可行性，更有助于实现量刑过程的透明，更有利于增加法官获取、采纳量刑信息的数量与比率，更有助于合议庭功能的实质化，也不会造成司法成本的显著攀升，可作为未来深化庭审改革的重要突破口；但需要将适用范围限缩在重罪（无期刑以上）案件及被告人不认罪的案件；尤其令人兴奋的是，在实体量刑结果上表现出了明显的轻刑化倾向，对于通过司法程序控制、落实严控死刑政策而言堪为重大利好。

相对独立的量刑程序运行十余年，在量刑程序改革方面积累了丰富的经验，对死刑（重罪）案件、被告人不认罪案件适用相对独立量刑程序产生的问题也有深刻、清醒的认识。立法上，从 2010 年完善死刑案件证据规

---

① 刘冠华：《对人民法院量刑规范化改革的检视与修正——以量刑程序独立改革为视角》，载《法律适用》2019 年第 13 期。

② 王喆：《论死刑量刑程序独立化之进路》，载《河南师范大学学报（哲学社会科学版）》2016 年第 1 期。

③ 姚莉：《死刑案件量刑阶段的轻刑推定原则》，载《中国法学》2021 年第 2 期。

④ 陈卫东：《隔离式量刑程序实验研究报告——以芜湖模式为样本》，载《中国社会科学》2012 年第 9 期。

则，到2012年《刑事诉讼法》确立相对独立量刑程序，再到死刑案件辩护保障的不断强化，足见我国立法、司法领域已经完成理念转变，越来越重视死刑案件，对死刑案件的质量要求越来越高，在不断提高实体法上公正要求的同时，也开始在程序法上提出更严格的要求。

死刑案件量刑程序独立化，在保障死刑案件的量刑有效辩护、强化被害方对量刑过程的参与、加强诉权对量刑裁判权的制约等方面均有显著作用，有助于实现量刑的公正与均衡，也能够有效对接以审判为中心的诉讼制度改革和司法责任制改革。随着以审判为中心的诉讼制度、司法责任制等改革的推进落实，确立了错案责任终身制和严禁领导干部干预司法等制度，主审法官和合议庭的办案主体地位更加凸显。

由于我国《刑法》规定的法定刑幅度过于宽泛，造成不同法官把握的量刑尺度不同，长期存在量刑不均衡的问题，最高司法机关通过不断更新《量刑指导意见》，规范法官的量刑思维和量刑方法，明确常见量刑情节的调节幅度，为法官量刑提供基本指南，也使被告人及其辩护律师对量刑结果能够预判，大体心中有数，从而促使被告人更为积极地民事赔偿、认罪认罚，争取从宽处理。在保证刑罚个别化的同时，有效规范法官的自由裁量权，实现量刑的公正和均衡，从而倒逼侦查、检察机关更加重视量刑事实的调查、审查工作。这一系列的改革进展和实践动向，都为死刑案件量刑程序独立化改革打下了坚实的基础，司法实务界也表现出了越来越高的热情，司法人员对死刑案件量刑程序独立化的认同度也在不断提高。笔者对死刑案件主审法官的问卷调研中，曾就死刑案件量刑程序独立化、构建更严格的审判程序征询过法官的态度，结论显示：近八成法官表达了强烈支持的立场（见图28、图29）。

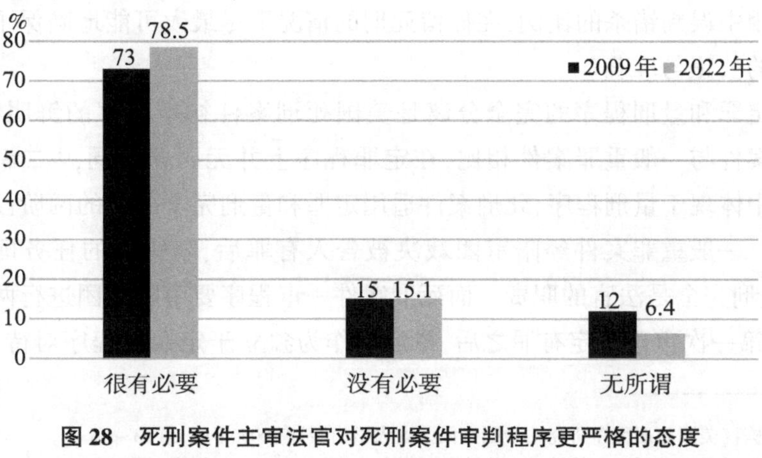

图28　死刑案件主审法官对死刑案件审判程序更严格的态度

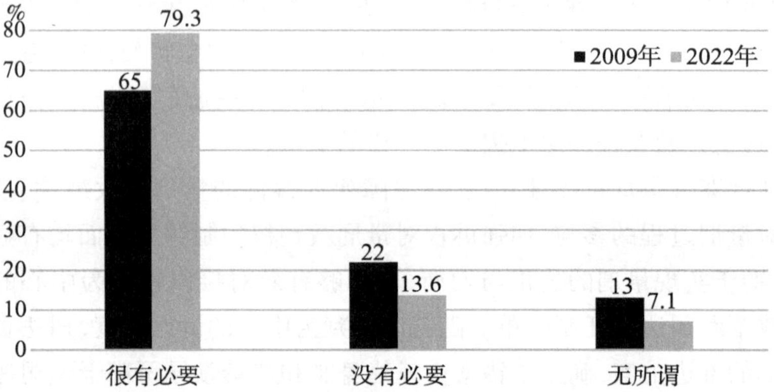

图 29　死刑案件主审法官对死刑案件量刑程序独立化的态度

(三)域外可鉴资源丰富

死刑案件适用更严格的审判程序,特别关注死刑案件的量刑程序,也是域外保留死刑国家的一般经验。美国在死刑案件中确立了完全独立的量刑程序,日本引入参审制(裁判员制度)后,在相对独立量刑程序的框架内实现了定罪、量刑的实质分离。两种思路、两种模式,可为我国死刑案件量刑程序的独立化改革提供参考。

1. 死刑案件量刑的美国经验

在美国,对于死刑案件的审判,除满足正当法律程序的一般要求外,还有其他诸多特殊要求,并设置有非常严格的专门程序,如死刑案件须经司法部或大陪审团决定的起诉程序、独立于定罪的量刑程序、陪审团进行量刑、复杂而广泛的救济程序,以及对有效辩护的追求和保障等。通过严格的死刑案件审判程序,切实强化了死刑被告人的权利保护,有效降低了死刑适用中误判错杀的比例,在保留死刑的情况下尽最大可能地确保了死刑适用的公正与准确。

定罪和量刑程序的完全分离是美国死刑案件初审程序的鲜明特点。死刑案件与一般重罪案件相比,在定罪程序上并无明显不同,①二者的不同集中体现于量刑程序,死刑案件适用定罪和量刑完全分离的两阶段审理模式。一般重罪案件经陪审团裁决被告人有罪后,陪审团的任务即告终结,量刑完全是法官的职责。而死刑案件一审程序要由陪审团进行两次审理,②第一次审理确定有罪之后,量刑被作为独立于定罪的程序对待,由陪

① 张栋:《美国死刑程序研究》,中国人民公安大学出版社 2007 年版,第 33 ~ 36 页。

② 徐岱:《美国死刑适用的最新现状及走向》,载《当代法学》2014 年第 2 期。

审团审查控辩双方提出的加重情节和减轻情节,除路易斯安那州和俄勒冈州外均要求通过一致裁决①确定死刑判处。定罪量刑分阶段审理模式,使有些在定罪阶段不能使用或者使用受限的证据得以在量刑阶段使用,可以避免在定罪阶段使用这些证据可能使陪审团形成的偏见。

联邦最高法院强调"两阶段审判程序是确保死刑不被以任意、反复无常或琢磨不定的方式适用的保护措施之一。……两阶段审判程序能够使陪审团在决定适用死刑还是终身监禁之前更好地了解案情"。② 联邦最高法院通过死刑判例创立了两项至关重要的规则,即定罪和量刑完全分离的程序、量刑程序进一步分为适格程序和选择程序。对被告人应否判处死刑进行个别化审查,限制了死刑量刑的自由裁量权,此举也被美国联邦最高法院认为"使得死刑的适用避免了任意、专断,因而符合宪法第八修正案的要求",③由此推动死刑制度各自为政的各州都确立了独立量刑程序。

死刑必须由陪审团裁决,实质上严格了量刑程序。死刑案件被告人被陪审团裁决有罪之后,便进入死刑量刑程序,被告人将面临死刑、终身监禁、不得假释的终身监禁三种命运。量刑程序与定罪程序基本相似:开庭陈述——证人出庭——展示证据——终结性辩论——法官指示陪审团——陪审团评议并做出裁决。④ 在量刑程序中,检察官通过出示加重证据、展示加重情节,论证应当判处死刑;辩护方通过出示减轻证据、展示减轻情节,论证不应判处死刑。虽然少数州自 1976 年后授权陪审团参与非死刑案件的量刑,但这种做法既非法律的要求,也未被广泛推广。⑤ 与一般刑事案件由法官独立量刑的制度相比,死刑案件需要陪审团做出两次一致裁决,虽然量刑程序在证明标准和证据规则上并不如定罪程序那么严格,但多次证明、向多人证明的程序要求,事实上提高了死刑案件的证明标准。⑥ 独立而严格的死刑量刑程序,实际上加大了死刑证明的难度,提高了死刑适用的门槛、保证了死刑适用的慎重。

陪审团参与量刑,也是死刑案件量刑程序不同于一般刑事案件的特

---

① 杨文革:《死刑程序控制研究》,中国人民公安大学出版社 2009 年版,第 129 ~ 130 页。

② [美]琳达 · E. 卡特等:《美国死刑法精解》,王秀梅等译,北京大学出版社 2009 年版,第 53 ~ 54 页。

③ 吴宏耀、罗海敏主编:《死刑的程序控制》,中国政法大学出版社 2014 年版,第 170 页。

④ 王秀梅等:《美国死刑制度与经典案例解析》,北京大学出版社 2018 年版,第 35 ~ 43 页;[美]巴里 · 内科尔、[美]肯尼斯 · A. 哈迪:《死刑的任意性》,赖早兴译,法律出版社 2019 年版,第 9 ~ 14 页。

⑤ [美]德雷斯勒、[美]迈克尔斯:《美国刑事诉讼法精解:第二卷 · 刑事审判》,魏晓娜译,北京大学出版社 2009 年版,第 333 页。

⑥ 杨宇冠:《死刑案件的证明标准与程序要求》,载《人民检察》2008 年第 8 期。

点。在2002年的“林诉亚利桑那州”一案中,联邦最高法院依据宪法第六修正案否定了亚利桑那州由法官独立进行死刑量刑的制度,确认了被告人要求陪审团来决定是否存在加重情节的权利,确立了死刑裁决必须由陪审团做出的量刑制度,①对美国各州的死刑制度产生了重大影响,各州都形成了陪审团裁判死刑的量刑制度。②

2. 死刑案件量刑的日本经验

日本内阁府定期开展死刑问题相关的民意调查,迄今为止已有11次,历次民调均显示了日本民众对死刑的高度支持率。③ 死刑问题被作为“基于国民主权原则的国内政策问题”“大多数国民的支持”“民意成为其保留死刑的正式理由”,④日本最高法院基于“国民情感”多次通过判例宣示死刑不违宪的立场,日本政府以“民意反对”为由拒绝批准《死刑废止条约》。⑤

在死刑案件的量刑规范化、引导死刑民意、死刑废除之路艰难等方面,中国与裁判员制度改革之前的日本颇有相似之处,日本裁判员制度改革的成功,尤其在提高司法公信力、减少死刑适用、影响死刑公众观念方面的建树,对中国量刑程序改革具有积极参考价值。⑥

日本将死刑案件规定为裁判员法庭审理对象案件,被告人无权拒绝法院适用裁判员法庭。在裁判员制度之下,裁判员不仅参与犯罪事实认定,确定有罪还是无罪,还要参与刑罚量定。裁判员法庭审判死刑案件,虽然在庭审程序上不明确区分定罪、量刑阶段,但将证据区分为定罪证据、量刑证据,并规定先出示定罪证据,后出示量刑证据,由此实现了量刑程序的相对独立;在庭审后的评议环节,区分为完全独立的定罪、量刑两个环节,并适用不同的表决规则,⑦由此实现了定罪与量刑的“不分而分”,⑧即定罪程序与量刑程序的实质分离。

日本国内曾有各种各样的讨论,与职业法官的量刑相比,担忧裁判员

① 张栋:《林诉亚利桑那州案与美国的死刑陪审团制度》,载《时代法学》2006年第5期。

② 陈学权:《美国刑事审判中陪审团适用法律权述评》,载《比较法研究》2017年第2期。

③ 与日本死刑相关的民意调查及其数据分析,参见陈海平:《日本死刑控制研究》,法律出版社2022年版。

④ 佐藤舞「日本の世論は死刑を支持しているのか」法律時報87巻2号(2015年)63頁。

⑤ 中文名称《旨在废除死刑的〈公民权利和政治权利国际公约〉第二项任择议定书》,日本习惯称为《死刑废止条约》。

⑥ 周振杰:《日本裁判员审判中的对话量刑及其参考价值》,载《法律科学》2015年第4期。

⑦ 定罪评议中,一般适用特别过半数原则,例外情况适用绝对多数原则;量刑评议中,采取对被告人最有利的特别过半数原则。参见田口守一:《刑事诉讼法》(第七版),张凌、于秀峰译,法律出版社2019年版,第394～395页。

⑧ 杉田宗久『裁判員裁判の理論と実践』(成文堂,2012年)153頁。

法庭可能会出现宽刑化或重罚化的倾向。① 为了确认是否会出现重罚化的倾向及其程度，裁判员制度实施以来，日本最高法院通过"关于裁判员制度运用等的有识之士恳谈会""裁判员制度实施年度报告""裁判员制度施行年度速报"等，多次公布裁判员法庭的量刑情况，并与法官合议庭的量刑进行比较。总体来看，裁判员制度已运行13年，社会各界所担忧的降低死刑适用慎重性的情况并未出现。

裁判员参与死刑案件的审判，正如日本学者所言：通过"职业法官和裁判员分担责任，作为法律专家的法官和非法律专家的裁判员通过相互交流，共享各自的知识和经验"，②"在死刑案件的评议过程中引入裁判员作为国民的常识性理解和判断，不仅有助于案件事实认定，对死刑适用也会产生显著影响"。③ 裁判员法庭通过吸纳一般国民参与刑事案件审判，打破了职业法官与一般国民之间的知识壁垒，加深了国民对司法的理解和支持，在可判死刑的犯罪事实认定一致的基础上，在死刑适用的环节，引入裁判员代表的国民意识，职业法官和裁判员就应否适用死刑问题充分交换意见，不论最终是否适用死刑，其结论更具国民性基础，既能满足国民参与司法的需求，也能促进死刑案件审判的公开化、透明化。在超八成民意支持死刑的情况下，并没有因为引入裁判员制度，使得民意过度影响死刑适用，实现了（高度支持死刑的）民意的平稳落地，既取得了死刑控制的重大进展，也赢得了死刑控制的广泛社会认同。

三、量刑程序独立化的程序设计

在十余年的量刑规范化改革过程中，随着刑事实体法、程序法的不断修改完善，刑事审判制度也发生了翻天覆地的变化，相对独立的量刑程序早已落地生根，已经成为中国刑事案件审判程序的基本组成部分，十余年的运行实践和检验，为死刑案件量刑程序的独立化准备了坚实的制度基础；学术界多年以来关注、热议量刑程序改革，评估相对独立量刑程序的运行效果，揭示出其对死刑（重罪）案件、被告人不认罪案件量刑的程序保障不足，探讨、设计量刑程序的多元模式，为死刑案件量刑程序的独立化完成了思想启蒙，实现了理念转变、做好了理论准备。

对于死刑案件量刑程序的独立化的程序设计，下文将立足量刑程序的改革进展，在学界广泛共识的基础上，从确立"非死刑推定原则"、完善量

---

① 小島透「裁判員裁判による量刑の変化」中京法学49巻3・4号（2015年）74頁。
② 丸田隆「裁判官と裁判員の事実認定方法」法社会学79号（2013年）142頁。
③ 四宮啓「裁判員制度・刑事弁護・事実認定」刑法雑誌48巻3号（2009年）433頁。

刑建议制度、改革庭审结构、拓展陪审范围等四个方面展开。

（一）确立“非死刑推定”原则

众所周知，在现代法治国家，“无罪推定”原则一直被视为刑事诉讼制度的基石，被称为刑事诉讼王冠上的明珠，其通过证明责任分配、如何对待被追诉者、疑案处理等规则成为“保护犯罪嫌疑人、被告人自由的壁垒”。①

作为程序正义理论的基础和核心的“无罪推定”原则，虽然在我国《刑事诉讼法》中尚无明文规定，但相关立法和解释中吸收的“无罪推定”元素确实在不断增加。虽然“刑事司法程序没有全面贯彻无罪推定原则”，②与国际通行的“无罪推定”还有差距。但也必须承认，“法无明文规定”的“无罪推定”原则，已经对中国刑事立法、司法产生了重大影响，“审判原则已由有罪推定向体现无罪推定精神迈进”，“法律层面直接确立无罪推定原则的时机已经成熟”，③在《刑事诉讼法》的下一轮修正中，“无罪推定”原则大概率会“名正言顺”，成为统领中国刑事司法程序的基本原则，在规范诉讼行为、保障被追诉者诉讼权利方面发挥更重要的作用，必将显著提高中国刑事司法“尊重和保障人权”的能力和水平。

构建完全独立的量刑程序，需要先解决被告人是否有罪的问题，在确定被告人有罪后才进入量刑程序。如此则面临着一个极为重大的逻辑问题，即被告人在被定罪后，独立量刑程序就“丧失无罪推定原则的统领和指导”，被告人在量刑程序中的“权利保护突然变成无源之水”，独立后的量刑程序“急需一个在功能上类似于无罪推定的原则”。④ 姚莉教授对此主张有必要在死刑程序中建立一套以量刑程序为中心的程序正义理论，并提出了“轻刑推定”原则，亦即“非死刑推定”原则，用以“替代无罪推定原则发挥对量刑阶段被告人权利保护的功能”，并就确立“非死刑推定”原则的理由、内涵、程序空间等进行了全面深入地论述：⑤在死刑案件独立量刑程序中确立“非死刑推定”原则，可以防止量刑权的滥用；可以排除量刑者预断，净化量刑阶段的信息范围；可以保障量刑中立，为量刑存疑利益提供解决指南；还可以规范裁判者进入量刑程序的初始心态，⑥确保裁判者对死

① 陈光中、张佳华、肖沛权：《论无罪推定原则及其在中国的适用》，载《法学杂志》2013 年第 10 期。

② 张中：《中国刑事司法的实践困境》，载《证据科学》2015 年第 1 期。

③ 汪海燕：《中国刑事审判制度发展七十年》，载《政法论坛》2019 年第 6 期。

④ 姚莉：《死刑案件量刑阶段的轻刑推定原则》，载《中国法学》2021 年第 2 期。

⑤ 姚莉：《死刑案件量刑阶段的轻刑推定原则》，载《中国法学》2021 年第 2 期。

⑥ 陈虎：《论剩余怀疑——兼论美国死刑案件“留有余地的判决”》，载《环球法律评论》2021 年第 3 期。

刑无特殊偏好,给已定罪的被告人一个相对公平的量刑裁判环境。

(二)检察官提出死刑建议

正如德国学者所言:检察官站在刑事司法的入口,控制着从侦查到审判的进程转换机枢,从根本上决定着每位犯罪嫌疑人、被告人的命运。①2005 年 7 月,最高人民检察院发布《量刑建议试点工作实施意见》,正式将量刑建议列为检察改革项目,开始在 11 个检察院启动量刑建议改革试点。在中国量刑规范化改革过程中,最高人民法院、最高人民检察院推动了检察官量刑建议制度,先后发布的两个版本"规范量刑程序意见",从"可以提出量刑建议"转变为"应当规范量刑建议",经过近十年的试点、运行,量刑建议制度在不断积累经验的过程中,也在不断改革完善。

长期以来,我国检察机关习惯于成功定罪即完成公诉,近些年刑事司法改革带动了公诉制度的诸多改革,"公诉权相关的最大变化是量刑领域的公诉权力"。② 量刑建议制度,被检察系统的学者认为是促进量刑公正的强劲推动力,对规范量刑活动、促进量刑公正、实现现代国家治理和法治国家建设都具有重要价值。③ 检察机关积极发挥量刑建议职能,有利于强化"以审判为中心刑事诉讼制度改革"所要求的庭审实质化。④ 检察机关的公诉模式出现了"由定罪请求权向定罪请求权与量刑建议权并行"的转变,⑤以量刑建议制度为依托的检察主导模式即将形成。⑥

事实上,在刑事诉讼的每一个程序中,"死刑案件"都要面临程序选择的问题。在侦查、起诉程序中,需要以是否"可能判处死刑"为标准进行程序选择。我国现行《刑法》将死刑罪名设定为绝对确定死刑的情况极少,在死刑案件量刑程序实现独立化后,定罪之后就必然面临着哪些案件进入量刑程序的问题。对于审判程序之前"可能判处死刑"的判断,笔者一直主张交由检察机关判断,⑦理由在于:对案件实体审理之前,交由法院判断是否"可能判处死刑",势必导致"先定后审"诱发有罪推定,与法院消极、中立的司法角色存在冲突,而且法院的判断也不可能比检察院更准确;检察院作为法律监督机关,其办案质量主要与有罪指控的成败相关,与量刑

---

① [德]托马斯·魏根特:《德国刑事程序法原理》,江溯等译,中国法制出版社 2021 年版,第 185 页。

② 周新:《论检察机关的公诉模式转型》,载《政治与法律》2020 年第 1 期。

③ 陈国庆:《量刑建议的若干问题》,载《中国刑事法杂志》2019 年第 5 期。

④ 张建伟:《检察机关主导作用论》,载《中国刑事法杂志》2019 年第 6 期。

⑤ 孙谦:《全面依法治国背景下的刑事公诉》,载《法学研究》2017 年第 3 期。

⑥ 林喜芬:《论量刑建议制度的规范结构与模式》,载《中国刑事法杂志》2020 年第 1 期。

⑦ 陈海平:《"可能判处死刑"之判断》,载《人民检察》2011 年第 1 期。

的轻重并不直接相关,检察院并无蓄意轻罪重诉、重罪轻诉之动机,即便检察院认定"可能判处死刑"有误;出现轻罪重诉,法院审判后完全可以在死刑以下量刑,出现重罪轻诉,基层法院审判后认为"可能判处死刑",还可以请求移送中级法院审判,并不会对案件的实体处理产生消极影响。因为"量刑请求权只能是检察机关享有的诉讼权能",①"检察机关的专业建议对于国家刑罚权的准确实现更有意义",②定罪后的程序选择,也理应以检察院"判处死刑"的量刑建议为前提。

以检察院提出死刑量刑建议为死刑案件独立量刑程序启动的前提。定罪程序结束后,只有检察院提出明确的死刑适用建议,才能进入死刑案件的量刑程序。前文已述,对个案提出死刑指控作为"死刑程序"启动的前提,是域外法治国家的普遍做法。如美国将检察官"寻求"死刑作为死刑案件审判程序启动的前提。又如日本,检察官的求刑对法官量刑具有相当大的影响力,多数情况下宣告刑会低于求刑,几乎不存在比求刑更重的宣告刑,"高求低判"的情形远远多于"低求高判"③;具体到死刑案件中,法院是否考虑适用死刑,都以检察机关的死刑求刑为上限,只有极为严重的犯罪,才会接受检察机关的求刑,顶格适用死刑;据统计,裁判员制度实施后的前 9 年间,检方共向裁判员法庭求刑死刑 44 人,裁判员法庭审理后判处死刑 32 人。④ 我国现行《刑事诉讼法》和司法解释规定的死刑案件指定辩护,正是以判定"可能判处死刑"为适用前提的。该方案在可行性上也并不存在多大障碍,检察院量刑建议权业已试行多年,司法实践中也早已存在检察官在法庭上提出死刑量刑建议的尝试,有为寻求死刑而提出"积极"量刑建议的,也有主张不判死刑而提出"消极"量刑建议的。

认罪认罚从宽制度实施以来,量刑建议已经从"以幅度为原则、精准为例外"转变为"以确定刑为主、幅度刑为辅"。⑤ 虽然检察机关在认罪认罚案件、普通程序中的量刑建议在性质上存在重大区别,⑥但从"幅度建议"走向"精准建议"的实践,已经为死刑案件中"精准"量刑建议积累了丰富、

① 周新:《论检察机关的公诉模式转型》,载《政治与法律》2020 年第 1 期。

② 熊秋红:《刑事辩护论》,法律出版社 1998 年版,第 343 页。

③ 周光权:《量刑的实践及其未来走向》,载《中外法学》2020 年第 5 期。

④ 片岡健「裁判員裁判初の少年死刑判決が確定」金曜日 32 巻 24 号(2016 年)34 頁。「求刑死刑で裁判員裁判が終了した被告の事件一覧」, https://geolog. mydns. jp/www. geocities. jp/masakari5910/citizen_judge_death_penalty0. html, 2022 - 10 - 21 閲覧。

⑤ 何显兵:《量刑建议权控辩审互动运行机制的规范与完善》,载《暨南学报(哲学社会科学版)》2022 年第 5 期。

⑥ 左卫民:《量刑建议的实践机制:实证研究与理论反思》,载《当代法学》2020 年第 4 期。

成熟的经验;要求检察院提出死刑量刑建议的方案,多年前就为《刑事诉讼法》修正案学者建议稿①所采纳和确认。

对于情节极其恶劣、主观恶性极深的案件,如果定罪后检察院提出死刑以下量刑的建议,是否赋予法院对其"向重修正"的权力,值得学界深入探讨。笔者的看法是:无论从国家严控死刑的政策,还是"无罪推定""非死刑推定"原则对存疑利益分配的立场出发,都不应该赋予法院"向重修正"的权力,只要作为控方的检察院没有提出适用死刑的量刑建议,就不进入死刑案件的量刑程序,法院只能在死刑以下量刑。如果从制约检察机关以不提出死刑量刑建议的方式重罪轻诉、避免因量刑畸轻而发回重审或启动再审带来的司法资源重复投入的角度出发,应考虑赋予法院一定的修正权,但此举会使规范进入量刑程序法官的初始心态、避免法官对死刑的特殊偏好、确保量刑程序谨慎适用死刑的制度初衷落空。而且,否定死刑案件中定罪后法院对量刑建议的"向重修正"权,也与前文主张的庭审前下级法院认为"可能判处死刑"请求移送上级法院审判的制度不矛盾,如果经过法庭实质审理后,上级检察院依然维持庭审前下级检察院"不可能判处死刑"的判断,法院理应尊重检察院追诉的"客观公正立场";再者,从案件存疑"有利被告"原则以及维护法院中立、公正形象的角度出发,也不应要求法院担当"检察官之上的检察官"的追诉者角色。

(三)构建二阶段庭审结构

对于量刑程序的独立化构建,学界普遍主张将其适用于重罪案件(死刑或无期刑以上),以及被告人不认罪的案件,但"死刑案件不应该因为被告人认罪态度的不同导致诉讼程序设计上的任何不同和简化"。②

对于独立量刑程序的适用范围及其制度设计,笔者认为从长远来看,所有重罪案件和被告人不认罪的案件都应当纳入独立量刑程序的适用范围,如果一步到位存在司法实际困难,也可以在死刑案件中"先行先试",既是对死刑案件的特殊程序关照,也可为进一步拓展适用范围积累经验。独立量刑程序的制度设计上,基于死刑案件量刑面临生刑、死刑二选一的"生死抉择"难题,在量刑上存在"质"的差别,死刑案件理应有特殊的制度安排。从整个庭审结构来说,死刑案件应构建"二阶段"庭审结构,将庭审区分为定罪、量刑两个程序;也可借鉴日本经验在评议环节先定罪、后量刑的模式,维持现行庭审结构,将庭审后的评议区分为定罪、量刑两个阶段,

---

① 徐静村主持:《中国刑事诉讼法(第二修正案)学者拟制稿及立法理由》,法律出版社 2005 年版,第 16 页。

② 姚莉:《死刑案件量刑阶段的轻刑推定原则》,载《中国法学》2021 年第 2 期。

实现定罪、量刑程序的实质分离。

基于死刑适用的极度谨慎要求，以及定罪、量刑间关联性、特殊性的综合考虑，必须对死刑案件的定罪、量刑进行程序上的区分。只有在定罪问题已解决的情况下，即能够确定构成犯罪，且构成死罪，对于量刑的讨论才有意义，才有其讨论的基础，要求控辩双方提出量刑主张、发表量刑意见，才符合诉讼规律。

在定罪阶段（第一阶段），法庭审理以是否构成犯罪以及构成什么罪为审判重点，控辩双方不得提出量刑事实、量刑情节，仅针对是否构成犯罪、具体罪名举证质证、提出意见。法庭审理的第一阶段结束后，如果法庭形成无罪的心证，直接做出无罪裁判，庭审就此结束；如果庭审后法庭形成了有罪心证，法庭须明确宣布其有罪裁决，由检察官提出量刑建议，并根据量刑建议的内容决定后续程序，只有在检察官提出适用死刑的量刑建议的情况下，法庭审理才进入死刑案件独立的量刑程序。

在量刑阶段（第二阶段），法庭就被告人的量刑问题进行专门审理。为充分保障被告人的辩护权、保障控辩双方的诉讼参与权，程序上应为准备量刑辩护留出时间，在控辩双方提出申请的情况下，法庭应留出合理的准备期间，控辩双方利用此期间收集量刑证据、准备量刑辩护。为了确保死刑适用的慎重，量刑程序还可参照美国经验，将死刑案件量刑程序进一步细分为两个部分，即“死刑适用适格程序”和“死刑适用选择程序”。在“死刑适用适格程序”中，控方必须提出证据证明案件“罪行极其严重”，证明标准须达到“排除合理怀疑”，以确定案件是否进入“死刑圈”，如果控方达不到证明标准，案件退出“死刑圈”，法庭在死刑以下量刑。在控方完成前述证明的情况下，量刑进入“死刑适用选择程序”，即在现行一般死缓、死缓限制减刑、死缓终身监禁、死刑立即执行四个选择梯度内，根据控辩双方提出的量刑事实、量刑证据、量刑意见，选择确定判处死刑的类型。如果控方主张适用较重的死刑类型，则需要提出“加重情节”的事实和证据，并达到“排除合理怀疑”的证明标准，只有完成了“必须立即执行”的证明，才能适用死刑立即执行，①否则只能按照“非死刑推定”原则，选择适用死缓。辩护方的量刑证明，只需达到优势证明标准即可。②

（四）陪审合议庭参与量刑

合议庭是审理死刑案件的基本组织形式，根据我国《刑事诉讼法》《人

---

① 劳东燕：《死刑适用标准的体系化构造》，载《法学研究》2015 年第 1 期。

② 姚莉：《死刑案件量刑阶段的轻刑推定原则》，载《中国法学》2021 年第 2 期。

民陪审员法》的规定,中级法院审理死刑案件的合议庭可以由审判员、人民陪审员组成3人合议庭或7人合议庭。《人民陪审员法(草案)》第15条曾规定:“下列第一审案件应当由法官三人和人民陪审员组成七人合议庭审判:(一)社会影响重大的可能判处十年以上有期徒刑、无期徒刑的刑事案件……”并没有将“死刑案件”纳入7人陪审合议庭适用范围。2018年公布实施的《人民陪审员法》第16条规定:“人民法院审判下列第一审案件,由人民陪审员和法官组成七人合议庭进行:(一)可能判处十年以上有期徒刑、无期徒刑、死刑,社会影响重大的刑事案件……”拓宽了7人陪审合议庭的适用范围,增加了“死刑案件”,但改变了适用陪审的义务性(“应当”)要求,造成死刑案件是否陪审存在争议。① 根据最高人民法院《关于适用〈人民陪审员法〉若干问题的解释》的规定,②是否适用陪审由法院决定。在2020年最高人民法院印发的《民事诉讼程序繁简分流改革试点问答口径(一)》的通知中,将《人民陪审员法》第15条、第16条的规定表述为“需要人民陪审员参审的案件类型”,也可解读为是否陪审取决于法院的决定。

笔者收集到合议庭组成信息的12586例死刑一审案件中,适用陪审合议庭审理的案件仅有3388例,陪审适用比例仅为26.92%;376所中级人民法院中,186所中级人民法院在死刑案件审判未适用过陪审合议庭,适用陪审的法院呈现出明显的因法院而异的特征。这或许与最高人民法院曾经明确规定“原则上全部由法官组成合议庭审理死刑案件”③的要求有关。对比3388例陪审案件、9196例无陪审案件的死刑判处情况发现:陪审合议庭审结案件适用死刑(立即执行)占比为16.84%,而无陪审合议庭审结案件适用死刑(立即执行)占比为24.22%。在七成以上死刑案件不适用陪审合议庭、不确切掌握法院决定是否陪审的决定性因素的情况下,虽然不能草率地得出陪审合议庭相对不偏好适用死刑(立即执行)、有利于减少死刑适用数量的结论,但至少可以认为陪审对死刑控制的积极作用值得期待。

长期以来,民意是影响我国死刑政策的重要因素,死刑的民意引导,是

① 2022年8月“劳荣枝案”二审,辩方曾对一审没有适用7人陪审合议庭提出异议,诉求程序违法,主张发回重审。

② 《关于适用〈人民陪审员法〉若干问题的解释》第1条:根据人民陪审员法第十五条、第十六条的规定,人民法院决定由人民陪审员和法官组成合议庭审判的,合议庭成员确定后,应当及时告知当事人。

③ 最高人民法院:《关于加强新时期人民法院刑事审判工作的意见》(法〔2013〕298号),2013年12月27日公布施行。

我国未来死刑控制、死刑废除不可逾越的重大障碍。未来的死刑控制,必然要面对死刑的强大民意支撑问题,只有通过适当的程序,在死刑适用与民意之间建立联系、加强沟通,才能引导民意正确认识死刑的目的,推进社会各阶层对话,确保民众诉求能够完整体现,沟通的桥梁或许可以逐渐淡化民意与死刑适用之间的隔阂。

对于死刑适用领域的民意引导、民意沟通,我国尚未找到有效的解决路径,虽然司法机关希望获得民意支持、社会认同,但又对死刑适用的过程和结果等信息严格保密,社会公众不能获取必要信息,对死刑问题无法形成全面、理性的认识,就会不自觉地强烈支持死刑。①

对于死刑案件审判的民众参与方式,一般来说,死刑案件社会影响重大,将死刑案件规定为"法定陪审"案件,有利于在死刑适用中最大限度地吸纳民意,既能体现重大司法活动尊重公民参与的民主理念,②也能确保死刑适用结果获得社会的普遍认同。尤其在对特定被告人应否被判死刑的问题上,引入民众参与,由陪审合议庭决定是否"杀人偿命",由人民陪审员传导死刑适用的社会民意,对职业法官的裁判提供合理补充,有利于提高裁判的可接受度。③

日本引入裁判员制度后,虽然有超过80%的死刑民意支持率,考虑到裁判员制度实施后检方在死刑求刑上更为谨慎的实际情况,可以得出的结论是:通过裁判员制度吸纳民意,成功化解了司法控制死刑的民意压力,大大降低了"严罚化"刑事政策对死刑适用的影响,"国民对死刑案件的有序与有效参与使得死刑案件的判决能够最大限度地获得社会认同"。④

死刑案件量刑程序独立化改革,需要对审判组织进行优化。笔者建议,将死刑案件设定为"法定陪审"案件,除非极其例外⑤的情况,死刑案件适用7人陪审合议庭。对于陪审合议庭与审判委员会的关系,在建立专业审委会或实现审委会审理制的基础上,由审委会成员出任陪审合议庭,就能实现审委会在死刑案件上的审理制,也可以考虑审判委员会列席法庭全程听审的模式。对于陪审合议庭拟判死刑的案件,审判委员会讨论后可以决定不判处死刑。

---

① 周振杰:《日本裁判员审判中的对话量刑及其参考价值》,载《法律科学》2015年第4期。

② 程计山:《死刑案件应采用人民陪审员制度》,载《法制日报》2006年6月29日,第9版。

③ 林杰:《完善人民陪审员参审死刑案件制度》,载《人民法院报》2011年1月26日,第6版。

④ 周振杰:《日本死刑司法控制的经验及其借鉴》,载《法学》2017年第6期。

⑤ 例如适用陪审合议庭可能威胁到陪审员及其近亲属的人身安全,陪审员因害怕而不能履行职务。

第六章　强化死刑辩护：从“有”辩护到“有效”辩护

死刑案件被告人的辩护保障，二十余年来，立法上经历了一个漫长的过程。

1996年《刑事诉讼法》将侦查阶段纳入法律帮助的范畴，确立死刑案件的强制辩护制度，可能被判死刑而没有委托辩护人的，法院应当指定律师提供辩护，1997年司法部《关于开展法律援助工作的通知》、1998年最高人民法院《刑事诉讼法解释》等进一步明确操作细则。

2005年最高人民法院、最高人民检察院、公安部、司法部《刑事诉讼法律援助规定》、2006年《二审开庭规定》进一步强化了死刑案件的辩护保障，明确了二审程序中的指定辩护，即被判死刑（立即执行）而没有委托辩护人的，二审法院应当指定律师为其提供辩护，但并未明确是否为强制辩护。

2007年最高人民法院统一行使死刑案件核准权后，最高人民法院、最高人民检察院、公安部、司法部联合颁布《严格依法办案确保死刑案件质量的意见》，明确了二审程序指定辩护的条件、死刑复核案件中辩护人提出书面意见应当附卷等。

2007年修正的《律师法》开始从立法上解决会见难、阅卷难问题，2012年修正的《刑事诉讼法》将侦查阶段纳入辩护范畴，一举解决了会见难、阅卷难问题，死刑案件辩护拥有更为广阔的施展空间。

2015年初最高人民法院发布《复核辩护办法》，具体规定了死刑复核阶段辩护人查询案件信息，查阅、摘抄案卷材料，反映辩护意见等；之后最高人民法院、最高人民检察院、公安部、国家安全部、司法部联合发布《保障律师权利规定》，明确了律师的知情权、阅卷权等辩护权利及人身安全保障要求。

2019年最高人民法院发布《复核程序保障规定》，扩充了复核阶段的辩护渠道和权利；2021年最高人民法院、司法部发布《复核案件法援规定》，回应《法律援助法》最新要求，明确了死刑复核阶段法律援助的具体规程。

“有效辩护”已成刑事辩护的关键，死刑案件人命关天，“有效辩护”尤其关键。确立死刑案件强制辩护已二十余年，强调保障死刑辩护质量已十五年有余。笔者拟立足自建的“死刑案例数据库”，运用实证研究方法，开展死刑辩护保障“回头看”，推动死刑辩护保障“向前进”。

一、死刑辩护的实证观察：“确有”辩护

长期以来，死刑辩护问题一直备受学界关注，但由于实证资料不易获取，既有研究多倾向于理论探讨，相关结论可能仅仅基于理论推想，对死刑辩护的实然状态了解并不深入。如对死刑辩护率、辩护人类型、辩护理由及其采纳率、辩护意见对裁判结果的影响力等尚无深入的实证研究，这势必影响研究结论的可靠性。基于此，本书立足23812例死刑案例，通过审慎、全面的实证调查研究，揭开死刑辩护“庐山真面目”，为死刑相关制度的优化和改良提供实证基础。

（一）强制辩护落实向好

死刑案件属于强制辩护的案件范围，死刑案件的审判必须有辩护人的参与。1996年修订的《刑事诉讼法》第34条、现行《刑事诉讼法》第35条均有规定，被告人可能被判处死刑而没有委托辩护人的，法院应当通知法律援助机构指派律师为其提供辩护。最高人民法院《刑事诉讼法解释》进一步明确了死刑案件的强制辩护。

笔者收集23812例死刑案件，①其中12874例一审死刑案件共判处死刑（含死缓）14429人，10938例上诉、抗诉进入二审的12706人，二审后共判处死刑（含死缓）11376人，收集裁判文书中每一名死刑被告人的辩护信息，主要包括辩护人类型、辩护意见、辩护效果、辩护理由四类信息。

根据我国相关立法，刑事被告人最多能获得两名辩护人的辩护。笔者收集的死刑案例中死刑被告人的辩护人全部为律师，未遇到非律师身份的其他辩护人。统计每位被告人的辩护人类型、辩护人数，以所得数据制成表38、图30。

调研发现，一审被判死刑的被告人均有律师辩护。二审程序中，一审原判死刑（立即执行）的被告人中，提出上诉者均有律师辩护；本人未上诉，只有极少数因同案被告人、附带民事部分当事人上诉进入二审者无律师辩护；一审原判死缓的二审案件，超过10%的被告人无律师辩护。总体来看，一审程序中死刑案件完全落实了强制辩护，二审程序中，强制辩护只针对原判死刑（立即执行）被告人，这可能与二审法院将“死刑”理解为“死刑立即执行”②有关。

---

① 未包括1096例复核死刑案件，复核程序辩护问题的相关论述，请参见本书第四章。

② 类似的理解还有：最高人民法院的“死刑复核程序”之“死刑”即指“死刑立即执行”。

表 37　27135 名死刑被告人之辩护类型

单位：人

辩护类型	一审 14429 人		二审前 12706 人			二审后 12706 人				
	判处死刑	判处死缓	原判死刑	原判死缓	原判非死刑	判处死刑	判处死缓	判处非死刑	发回重审	向轻改判
委托 1 辩护人	1327	4959	986	2791	10	375	2875	246	286	748
委托 2 辩护人	382	1296	315	751	3	139	709	93	128	210
指定 1 辩护人	1201	4419	655	5326	19	314	5238	212	229	517
指定 2 辩护人	131	430	37	325	1	21	315	12	15	24
委托 1 + 指定 1	23	82	40	232	1	14	227	14	16	37
未知	44	135	13	16	0	10	18	1	0	4
无辩护人	0	0	57	1128	0	8	1113	22	40	70
合计	3108	11321	2103	10569	34	881	10495	600	714	1610
	14429		12706			12690				

注：“未知辩护类型”指裁判文书显示有辩护人参与，但无法判断系委托还是指定；二审后终止审理的 16 人，未计入。

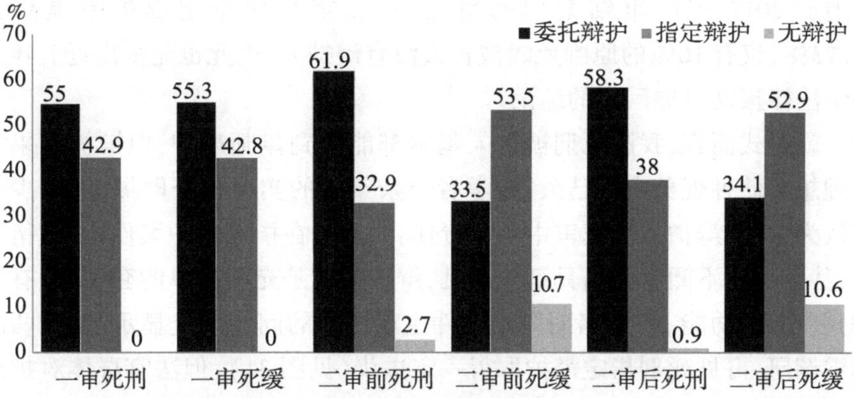

图 30　26549 名死刑被告人之辩护类型

注：未计入“委托 + 指定”“未知辩护类型”；“死刑”指死刑立即执行；二审中无律师辩护的原判死刑被告人，经查本人均未上诉，因同案、对方上诉进入二审程序。

结合案件审结时间来看，自 2012 年《刑事诉讼法》修正以来，死刑二审案件的强制辩护明显改善，死刑案件法律援助保障进展明显。特别需要说明的是，指定辩护在比重增加的同时，还出现了两种新情况：一是指定两位辩护人，二是指定辩护和委托辩护在同一被告人身上共存，也出现了 3 位律师为一名被告人辩护的情况。①

(二)指定辩护效果不彰

有学者对中国刑事法律援助实证调研发现:指定辩护②成为被告人获得辩护的主要手段,尤其在可能判处无期徒刑或死刑案件中甚至成为压倒性的辩护方式。③ 笔者收集的26893名死刑案件被告人的辩护信息亦能佐证:一审判处死刑的14250人中,共有6286名被告人获得了指定辩护,指定辩护占比44.11%,其中5725名被告人获得了1位律师的辩护、561名被告人获得了2位律师的辩护;进入二审程序的12706名被告人,共有11458人获得了律师辩护,其中6615人获得了指定辩护,指定辩护占比57.73%,其中6253名被告人获得了1位律师的辩护、362名被告人获得2位律师的辩护。如此高的指定辩护率足以说明法律援助在死刑辩护中的重要性。可以说,指定辩护对死刑辩护的影响巨大,其效果直接影响着死刑辩护的整体质量。

值得一提的是,笔者曾于2018年运用同样方法调研过2463名死刑案件二审被告人的指定辩护情况,当时得到的结论是近三成的原判死缓被告人没有辩护人,二审程序中指定辩护率为35%。④ 与此次调研相比,在大量追加2017年后审结案例的情况下,二审程序指定辩护率提高到57.73%,仅有10%的原判死缓被告人没有辩护人,由此也能得出近五年来刑事法律援助进展巨大的结论。

就形式而言,我国死刑被告人基本都能得到律师辩护,但辩护效果并不理想。此种现象由来已久,有学者十余年前的实证调查即揭示:不少法官认为,有些辩护人在庭审中不负责任,尤其是在指定辩护案件中,敷衍了事,甚至根本不阅卷就出具辩护意见,辩护词更是充满简单的套话,没有发挥其应有的功能。⑤ 笔者对死刑案件主审法官的问卷调查显示:比较两次问卷调研,可见死刑指定辩护取得一定进步(见图31),但法官群体对指定辩护评价不高的情况仍未有明显改善。笔者旁听死刑案件审判过程中,也遇到过指定辩护人在法庭调查中不断重复“没有意见”“没有异议”,笔者

---

① 如(2018)川刑终486号,该案有1位委托辩护律师,2位指定辩护律师(同一律所),经笔者查询,二位指定辩护人的执业年限分别为13年、12年。

② 2012年修订的《刑事诉讼法》表述为“法律援助”,指派主体有变,但“指定辩护”实质未变,本书沿用之。

③ 左卫民:《中国应当构建什么样的刑事法律援助制度》,载《中国法学》2013年第1期。

④ 陈海平、刘丰:《从“有”辩护到“有效”辩护:死刑辩护的万例大样本分析》,载《河北法学》2019年第6期。

⑤ 陈卫东:《刑事二审开庭程序研究》,中国政法大学出版社2008年版,第275~276页。

在"死刑案例数据库"辩护信息采集中也发现,不少指定辩护人仅提出"认罪""坦白""初犯""偶犯""请求从轻""原判量刑过重"等辩护主张,有些指定辩护人所提辩护意见甚至不如被告人的自行辩护有说服力。

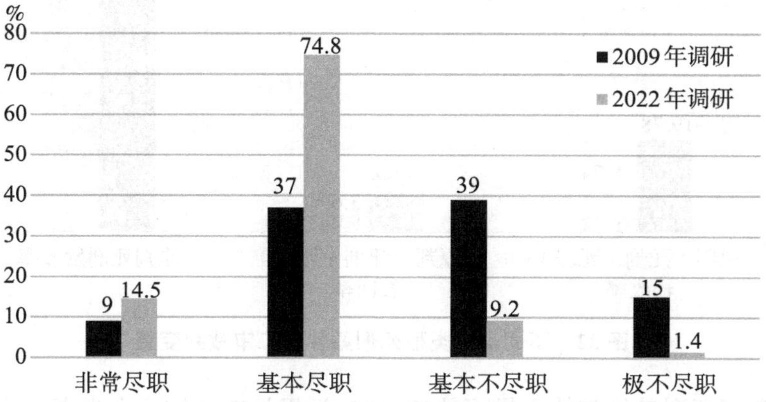

图 31　死刑案件主审法官眼中的指定辩护人

(三)委托辩护难孚众望

委托辩护的效果虽比指定辩护更好,但依然不容乐观。观察进入二审的死刑案件被告人的二审裁判变更情况可知,委托辩护在向轻改判、发回重审方面有一定优势。数据显示:12706 名一审原判死刑(含死缓)的被告人进入二审程序,4843 名被告人委托辩护,其中 958 人获得向轻改判、414 人被发回重审,向轻改判率为 19.78%、发回重审率为 8.55%;6615 名被告人指定辩护,578 人获得向轻改判,244 人被发回重审,向轻改判率为 8.74%、发回重审率为 3.69%;如果将向轻改判、发回重审合并计算为"发改率",委托辩护的"发改率"为 28.33%,而指定辩护的"发改率"只有 12.43%,明显低于委托辩护。

对于委托辩护相对指定辩护较高的"发改率",能否将其简单解释为委托辩护效果更好?笔者持否定态度。在严控死刑的政策下,二审程序更关注原判死刑(立即执行)的被告人,对原判死缓判决事实上存在着原则上维持的传统,外加"上诉不加刑"原则的保障,原判死缓的被告人选择委托辩护的积极性并不高。结合表 38 可以得出二审中原判死刑(立即执行)被告人的辩护类型与二审裁判变更情况,见图 32。数据显示,原判死刑(立即执行)的 2103 人中,1301 人选择了委托辩护,最终 514 人被维持原判,787 人获得"发改",占比为 60.49%;732 人被指定辩护,349 人被维持原判死刑,383 人获得"发改",占比为 52.32%;仅就原判死刑(立即执行)被告人的二审裁判变更来说,委托辩护略有优势,但并不明显。

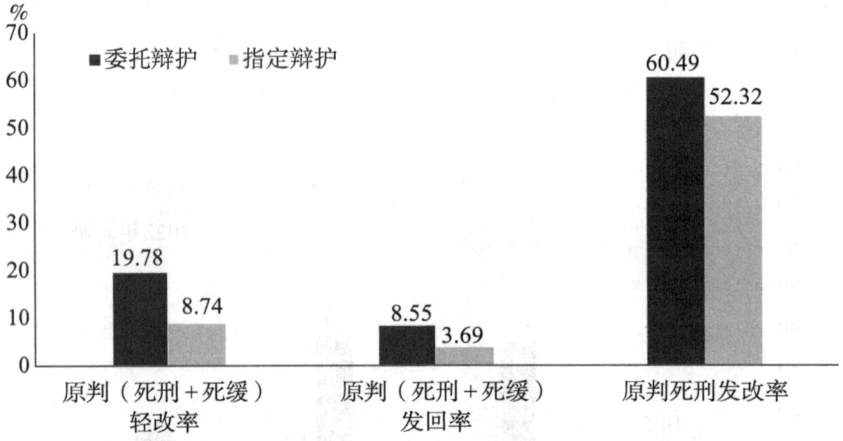

图 32　不同辩护类型死刑案件的二审裁判变更

我国死刑辩护整体效果不佳的现实，学界早有认知。有学者直言："实践中死刑案件的辩护意见质量却不容乐观。从辩护意见的形式上看，很多疑难复杂的死刑案件辩护意见尤其是指定辩护律师提交的辩护意见篇幅较少，有相当一部分案件的辩护词仅有区区一页纸，有的还是在庭审过程中匆匆手写完成的"；①某法官认为："有的法律援助律师很少会见，在审查起诉阶段不提任何辩护意见，在庭审上抓不到痛处，没有起到帮助被告人的效果。有的律师甚至提出对被告人不利的意见"。②

二、死刑辩护的质量审视："低效"辩护

面对呈现于图 32 的"数字化事实"，笔者不得不惊诧于死刑辩护效果之差。死刑案件的辩护效果特别不乐观，对此只能说虽然"确有"辩护，却是"低效"辩护；类型化总结辩护理由可见，"不走心"、形式化等现象比较突出；分析裁判文书对辩护意见的回应可知，辩护对死刑适用的影响有限，死刑辩护"无利可图"以及立法与司法的双重歧视使律师对死刑辩护的热情不高。究其原因，均可归结为死刑辩护保障不足，以至于死刑辩护并未起到实质作用。提高死刑辩护质量，必须了解死刑辩护的实况，摸清问题症结所在，才有望进行制度优化。

（一）辩护效果不容乐观

在研读死刑案件裁判文书过程中，笔者重点关注了裁判文书对死刑被

① 杨亮、刘璐：《死刑案件有效辩护中法官的作用》，载《国家检察官学院学报》2017 年第 7 期。
② 印波：《死刑案件辩护有效性研究：状况、困境与出路》，载《法学杂志》2018 年第 3 期。

告人及其辩护人所提辩护意见的列举,并对辩护意见进行了类型化总结,将死刑案件的辩护意见分为六类:刑轻辩护、罪轻辩护、罪轻刑轻辩护、无罪辩护、无罪刑轻辩护、无异议。① 笔者共收集到23912例死刑案件27135名被告人的辩护意见,对其汇总形成表39。

数据统计发现:在死刑案件的辩护意见中,主张刑轻辩护的比例高居榜首,一审程序中占比为67.41%,二审程序中占比为55.97%;主张罪轻刑轻辩护的为数也不少,一审程序中占比为15.03%,二审程序中占比为15.85%;提出无罪辩护的,一审程序中占比为7.95%,二审程序中占比为8.59%;单纯提出罪轻辩护意见的,一审程序中占比为7.35%,二审程序中占比为4.6%;在定罪量刑分阶段审理的模式下,部分被告人在法庭调查阶段主张无罪、在法庭辩论阶段提出罪轻的辩护意见,一审程序中占比为1.39%,二审程序中占比为1.42%。

正如左卫民教授的论断,很多辩护人均倾向于采用刑轻辩护、柔性辩护,②较少触及案件实体部分。这可能与死刑案件涉及法益重大,侦诉机关更为重视,案件事实更为清楚,案件证据更为扎实有关。

表38　26040名死刑被告人的辩护意见

辩护意见	12874例一审死刑案件		10938例二审死刑案件	
	数量/人	百分比/%	数量/人	百分比/%
刑轻	9726	67.41	7111	55.97
罪轻刑轻	2169	15.03	2014	15.85
无罪	1147	7.95	1091	8.59
罪轻	1060	7.35	585	4.60
无罪刑轻	200	1.39	180	1.42
无异议	95	0.66	662	5.21
合计	14429	100	12706	100

注:未收集的辩护意见,主要是裁判文书未明确记载。一审案例中31人未载明;二审后作出发回重审、终止审理、准许撤诉处理,以及仅对附带民事部分上诉的案件,一般都不列举死刑被告人的辩护意见,共计1063人。

① 刑轻辩护:降低法定刑幅度或在法定刑幅度内从轻处罚;罪轻辩护:不构成指控的重罪,只构成相应的轻罪;罪轻刑轻辩护:既作罪轻辩护又作刑轻辩护;无罪辩护:证据不足无罪及程序违法无罪;无罪刑轻辩护:在定罪辩护中主张无罪,量刑辩护中主张从轻判处无异议:对控方指控无意见。笔者根据死刑辩护的实际,在陈瑞华教授对刑事辩护分类的基础上予以适当调整,参见陈瑞华:《论刑事辩护的理论分类》,载《法学》2016年第7期。

② 左卫民:《效果与悖论:中国刑事辩护作用机制实证研究》,载《政法论坛》2012年第3期。

根据裁判结果对辩护意见的回应，笔者将辩护效果分为四类：全部采纳、部分采纳、不予采纳、无视①。数据显示（见表39）：无论是一审死刑案件还是二审死刑案件，全部采纳比例极低，部分采纳比重较大，完全不采纳的情况很普遍，一审有43.29%，二审高达80.47%。进一步考察可知，部分采纳也多为“初犯”“偶犯”“自首”“坦白”等非实质性、显而易见的量刑主张，难以对死刑适用产生重大影响力，也无法体现辩护人的辩护能力。总体来看，死刑辩护效果特别不乐观。

表39　25147名死刑被告人的辩护意见采纳情况

辩护效果	一审		二审	
	数量/人	百分比/%	数量/人	百分比/%
全部采纳	1145	8.01	288	2.65
部分采纳	6804	47.62	1813	16.69
不予采纳	6185	43.29	8739	80.47
无视	153	1.07	20	0.18
合计	14287	100	10860	100

注：辩护意见为“无异议”“未知”、辩护意见采纳情况不明的，未计入。

不论是既有研究结论，还是笔者的实证调研均显示：委托辩护的效果好于指定辩护，但亦不乐观。有学者在其研究中指出：从定量角度分析，指定辩护律师在庭审中的表现明显不如委托辩护律师，后者相对积极；指定辩护律师在案件定性方面作用不大，“较之委托辩护略有不如”。② 前文已对委托辩护、指定辩护在二审裁判变更方面的表现进行了数据分析，在此立足实证数据，对一审程序、二审程序中两种辩护的效果做进一步对比分析：从提出辩护理由的角度看，委托辩护往往会结合案情提出辩护理由，表现得更加专业，指定辩护在这方面确实表现不佳，近乎无偿服务的指定辩护人往往动力不足，庭前准备不充分，庭审出工不出力的情况并不少见。

统计笔者所收集死刑案例的辩护类型及其辩护效果，数据分析形成图33。观察可见：一审程序中辩护意见被全部、部分采纳的比例，指定辩护高于委托辩护，可见死刑案件辩护的整体效果不佳，辩护类型并不是决定性因素；二审程序中委托辩护的表现略强于指定辩护，尤其是原判死刑

① 全部采纳：裁判结果完全采纳辩护意见；部分采纳：裁判结果部分采纳辩护意见；不予采纳：裁判结果完全未采纳辩护意见；无视：裁判结果不回应辩护意见。

② 马静华：《指定辩护律师作用之实证研究——以委托辩护为参照》，载《现代法学》2010年第11期。

(立即执行)被告人多倾向于委托辩护,辩护难度本身就大,还能有这样的采纳率,可见委托辩护效果相对更好一些。

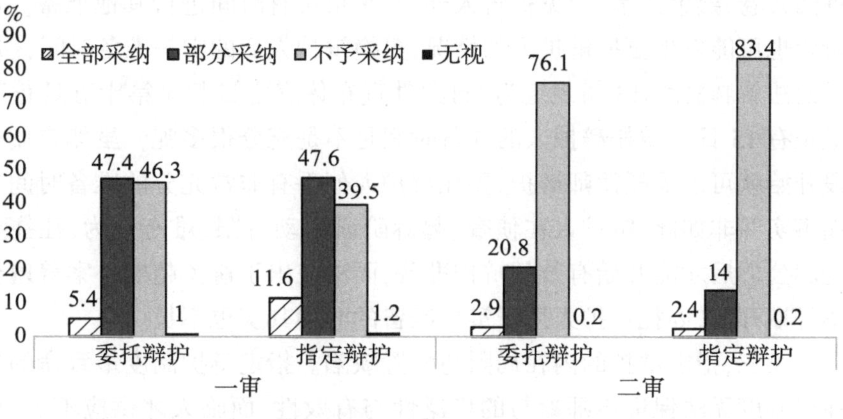

图33　24224名死刑被告人之辩护类型与辩护效果

注:"委托+辩护"辩护的、辩护意见采纳情况不明的,未计入。

辩护制度设计不甚合理、加之落实不力,合力催生了死刑案件辩护低效的现实,究其根源,主要有三。

第一,死刑辩护准入门槛低,辩护队伍鱼龙混杂。死刑案件所涉及的法益重大,对死刑辩护律师的法律知识、技能和经验相应要求更高,实践中有些死刑辩护律师水平有限,无能力提出有效的辩护意见,只能选择因循保守、无为的辩护策略;虽然刑事诉讼法赋予了辩护人调查取证权,但调查取证权确实面临风险、行使不易,造成实践中很多辩护人完全不动用该项权利,仅凭会见、阅卷只能了解侦控方掌握的情况,而且会见、阅卷过程中遭遇办案机关限制的情形也时有发生,①要想对控方指控的事实致命一击,还得动用调查取证权;虽然确有部分死刑案件中定性并无太大争议,辩护空间相对有限,但有些辩护律师因为准备不足、专业训练欠缺、辩护技能有限等原因,无力在事实认定、证据采纳和法律适用上施展拳脚,只能提些"无功无过"的辩护意见,影响辩护效果实现。

第二,辩护准备时间不够充足。较为短暂的辩护准备时间,严重限制了死刑案件辩护作用的发挥。根据前文的数据统计,保守估计超过半数的死刑案件被告人由指定辩护人担当辩护,而指定辩护的介入通常是在审判阶段,通知法律援助机构指派辩护人也是法院庭前准备的工作内容之一,"开庭十五日前"是《刑事诉讼法解释》第49条规定的法院通知法律援助

① 陈瑞华:《刑事辩护制度四十年来的回顾与展望》,载《政法论坛》2019年第6期。

机构指定辩护人的期间，合理推导的结果是指定辩护人至少有 15 日的准备辩护时间。受制于立法设定的审理期限相对紧张的现实，指定辩护人除查阅案卷、熟悉案情、会见被告人外，几乎很难有时间进行其他准备。审判阶段也可能发生更换辩护人的情况，更换辩护人后的辩护准备时间，《刑事诉讼法解释》第 313 条规定为“自案件宣布休庭之日起至第十五日止”，即最长有 15 日。委托辩护人的准备时间是不是充分很多呢？虽然自侦查阶段开始就可以委托律师辩护，委托辩护人似乎有非常充分的准备时间。然而事实并非如此，辩护人在侦查、起诉阶段活动有限、难有作为，往往要到提起公诉后才能开始有效的辩护准备，而法院出于避免超期办案普遍会及早排期开庭，委托辩护人用于辩护准备的时间其实也不长。

第三，指定辩护的内在局限与配置缺陷。指定辩护制度最致命的局限在于制度无法保证律师参与的广泛性与有效性，面临人才供应不足、地区分布不均、经费保障不足、新人律师居多且缺乏经验[①]等难题，司法资源的有限性与法援需求的不断增长形成了尖锐的矛盾。[②] 法律援助制度运行实践中，除了法律援助机构的公职律师外，律师成为法律援助的义务承担者，律师在法律援助中难免存在抵触情绪。[③] 笔者通过实证调研发现：有些律师事务所接到指定辩护任务后，往往会交给一些辩护业务少、经验有限的年轻律师办理，而一些辩护经验丰富、能力强的律师为完成法律援助指标不得不承办死刑案件时，也难以做到尽职尽责，出庭辩护往往应付了事。指定辩护的内在局限与配置缺陷，致使既有的指定辩护远远不能满足实际需要，很多情况下仅为一种形式性的辩护存在，何以奢求辩护效果。

（二）辩护理由有形式化倾向

笔者在建设“死刑案例数据库”的过程中，逐一提取死刑案件被告人及其辩护人所提的辩护理由，排除裁判文书未列举辩护意见、明确载明辩护方“无异议”，以及裁判文书未载明辩护意见采纳情况的案例后，共提取 12739 例 14277 名一审死刑被告人、9520 例 10977 名二审死刑被告人的辩护理由及采纳情况，将辩护理由类型化，[④]并用规范的术语表达，运用统计

---

① 李贵方、张燕生：《死刑案件的有效辩护》，中国政法大学出版社 2017 年版，第 235 页。

② 顾永忠：《论“委托辩护应当优先法援辩护”原则》，载《上海政法学院学报》2022 年第 1 期。

③ 蔡艺：《刑事法律援助辩护质量的提升路径——基于美国选择辩护人模式改革的思考》，载《青少年犯罪问题》2021 年第 5 期。

④ 辩护方一般都针对弱化、排除死刑适用的情节提出辩护意见。曾有最高人民法院的法官将影响死刑适用的情节分为：强化死刑适用的情节、弱化死刑适用的情节、排除死刑适用的情节，并具体分析了司法实践把握的影响死刑适用的情节。详见吴光侠：《死刑裁量论》，法律出版社 2016 年版，第 172 ~ 193 页。

分析软件形成表40、表41。

表40 14277名一审死刑被告人的辩护理由及其采纳情况

一审辩护理由	主张数/人	主张占比/%	采纳数/人	不采纳数/人	采纳率/%
被害方过错、防卫	3462	8.78	489	2639	14.12
程序违法、刑讯逼供	107	0.27	0	89	0
初犯、偶犯	5122	12.99	1882	2067	36.74
从犯、危害小、无前科	3074	7.80	290	2134	9.43
毒品纯度低、未流入社会	1192	3.02	262	746	21.98
事出有因、临时起意、激情犯罪	1229	3.12	160	614	13.02
民间、邻里、婚恋、家庭纠纷	1803	4.57	965	435	53.52
民事赔偿、被害方谅解	1237	3.14	660	315	53.35
认罪、悔罪、认罪态度好	8126	20.61	4407	3281	54.23
事实不清	821	2.08	16	741	1.95
证据不足、证据瑕疵	1994	5.06	69	1451	3.46
重大立功	257	0.65	83	151	32.3
主观恶性小、主观不明知	1135	2.88	89	681	7.84
自首、立功、坦白	8330	21.12	4559	2721	54.73
罪名认定错误	1543	3.91	32	1459	2.07
合计/采纳率均值	39432	100	13963	19524	35.41

表41 10977名二审死刑被告人的辩护理由及其采纳情况

二审辩护理由	主张数/人	主张占比/%	采纳数/人	不采纳数/人	采纳率/%
被害方过错、防卫	2421	7.74	114	2057	4.71
程序违法、刑讯逼供	347	1.11	0	253	0
初犯、偶犯	2708	8.66	144	2134	5.32
从犯、危害小、无前科	2638	8.44	87	2001	3.30
毒品纯度低、未流入社会	1266	4.05	91	861	7.19
事出有因、临时起意、激情犯罪	637	2.04	28	341	4.40
量刑过重	3175	10.16	278	2563	8.76
民间、邻里、婚恋、家庭纠纷	985	3.15	192	585	19.49
民事赔偿、被害方谅解	1261	4.03	449	556	35.61

续表

二审辩护理由	主张数/人	主张占比/%	采纳数/人	不采纳数/人	采纳率/%
认罪、悔罪、认罪态度好	4354	13.93	933	3213	21.43
事实不清	1671	5.34	28	1058	1.68
证据不足、证据瑕疵	2142	6.85	31	1639	1.45
重大立功	271	0.87	40	192	14.76
主观恶性小、主观不明知	934	2.99	168	660	17.99
自首、立功、坦白	5053	16.16	773	3281	15.30
罪名认定错误	1401	4.48	18	1299	1.28
合计/采纳率均值	31264	100	3374	22693	10.79

观察上表可见，死刑案件的辩护理由存在严重的形式化特征。正如有学者所言：辩护人将辩护重点放在了对定罪量刑并无实质性影响的一些问题上。①

一审死刑案件的辩护理由中，主张频率最高（以下简称高频辩护理由）的为自首、立功、坦白，认罪、悔罪、认罪态度好，初犯、偶犯，合计达到54.72%，高频辩护理由的采纳率为50.3%。

二审死刑案件的辩护理由中，主张频率最高的为自首、立功、坦白，认罪、悔罪、认罪态度好，量刑过重，初犯、偶犯，合计占比达到48.91%，高频辩护理由的采纳率为13.92%，与一审辩护理由相比，增加了"量刑过重"。

进一步考察高频辩护理由在具体案件中所占的分量可知：一审案例中仅提出高频辩护理由、再无其他任何辩护理由的被告人总计为1645人，占比为11.52%；二审案例中仅提出高频辩护理由、再无其他辩护理由的被告人为1003人，占比为9.14%。笔者研读死刑案例的过程中，也曾遇到辩护律师所提辩护意见成功回避显而易见的减轻、从轻情节的情况。如王文达故意杀人案，②辩护律师未提"民间纠纷"，而判决书却以此为由从轻判处；又如杨通国故意杀人案，③辩护律师"对事实和定性无异议"，也未提"坦白"，而判决书却以此为由从轻判处。有学者曾指出：④实

① 顾永忠、娄秋琴：《程序性辩护的理论发展与实践展开》，载《国家检察官学院学报》2020年第3期。

② 新疆维吾尔自治区昌吉回族自治州中级人民法院刑事附带民事判决书，(2013)昌中刑初字第15号。

③ 贵州省铜仁市中级人民法院刑事判决书，(2013)铜中刑初字第84号。

④ 彭江辉：《论我国死刑案件有效辩护制度的构建》，载《湖南科技大学学报》2016年第9期。

践中死刑辩护似乎已经形成某种固定的"套路",如事实不清、证据不足、初犯、偶犯等,辩护律师往往采取一些消极性的辩护策略,而非"有的放矢"地进行积极性辩护。众所周知,被尊重或采纳的辩护意见,必须是经过对事实、证据进行逻辑缜密的分析后,极富说服力的说理性表达。可死刑辩护的现实却是:主要以认罪、坦白、初犯、偶犯等辩护理由,根据案情排列组合成的一套"模板",面对侦查机关搜集的累累证据,以及被制度"武装"的公诉人,以这套"模板"对抗,认真态度高下立现,辩护效果自然堪忧。被尊重、被采纳的辩护意见是由对事实、证据进行逻辑缜密分析后,以具有说服力的表达展示出来的。法院对辩护意见采纳率不高,也在提醒辩护律师应强化辩护意见的说理性,重视辩护意见对死刑案件的效用。①

任何有效的辩护主张,都必须建立在对案件事实、案件信息等的充分掌握之上,辩护人拥有知悉这些信息的必要条件和能力,②是辩护准备的前提。理论上来说,只要法律不禁止,律师就要采取一切方式维护当事人的利益。③ 随着辩护权的制度保障不断强化,辩护人的信息知悉和获取状况已经得到比较明显的改善。笔者以为,辩护理由严重形式化,除了有些辩护人确实无能力提出实质性的辩护理由外,主要还是辩护人"不走心",即辩护人有能力、无动力。

理论与实践之所以出现巨大反差,其根源就在于备受诟病的辩护薪酬制度。委托辩护服务从市场经济角度看本质就是一种法律消费,应遵循市场规则,但行业管理部门却设置有收费上限,不易体现价值的劳动和扭曲的价格政策,使律师精英群体纷纷远离刑事辩护领域,④受到国家控制律师收费最高限额的影响,刑事辩护律师行业的发展始终较为缓慢。⑤ 指定辩护经费不足甚至需要辩护人"倒贴",削弱了死刑辩护人的工作积极性。近年来,法律援助的经费总额虽然不断增长,依然无法满足法律援助服务的需求。⑥ 辩护人不是慈善家,辩护质量不能完全寄希望于对辩护人的道德绑架。此外,我国没有无效辩护制度或辩护效果评价机制的约束,如何辩护全部取决于律师的自我道德约束,委托辩护尚且有当事人及其近亲属

① 王燕玲:《死刑案件的有效性辩护——基于6517份判决书的实证分析》,载《华南师范大学学报(社会科学版)》2021年第6期。

② 姜涛、许兰亭:《诉求的归宿:我国律师刑辩意见采纳情况之报告》,载陈瑞华主编:《刑事辩护制度的实证考察》,北京大学出版社2005年版。

③ 刘译砜:《辩护律师忠诚义务的三种模式》,载《当代法学》2021年第3期。

④ 潘少华:《死刑辩护权论》,中国人民公安大学出版社2013年版,第62页。

⑤ 詹建红:《刑事案件律师辩护全覆盖的实现模式》,载《中国刑事法杂志》2022年第4期。

⑥ 陈光中、张益南:《推进刑事辩护法律援助全覆盖问题之探讨》,载《法学杂志》2018年第3期。

的监督,而指定辩护则基本没有外来可靠约束,致使"辩多辩少一个样",并不触及辩护律师个人利益。

(三)辩护意见影响力有限

从形式上看,死刑案件的律师辩护率并不低,但辩护率不能反映辩护的有效性。正如左卫民教授指出的,许多研究将律师诉讼权利行使是否充分与律师辩护的实质效果相混同,①辩护率高不能与辩护效果好相混同,获得律师辩护的权利应当进一步理解为获得律师有效辩护的权利。② 诚如有学者所言:"从主观层面看,律师基于利益考量,也会选择不作无罪辩护。部分辩护律师也会因为不愿意调查取证而错失可能的无罪辩护信息。"③

就理论而言,从犯罪构成、证据层面提出辩护意见,进而成功辩驳控方指控,最能体现辩护的实质作用。但前文表39的数据显示,我国死刑案件辩护,一审程序中提出无罪、罪轻辩护的比例仅为15.3%,二审程序中主张无罪、罪轻辩护的比例仅为13.2%,反映出辩护律师倾向于量刑辩护的选择策略。观察前文有关辩护理由、辩护效果的实证数据统计,从表面上来看,比例颇高(一审67.41%、二审55.97%)的刑轻辩护意见拥有不错的采纳率,但考察被采纳的辩护理由可知,高频辩护理由要么是自首、立功等法定从轻情节,要么是初犯、偶犯、认罪、悔罪、认罪态度好等非实质性量刑情节,且缺少辩护说理,造成辩护意见采纳率的"虚高"。④

辩护质量不高使法官习惯于轻视辩护意见。有学者研究发现:辩护律师在辩护说理中运用的语言修辞和方式,对法官的裁判都会产生一定的影响,也会因此带来迥异的辩护效果。⑤ 辩护律师有限的辩护准备时间和手段,使其很难提出有效辩护意见,也造成法官轻视辩护意见的习惯。法庭审判不实行直接言辞原则,实质上书面审理,辩护人虽然参与法庭调查和法庭辩论,但基本上不能进行有效质证,也很难提出实质有效的辩护意见。辩护质量不高致使法官普遍形成轻视辩护意见的办案习惯。有调查表明,

---

① 左卫民:《效果与悖论:中国刑事辩护作用机制实证研究》,载《政法论坛》2012年第3期。

② 朱德宏:《辩护律师有效辩护的评价及其实现》,载《时代法学》2022年第1期。

③ 王敏远、胡铭、陶加培:《我国近年来刑事辩护制度实施报告》,载《法律适用》2022年第1期。

④ 我国死刑适用不以检察机关死刑求刑为前提,笔者自建的"死刑案例数据库"只能以被判处"死刑"筛选案例。由此,可以对被判死刑案件的辩护情况进行静态观察,但无法对无罪、罪轻、刑轻等辩护效果进行动态测算。

⑤ 陈学权:《刑辩律师激活人民陪审员制度研究》,载《西北大学学报(哲学社会科学版)》2022年第5期。

有些法官潜意识里对律师心存抵触,有意无意地贬抑律师的作用,①有些法官"视辩护人的意见可有可无"。② 笔者对死刑案件主审法官的问卷调查也显示:法官群体对死刑辩护的期待并不高(见图34),部分法官对辩护意见好感度低(见图35)。

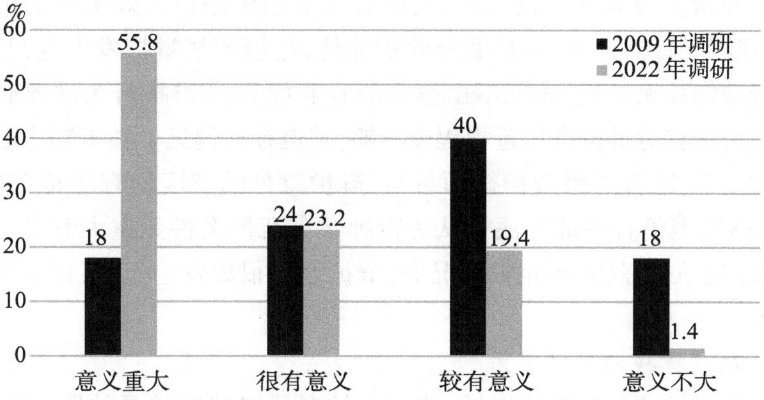

图 34　死刑案件主审法官对律师参与死刑辩护的评价

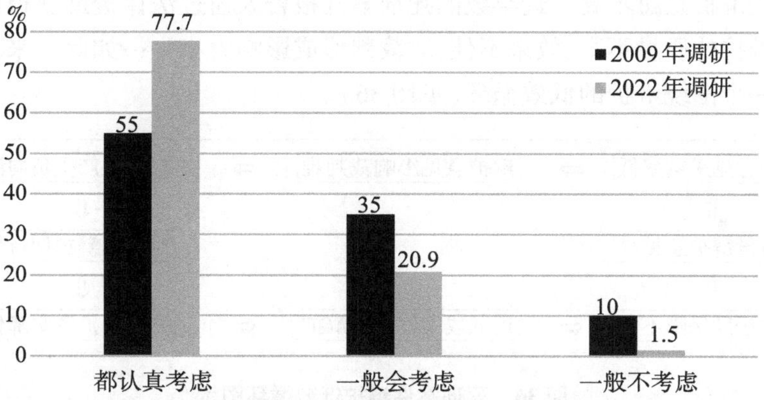

图 35　死刑案件主审法官对辩护意见的态度

有学者发现,一些辩护意见得到采纳的案件,法官的采纳方式也颇为耐人寻味。当律师提出的辩护意见有理有据时,许多法官往往也不愿在判决书中坦诚接受律师的意见,或降格采纳或变通处理。③ 此情形多

① 韩旭:《律师辩护意见被采纳难的多视角透视》,载《海南大学学报(人文社会科学版)》2008年第8期。

② 李德光:《死刑案件二审开庭:现状与出路》,载《人民司法》2007年第2期。

③ 姜涛、许兰亭:《诉求的归宿:我国律师刑辩意见采纳情况之报告》,载陈瑞华主编:《刑事辩护制度的实证考察》,北京大学出版社2005年版,第139页。

出现在早年的案件中，随着审判中心主义改革稳步推进，虽然观念层面的问题已在逐渐淡化，笔者认为制度支撑还存在不足：一是死刑辩护无准入门槛，使控辩双方在案件调查、分析论证等方面投入差异较大。因为准备和能力差异造成控辩双方无法有效对抗，控辩意见可采性差距悬殊。二是辩护效果评价机制缺失，监管惩戒制度缺位。效果评价机制缺失，造成辩护针对性差，辩护意见含糊笼统，把握不住辩护发力点，与被告人自行辩解并无二致，体现不出律师的专业优势，①辩护行为缺乏必要约束。三是法官对辩护意见重视程度不够，甚至存在偏见。在审判中心主义改革推动下，法官对待辩护律师参与、辩护意见的态度均有所转变（见图34、图35），但仍有一部分法官认为律师参与死刑案件无重大意义。在法官对辩护意见“好感”不足的情况下，辩护意见很难发生作用，很难影响裁判结果。

（四）法律援助保障不力

法院对辩护意见采纳率低，造成辩护对最终裁判结果的影响有限，②又给被告人以负向激励，使之对律师辩护不抱较高期待，进而影响到被告人委托辩护意愿不高。近半数的死刑案件被告人通过法律援助获得辩护，指定辩护的质量不高、效果不佳，对裁判形成影响力小……如此一来，就形成了一个围绕辩护的低效循环（见图36）。

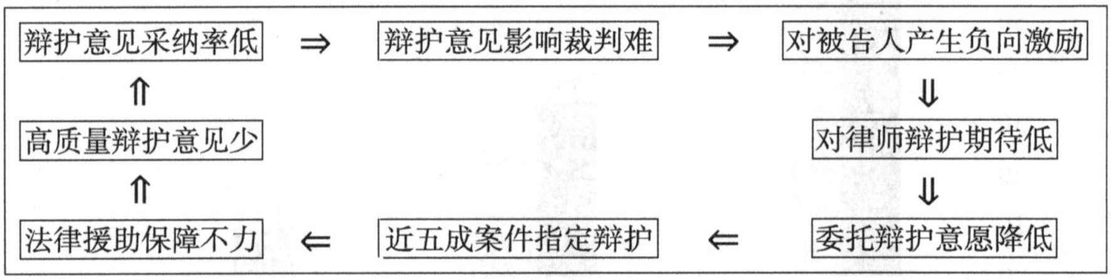

图36　死刑案件辩护低效循环图示

死刑案件的指定辩护，主要由各地司法行政机关设立的法律援助中心所属的专职律师、进入法律援助律师信息库的律师担当，前者人数有限，大多数案件需要法律援助中心分派给各个律师事务所办理，还需要经过所内分配，法律移植案件最终大概率流向案源不足、经验有限的新人律师，也可能出现知名律师挂名，律师助理办理的情况。很多地方对死刑案件指定辩

① 欧明艳、黄晨：《从形式到实质：刑事辩护对裁判结果影响力研究》，载《法律适用》2016年第1期。

② 李文军：《庭审实质化改革的成效与路径研究——基于实证考察的分析》，载《比较法研究》2019年第5期。

护人的补贴是象征性的，[①]甚至低至800元，[②]往往不足以支付交通、通讯费等。补贴过低、动力不足导致律师逐利性与法律援助公益性之间产生剧烈冲突，成为法律援助质量不高的一大制度性因素。[③] 律师事务所、律师都不是慈善机构，在大量死刑案件需要指定辩护的情况下，即便律师愿意免费提供辩护，也不应当要求律师承担办案过程中必然产生的合理支出，律师不愿意办理指定辩护案件也是合乎常理的。法律援助案件和律师私人业务收入之间的悬殊差距直接导致了律师办理法律援助案件不积极、不热情，对案件敷衍了事。[④] 据笔者了解：一些律师事务所接到指定辩护指标后，往往会交给一些业务量少、没有经验的年轻律师办理；一些业务经验丰富、办案能力强的律师为完成指标不得不承办指定辩护的死刑案件时，往往难以做到尽职尽责。公检法机关与法律援助机构缺乏制度上的沟通机制，不像委托辩护律师，有机会全程参与侦查、起诉、审判程序，而在指定辩护的情况下，侦诉（如果有）审三阶段的指定辩护人往往由不同律师担任，每个阶段的指定辩护人的介入时间也都极为有限，很难充分准备，不利于为被告人提供有效的辩护。[⑤] 指定辩护的保障不足，造成很大一部分死刑案件辩护的低质量，我们不能把近半数死刑案件的辩护质量寄希望于指定辩护人的超利益责任感和慈善家胸怀，必须调动指定辩护人的办案积极性和责任感，强化法律援助保障，才能使指定辩护真正发挥“辩护”功能。

值得期待的是，《法律援助法》已于2022年1月1日开始实施，该法对重罪案件的辩护律师设定了准入门槛，设立了法律援助质量监督保障机制，首次对法律援助的经费保障进行了立法设定，将法律援助经费纳入地

---

① 例如，2007年1月1日起执行的《广西壮族自治区法律援助经费管理办法》中，刑事案件指定辩护的补贴为200元至1600元，2016年7月出台的《广西壮族自治区关于完善法律援助制度的实施意见》，未调整补贴标准，提出建立办案补贴动态调整机制，适时调整办案补贴标准；2007年8月出台的《厦门市法律援助专项经费管理暂行办法》中，刑事案件指定辩护补贴为400元至1000元，2016年修订后，刑事案件每件补贴提高到1000元至2500元；2008年7月30日发布的内蒙古《关于死刑第二审案件指定辩护工作的规定》，对死刑二审案件指定辩护补贴是600元，2015年12月出台的《关于完善法律援助制度的实施意见》中，刑事法律援助的补贴根据因指派机构而异，500元至1400元，将死刑二审案件补贴提高至1200元至2200元。近年来，一些地方越来越重视死刑案件的法律援助，并为之设置了更高的补贴标准，如2022年10月21日发布的《四川省法律援助补贴办法》规定，死刑二审案件每件补贴为4500元，高于其他类型案件一千余元。

② 杨春洪、付凌云：《论死刑案件指定辩护的有效性》，载《政法学刊》2014年第5期。

③ 冀祥德：《论法律援助制度的中国特色》，载《政治与法律》2022年第6期。

④ 吴宏耀、王凯：《谁享有了辩护权利？——论“辩护平等”的实现》，载《江西社会科学》2022年第4期。

⑤ 杨亮、刘璐：《死刑案件有效辩护中法官的作用》，载《国家检察官学报》2017年第4期。

方政府财政预算，鼓励社会力量为法律援助提供支持，明确了法律援助案件的补贴标准，并建立了动态调整、免税等制度。尤其是在死刑复核案件法律援助方面，被学界给予了极高评价，“在死刑复核案件的法律援助方面有了突破性规定，尤其是打通了刑事辩护全覆盖的‘最后一公里’，标志着中国特色法律援助制度初步形成”。① 虽然经费保障制度“仍然具有一定的原则性、总体性，对目前我国法援经费领域存在的总量不足、办案经费比例较低、经费分配地域不平衡等问题，并未提供制度性的细化规范。”②但在法律援助上升到“国家法”高度后，“死刑复核案件中的被告人依申请获得法律援助只是立法确立的最低要求”，③随着人权司法保障体系的不断完善，有理由对死刑案件获得高质量指定辩护充满期待。

（五）律师参与热情不高

我国死刑案件辩护似乎是任何律师都能从事的常规业务，辩护人既不能从中得到可观有形收益（办案报酬），也不容易感受到职业成就感和尊荣感，更难收获无形之利（声誉），律师对参与死刑案件辩护的积极性自然就不会太高。

律师死刑辩护风险加大。虽然相关立法和司法解释等不断优化辩护人的权益保障，但立法上的一些歧视性规定依然存在，从事刑事辩护的律师依然面临着遭遇《刑法》“关照”而身陷囹圄的巨大风险。《刑法》第306条关于“律师伪证罪”的规定，“严重影响辩护律师的取证和质证，对律师人身安全和查明案情事实都有重大负面影响”，④使律师在从事刑事辩护时顾虑重重、如履薄冰。有学者研究表明，该罪增设后的八年间，至少有二百多名⑤执业律师受到“律师伪证罪”的刑事追究。“检察机关总认为只有自己收集的证据才是真实的，一旦律师就同一事实提出了相反的证据就认为律师在做手脚”，⑥“律师伪证罪”在实践中经常被滥用的情况，引发了法律界的强烈评判，对于取消“律师伪证罪”的理论探讨和建议，早在1997年《刑法》修改后即开始，也早就达成了一定的共识。死刑案件社会影响重

---

① 冀祥德：《我国死刑复核法律援助制度的发展与重构——以〈法律援助法〉颁行为研究视角》，载《环球法律评论》2022年第5期。

② 赵天红：《法律援助经费保障制度研究——以我国〈法律援助法〉为导向》，载《法学杂志》2022年第2期。

③ 董坤：《论死刑复核案件中对被告人的法律援助——从〈中华人民共和国法律援助法〉第25条第1款第5项切入》，载《现代法学》2022年第6期。

④ 杨宇冠：《刑事诉讼中伪证问题的法律规制》，载《清华法学》2020年第6期。

⑤ 汪海燕：《律师伪证刑事责任问题研究》，载《中国法学》2011年第6期。

⑥ 死刑案件辩护调查课题组：《死刑案件辩护访谈分析报告》，载陈泽宪主编：《死刑案件的辩护》，中国社会科学出版社2006年版，第9页。

大,侦控机关往往非常重视,如果律师辩护导致侦控机关“败诉”,势必给侦控机关造成“不便”甚至“麻烦”,侦控机关借力打击报复也并非不可能。因此,律师在死刑辩护中首先需要考虑自我保护,较少调查取证,即便发现翻案证据也不敢大胆取证。此种情况下,大多数律师自然会对死刑辩护避而远之。在短期内无法取消该罪的情况下,要通过程序规范律师辩护权的合法运行,不能以“结果”来打击,而应以“过程”来约束,以避免被侦查机关随意切断“马鬃”以任意斩杀律师的重大风险。①

司法实践中“一些法官不愿意多倾听律师的意见,有的甚至认为律师说不到点子上”。② “司法慢待”造成辩护律师“吃力不讨好”,一些律师也因此对死刑案件敬而远之,不愿从事死刑辩护。一些亲身经历或许也是律师远离死刑案件辩护的共同心路历程,也算是律师不愿从事死刑辩护的利益诉求之外的一个动因。

三、死刑辩护的强化思路:“有效”辩护

死刑案件辩护的有效性,无论如何强调都不为过,正如有学者所言“被告人的生死,可能并不取决于他们的罪行,而是取决于律师的辩护质量”。③ 学界对有效辩护的讨论可谓火爆,主流观点认为:“有效辩护”是指律师接受委托或指定担任辩护人后,忠于被告人的合法权益,尽职尽责地行使各项诉讼权利,及时精准地提出各种有利被告人的辩护意见,与有权做出裁决结论的专门机关进行富有意义的协商、抗辩、说服等活动。④

如何实现有效辩护?学界有通过增强庭审对抗性等方式体现辩护有效性的主张。笔者认为,要在中国司法大环境下实现死刑的有效辩护,关键在于发挥辩护意见对司法裁判形成的影响力,而非辩护形式上强化对抗性,前些年曾经盛极一时的“死磕派”辩护可谓典型,虽然辩护过程非常富有冲击性,但辩护效果往往难如人意,反而可能损害被告人的辩护利益。

经过四十余年的持续发展,刑事辩护制度取得了历史性的重要成就,

---

① 吕泽华:《死刑证据控制的理论与实践》,中国社会科学出版社2018年版,第259页。

② 陈学权:《刑辩律师激活人民陪审员制度研究》,载《西北大学学报(哲学社会科学版)》2022年第5期。

③ 吴宏耀、周媛媛:《美国死刑案件的无效辩护标准》,中国政法大学出版社2014年版,第34页。

④ 陈瑞华:《有效辩护问题的再思考》,载《当代法学》2017年第6期;熊秋红:《有效辩护、无效辩护的国际标准和本土化思考》,载《中国刑事法杂志》2014年第6期;李思远:《有效辩护与有效公诉——审判中心改革下新型诉辩关系的构建》,载《三峡大学学报(人文社会科学版)》2016年第1期等均有类似界定。

但仍然与法治中国建设的总体要求存在很大差距，辩护制度持续发展还面临着很多矛盾和现实难题。① 在严控死刑适用渐成基本共识的时代背景下，沿着辩护效果最大化的思路贯彻辩护保障理念，死刑案件必须走向“有效辩护”，以提升辩护质量为标准，多措并举，共同努力，为死刑辩护提供全方位保障，需要多方发力：设置死刑辩护准入门槛、拓展法律援助覆盖范围、扩大公职法援律师规模、完善辩护意见处理机制、实行辩护薪酬绩效管理，为死刑辩护提供全方位保障。

(一)把好死刑辩护准入门槛

辩护准入这一概念并不陌生，我国对此早有探讨。在2008年“中国刑事辩护30年暨刑事辩护准入制度”国际研讨会上，冀祥德、汪建成等学者与多名律师从理论和实践层面分析论证了我国建立刑事辩护准入机制的必要性。考虑到我国刑事辩护覆盖面有限，引入准入机制可能会出现刑事辩护率更低的情况，在刑事辩护领域全面推行准入制度难度较大，其可行性也尚需探讨。有学者提出从死刑案件开始，分步骤、分层次地设立刑事辩护的准入制度。②

笔者赞同在死刑领域率先实行辩护准入制度，既能严格把关死刑辩护质量，又可为全面推进刑事辩护准入制度“探路”。

死刑是剥夺人生命和尊严最残酷的刑罚，对其无论如何审慎都不为过。美国联邦最高法院大法官金斯伯格曾说过：“在审判中得到良好代理人的不会被判处死刑。”③在被告人无选择权的死刑指定辩护中，辩护律师的素质和态度直接关系着指定辩护的质量，直接关系着国家对社会弱势群体的保护。死刑辩护攸关生死抉择，有必要明确死刑辩护人的准入资格，对其辩护能力提出高于一般刑事案件的要求，死刑领域设置辩护准入门槛实为必要。

特别设定重大案件辩护执业资格是国际通例。

在英国，一位律师要想获得从事任何刑事案件辩护的资格至少需要努力20年，④在特别严重的案件(如谋杀案)中，国家将指定两名大律师(其

---

① 孙长永主编：《中国刑事诉讼法制四十年：回顾、反思与展望》，中国政法大学出版社2021年版，第71~91页。

② 冀祥德：《刑事辩护准入制度与有效辩护及普遍辩护》，载《清华法学》2012年第4期。

③ [英]马兰娜、[美]帕梅拉·范：《死刑案件辩护的国际背景》，载莫洪宪主编：《死刑辩护——加强中国死刑案件辩护技能培训》，法律出版社2006年版，第12页。

④ 康均心主持：《死刑案件辩护及技能培训所面临的挑战》，载莫洪宪主编：《死刑辩护——加强中国死刑案件辩护技能培训》，法律出版社2006年版，第285页。

中之一须为皇家律师）参与审判。①

在美国，死刑辩护律师同样存在着压力大、收入低、经验欠缺等诸多障碍，为保障死刑辩护的质量，许多州对辩护律师提出了最低标准限制（如5年至7年的刑事辩护经验），并得到全美律师协会的强烈认可，②指定“熟练而有经验的律师”被认为是“联邦死刑程序的一个关键阶段”。③ 联邦和各州法院一般都要求，死刑案件的被告人至少要有两名律师为其辩护，一名应为死刑方面的专家，另一名则应当精通刑事诉讼事务。④ 为保证死刑案件的辩护质量，全美律师协会还对死刑辩护律师提出了具体的资格要求，并从多方面提供相应保障，专门制订了《死刑案件辩护律师的指派与职责纲要》，⑤并要求所有死刑案件辩护律师每年接受培训。⑥

在日本，一直关注死刑案件的辩护质量，没有寻求美国式的“无效辩护”制度，另辟蹊径保障辩护的有效性。面对死刑辩护中存在的个别辩护律师能力欠缺、技巧不足、热情不高等情况，日本律师界也曾提出筛选优秀律师组成“死刑案件担当律师联合会”，提供高质量死刑辩护的改革主张。⑦ 2006年，为实现“在全国任何地方都能得到解决法律问题的信息与服务”的理念，根据《综合法律支援法》设立了独立行政法人“日本司法支援中心”，作为向国民提供法律援助的中心机构，负责全国范围内的法律援助业务。裁判员制度实施后，为确保律师能够应对裁判员法庭的集中快速审理，“日本司法支援中心”调整了国选辩护人选任策略，尽可能选任知识储备扎实、出庭经验丰富的律师担任裁判员法庭所审案件（主要为重罪案件）的国选辩护人，客观上提高了死刑案件国选辩护人的准入门槛。

我国也曾有为专门执业领域设立准入资格制度的先例，1993年中国证券监督管理委员会和司法部联合颁布《关于从事证券法律业务律师及律师事务所资格确认的暂行规定》，为证券行业律师设定准入资格。2013年司法部出台《关于进一步推进法律援助工作的意见》中提出，要求提高法律援助服务质量，“改进案件指派工作，综合案件性质和办案人员专业特长

① ［英］斯蒂芬·索利：《死刑辩护律师的作用》，李西霞译，载陈泽宪主编：《死刑案件的辩护》，中国社会科学出版社2006年版，第288页。

② ［英］马兰娜、［美］帕梅拉·范：《死刑案件辩护的国际背景》，载莫洪宪主编：《死刑辩护——加强中国死刑案件辩护技能培训》，法律出版社2006年版，第12页。

③ 高一飞：《对美国死刑案件诉讼程序的考察》，载《当代法学》2008年第1期。

④ 冀祥德：《刑事辩护准入制度与有效辩护及普遍辩护》，载《清华法学》2012年第4期。

⑤ 顾永忠：《关于加强死刑案件辩护的若干问题》，载《法学家》2006年第4期。

⑥ 王喆、闵春雷：《美国死刑有效辩护制度及其启示》，载《东北师大学报》2012年第6期。

⑦ 安田好弘「国家と死刑」現代思想32巻3号（2004年）44頁。

等因素指派合适承办人，严格办理死刑、未成年人等案件承办人员资质条件，提高案件办理专业化水平。”这一规定反映司法实务界对死刑领域的辩护准入制度的支持。

我国已在立法上确立了比较严格的死刑案件辩护门槛。早在2007年的《确保死刑质量意见》中，最高人民法院就要求死刑案件的指定辩护，要选择“有刑事辩护经验的律师”；2008年的《保障死刑辩护质量规定》中，“两高两部”再次强调死刑案件指定辩护要选择“有刑事案件出庭辩护经验的律师”；2021年的《法律援助法》进一步明确：死刑案件的一审、二审、复核程序中，“有三年以上相关执业经历的律师”才有资格担任辩护人；2021年的《复核法援规定》中，最高人民法院将“相关执业经历”明确为“刑事辩护执业经历”。

死刑案件辩护人门槛设立后，有待法律援助实践落实，笔者以为还须注意三点：一是在选任指定辩护人时严格解释“三年执业经历”，优先选择刑事辩护经验丰富、拥有死刑案件辩护经历的律师；二是建立死刑案件辩护培训体系，提升律师的死刑辩护技能，美国《死刑案件辩护律师的指派与职责纲要》中所列的培训计划值得借鉴，如死刑法规更新、诉讼实务发展、庭审陈述等；三是建立死刑案件指定辩护监管机制。立足于中国辩护律师队伍建设现状，监管机制应当与准入门槛同步推进，监管主体为司法行政机关或律师协会，监管对象为已取得准入资格的死刑辩护人，监管内容包括但不限于死刑辩护人的政治表现、业务开展情况、职业道德与执业纪律。

（二）优先保障死刑案件法援

《法律援助法》显著拓展了指定辩护的覆盖范围，死刑案件从一审到复核，都有机会获得法律援助机构指派的律师辩护，对死刑案件实现了法律援助的全覆盖，对于实现死刑案件实体公正、提高死刑案件办案质量、保证控辩平等对抗、充分体现程序正义的独立价值①等意义重大。

法律援助覆盖范围扩大后，也必须认识到“立法上的进步要在实践中充分得到实现还面临严峻的挑战”，②在刑事法律援助案件数量“爆炸式”增长的背景下，法律援助人员、法律援助经费不足的难题可能会不断凸显，地方财政将要面临巨大的保障压力，彻底解决这些问题可能还需时日。笔者建议，在不断拓展法律援助资源、不断优化法律援助保障制度的过程中，应当优先保障死刑案件的指定辩护。

---

① 陈光中、张益南：《推进刑事辩护法律援助全覆盖问题之探讨》，载《法学杂志》2018年第3期。

② 陈永生：《论刑事法律援助的保障机制——以法律援助范围之扩大为分析重点》，载《政治与法律》2022年第6期。

司法资源优先供给死刑案件。在可用于法律援助的司法资源相对有限的现实情况下,应当优先满足人命关天、司法利益重大的死刑案件的指定辩护需要,确立死刑指定辩护在法律援助中的优先地位,无疑对保证死刑辩护质量、准确适用死刑均具有十分重要的现实意义。“由于重罪案件具有更为紧迫的司法利益要求”,①英国政府优先满足重罪案件的法律援助需求。在我国司法实践中,在很多地方司法行政部门制定的法律援助办案补贴规定中,民事、行政案件法律援助补贴往往要高于刑事案件,最终陷入刑事法律援助低补贴、指定辩护低质量的恶性循环之中,与世界各国优先保障刑事法律援助的普遍做法有所不同。值得欣慰的是,死刑案件二审开庭审理改革以来,各地开始尝试法律援助补贴的差异化,开始对死刑案件指定辩护设定比其他案件高得多的补贴标准,②如 2022 年 10 月 21 日发布的《四川省法律援助补贴办法》中,将死刑二审案件的办案补贴设置为每件 4500 元,比其他普通刑事案件高出 1800 元至 2500 元。

提高死刑案件指定辩护办案回报。重视指定辩护人的办案回报,不但体现着对律师知识和劳动的尊重,更是刺激律师积极提供合格法律服务的基本手段。首先必须明确的一个逻辑前提是:免费为死刑被告人提供法律帮助是国家的职能所在,并不是律师事务所、律师的义务,无限制、无代价地将免费辩护的义务强加于律师群体,是国家不负责任的表现,而现有制度显然偏重于增强辩护律师个人的社会责任。③ 对于承担指定辩护的律师,应该通过发放办案补贴、减免律师执业证年审注册费④等措施,使律师感受到国家的承认和褒奖。放眼司法实践,死刑指定辩护的办案补贴比较低,不但使律师无利可图,而且还要自掏腰包,导致很多律师不愿承担指定辩护,迫不得已承担时往往应付了事。要改变这种不利局面,必须提高死刑指定辩护的办案补贴标准,以激励更多律师参与到死刑案件法律援助中

---

① 高维俭等:《中国死刑问题的社会学研究》,中国人民公安大学出版社 2007 年版,第 144 页。

② 例如,山东省于 2006 年 7 月 1 日起将死刑二审案件指定辩护补贴提高到 5000 元;山西省于 2007 年 8 月 1 日起将死刑二审案件指定辩护补贴提高到 1500 元至 2000 元;广东省于 2009 年 6 月 1 日起将死刑二审案件指定辩护补贴提高到 4000 元或 5000 元,据悉自 2013 年以来,广东省每年拨付 300 万元死刑第二审指定辩护案件专项经费(参见章宁旦:《广东有效保障死刑案被告人辩护权》,载《法制日报》2014 年 10 月 27 日,第 2 版);湖南省于 2007 年 9 月 1 日起将死刑二审案件指定辩护补贴提高到 1000 元至 3500 元;贵州省于 2007 年起将死刑二审案件指定辩护补贴提高到 1000 元至 2800 元。内蒙古自治区 2015 年 12 月出台的《关于完善法律援助制度的实施意见》中,将死刑二审案件补贴从 600 元提高到 1200 元至 2200 元,远高于普通刑事案件。

③ 詹建红:《刑事案件律师辩护全覆盖的实现模式》,载《中国刑事法杂志》2022 年第 4 期。

④ 该费用在很多地方高达数千元,有律师为此曾起诉司法局,并最终赢得了诉讼。

来。在地方政府将法律援助纳入财政预算之后,办案补贴标准与法律援助案件数量增长保持同步增长。对于一些办案成本比较高的案件,不应该"一刀切"地实行定额补贴,而应该采取灵活的补贴方式,保证办案律师不至于在免费奉献专业知识的同时还在经济上吃亏。这方面,域外一些国家早有经验可以借鉴,如英国对疑难复杂的高成本刑事案件采取特别的措施:对于疑难复杂的高成本的刑事案件,与律师事务所签订单独合同,单独计算费用,通常这些案件的法律援助费用会达到普通刑事案件的好几倍;①日本对国选辩护的绩效薪酬管理也颇值得借鉴,后文将展开论述。另外,《保障死刑辩护质量规定》有关减免收取死刑指定辩护人复制案件证据材料费用的规定,也是值得肯定和推广的。

可以考虑赋予被告人对指定辩护人的选择权。现有制度框架下,被告人对于指定辩护人没有选择权。在一些地方尝试建立死刑案件法律援助律师库的情况下,可以尝试改变现行完全由法律援助机构单方决定指定辩护人的做法,在确定指定辩护人名簿的基础上,"适当尊重被追诉人的参与性和选择性"。② 制度设计是:可以先由死刑案件被告人及其亲属从指定辩护人名簿中选择复数意向律师,再由法院和法律援助机构协调确定,尽可能指定被告人意向的律师承担指定辩护。此举如能落实,也利于改变死刑案件指定辩护效果差的现状。

(三)扩大公职法援律师规模

人才严重短缺,经费补贴不足,使得我国死刑法律援助辩护常常面临着无经验的新人律师"趋之若鹜"、有经验的老手律师"避之不及"的尴尬局面。学界热议通过制度移植,设立"公设辩护人"制度,保障法律援助类案件的辩护质量。公设辩护人是指国家直接雇用律师专职从事辩护服务。早在2010年,司法部即已启动了公设辩护人制度试点,上海浦东新区、江苏扬州、福建厦门等地首先启动,"公设辩护人"试点已在争议中前行多年。2016年3月,原中央全面深化改革领导小组审议通过了《关于推行法律顾问制度和公职律师公司律师制度的意见》,"公职律师"制度落地。2021年《法律援助法》出台,立法上确认了"公职法援律师"。

与传统法律援助律师相比,公职法援律师具备天然制度优势。主要表现为公职性、专业性、监管性。长沙市法律援助中心试点的公设辩护人项目中,公设辩护人与社会辩护人相比更具有公信力,更能保护被追诉人的

---

① 高维俭等:《中国死刑问题的社会学研究》,中国人民公安大学出版社2007年版,第147页。

② 刘奕君:《强制辩护制度之法解释学分析与本土化改革》,载《中国刑事法杂志》2021年第3期。

权益。① 公职法援律师制度具有辩护服务质量保障与法律援助成本控制两大功能,②对弥补传统法援经费短缺、部分地区法援律师数量不足以及提升死刑法律援助案件辩护质量均有助益。考察域外刑事法律援助实践可知,刑事法律援助采用多元化模式是普遍做法。结合我国刑事法律援助效果低下、人才分布不均、经费保障不足的现状,在"社会法援""公设法援"并举的模式,扩大公职法援律师规模是当务之急。

从国家责任的角度看,法律援助的责任主体是国家,③扩大公职法援律师规模,具有立法基础,我国财政收入也有能力提供经济保障。在公职法援律师的选任、监管等架构设置上,可以参照法院、检察院系统人员选任模式,以国家和地区公务员统一考试的形式进行。制度的初创阶段总是最为艰难,在公职法援律师制度建立之初,应当在司法部统一领导下,出台科学的监管考核机制和管理办法,保障公设法律援助质量。长远来看,为了保证公职法援律师的独立性,可以考虑借鉴近些年司法改革中法院、检察院的去行政化改革,公设法律援助业务可由省级司法行政机关统管。

(四)提升辩护意见的影响力

据前文所述,死刑辩护实践中,辩护意见"不走心"、辩护理由形式化,辩护意见对裁判结果影响力较小,制约着我国死刑案件的辩护质量。对此,有学者提出建立死刑案件无效辩护制度。④ 也有学者认为,无效辩护制度源于美国法的特殊制度安排,有对抗式诉讼模式、陪审团审判、程序正义优于实体正义的诉讼价值观保驾护航,在我国目前不宜通过建立无效辩护制度倒逼律师辩护质量的提高。⑤ 笔者赞同无效辩护制度缓行的主张,现行诉讼模式和司法习惯下,引入无效辩护制度的可行性还须进一步探讨。

死刑辩护意见质量不高、死刑辩护效果评价机制缺失、法官对辩护意见重视不足,是死刑辩护影响力有限的主要原因。在我国司法大环境下,解决死刑辩护质量难题,应当以辩护效果最大化为核心,通过制定死刑案件辩护标准、设置辩护效果评价机制,辅之以监管惩戒措施,督促辩护律师审慎提出辩护意见,强化辩护意见质量,为提升死刑案件的辩护质量提供

① 尹晓红:《获得律师的有效辩护是获得辩护权的核心》,载《河北法学》2013 年第 5 期。
② 谢佑平、吴羽:《公设辩护人制度的基本功能》,载《法学评论》2013 年第 1 期。
③ 楼伯坤、满涛:《公设辩护人制度之提倡》,载《理论月刊》2013 年第 9 期。
④ 彭江辉:《论我国死刑案件有效辩护制度的构建》,载《湖南科技大学学报》2016 年第 9 期。
⑤ 熊秋红:《有效辩护、无效辩护的国际标准和本土化思考》,载《中国刑事法杂志》2014 年第 6 期。

刚性保障。同时,通过制度加强法官对辩护意见重视程度,保障辩护意见发挥其应有作用。

简言之,律师提出辩护意见前,有充分的准备时间、有可靠的准备手段;律师提出辩护意见时,有辩护标准、效果评价机制约束;法庭回应辩护意见时,高度重视并且充分回应,不予采纳须说明理由。

保证辩护人有足够的辩护准备时间。辩护准备时间的极为有限是制约死刑案件辩护职能充分发挥的瓶颈之一,辩护准备时间的保障可通过下列措施实现。第一,指定辩护尽早进行。大多数国家的强制辩护制度覆盖至审前程序,从而保障律师参与侦查阶段。① 2012 年修正的《刑事诉讼法》,将指定辩护扩展至侦查阶段,但又面临着确立"审前阶段指定辩护制度"②的困难。前文已述及,笔者主张"可能判处死刑"应以检察院的判断为准,检察院在捕诉环节做出"可能判处死刑"的判断后,即应第一时间通知法律援助机构指定辩护。第二,开庭审理之前至少预留一个月的辩护准备时间。对于死刑案件,公正永远是第一位的价值追求,域外各国根本不强调死刑案件的效率追求,在审前阶段律师受限较多的情况下,庭前的辩护准备至关重要,应该在庭审前为辩护人预留出足够的辩护准备时间,笔者以为这个时间至少为一个月,以辩护人收到起诉书副本之日起算。

保证辩护人切实拥有必要的辩护准备手段。辩护准备手段严重不足是死刑辩护作用难以发挥的根本原因所在,司法机关应为辩护权行使提供良好的环境。只有辩护人合法的诉讼权利受到了有力保障,辩护权的实现才有持续的制度支撑。③ 可以通过下列措施对辩护准备手段进行保障。

第一,切实保障辩护方获取证据的权利。我国立法承认辩护人的调查取证权,但在司法实践中,调查取证权的作用发挥非常有限,辩护人对调查取证权的动用非常谨慎,辩护方获取证据极为艰难,缺乏证据支持,辩护自然流于空谈。因此,必须保障辩护方获取证据的权利。在律师调查取证权之外,还有必要采取相应措施保障律师获取证据,如在侦查阶段,立足律师难以发挥调查取证权的现实,可通过确立证据保全申请权、特定侦查行为律师在场权、保障阅卷权等间接方式保障证据获取;④在公诉、审判阶段,辩护方获取证据的需要可以通过确立证据开示制度的间接手段实现。

---

① 刘奕君:《强制辩护制度:域外经验与中国启示》,载《浙江工商大学学报》2022 年第 1 期。

② 苏镜祥:《审前阶段刑事法律援助实证分析——以新〈刑事诉讼法〉实施为背景》,载《法学论坛》2013 年第 4 期。

③ 李扬:《论辩护律师的公益义务及其限度》,载《华东政法大学学报》2020 年第 3 期。

④ 陈海平:《论侦查阶段辩护方获取证据的权利》,载《西南政法大学学报》2009 年第 2 期。

第二,重视辩护人收集新证据、重新鉴定等取证申请。据笔者对我国死刑案件审判实践的观察:法庭审理过程中,对于辩护人提出的收集新证据、重新鉴定等取证申请,法庭要么直接拒绝,要么不予回应,很少准许。律师很难通过程序异议对法官形成强有力的制约,①法庭应该慎重审查,对于具有正当理由的,原则上应当准许。

提高辩护意见质量,赢得法官的专业认同。辩护意见的质量高低受制于辩护人能力与态度、辩护准备的时间和手段、辩护方质证权保障程度、法庭审理过程等多重因素的影响。在提高死刑辩护人执业能力、充分保障辩护准备、强化指定辩护保障的情况下,通过确保关键证人出庭保障辩护方质证权、实行言词审理,避免书面调查,辩护意见的质量自然会有明显提高。坦率而言,法官之所以认为辩护意见可有可无,关键原因即在于大多数辩护意见质量堪忧。随着辩护意见本身质量的提高,再辅以法官中立理念的宣传和提倡,假以时日,即可改变法官对辩护意见的轻视和偏见,辩护意见无人倾听、不受关注的现实也会改变。

引领法官认真对待辩护意见。随着以审判为中心诉讼制度、以员额制为中心的法官职业化、以司法责任制为核心的去行政化、以裁判文书上网公开为核心的司法公开等一系列改革举措不断落地生根、开花结果,死刑案件裁判模式正在发生重大转变,法官的追诉倾向日渐消退,法官对高质量辩护意见的需求日渐凸显,法官与辩护人相互尊重的良好局面正在形成,认真对待辩护意见的氛围已经形成。目前审判委员会还分享着死刑案件的部分裁判权,可以考虑通过合议庭准确传达辩护意见和辩护人列席审委会的方式解决这个问题。相对而言,列席审委会的效果更为直接,但目前实现的可能性并不大,不妨延续最高人民法院的做法:②对审判人员庭上记录的辩护意见、律师庭后提交的书面辩护意见,形成裁判的过程中要认真对待,并在裁判文书中阐明是否采纳并说明理由。如此处理,虽然与理想制度相去甚远,但较以往完全任由法官"凭良心"传达要更有保障,对案件裁判结果产生影响的可能性也更大。

(五)辩护薪酬引入绩效管理

死刑辩护的质量如何,与辩护人的参与热情有很大关系。试想,如果

① 蔡元培:《辩护律师程序异议机制初探》,载《法学杂志》2020年第10期。

② 《保障死刑辩护质量规定》第13条:"法庭审理中,人民法院应当如实、详细地记录律师意见。法庭审理结束后,律师应当在闭庭三日以内向人民法院提交书面辩护意见。"第15条:"……对于律师的辩护意见,合议庭、审判委员会在讨论案件时应当认真进行研究,并在裁判文书中写明采纳与否的理由。"

律师顾虑重重，随时可能因为其辩护行为招致于己不利，法定的辩护权可能实现吗？所以，激发律师的参与热情与对其权利的保障同样重要。只有充分保障律师执业权益、保障其人身权利和诉讼权利不受侵犯、降低律师执业风险，才能保证律师对死刑案件的广泛参与，才能保证死刑辩护的高质量。

我国刑事辩护的收费制度的弊端日显。指定辩护经费短缺的问题已成学界和实务界共识，很多地方死刑指定辩护人的补贴是象征性的。考察各地的法律援助经费补贴情况，十余年来，并无明显进步。根据《律师服务收费管理办法》，刑事诉讼案件不得实行风险代理收费，该规定同样适用于死刑案件，有关该规定对死刑辩护的影响，有学者立足北京地区律师收费标准，分别计算了死刑辩护和民事代理的费用，并得出结论：从事死刑辩护的律师最高收费也只是相当于代理标的为50万元民事案件的律师费。① 正是这种不合理的薪酬制度在一定程度上导致了“不走心”“无动力”“出工不出力”等辩护局面。因此，优化死刑辩护薪酬制度，既是提高死刑案件辩护律师积极性的必然要求，也是提升死刑辩护质量的必要保障。

在死刑辩护领域优先尝试辩护薪酬改革更具有正当性。死刑案件，涉及法益更为重大，诉讼后果影响巨大，律师的辩护难度更大，对辩护能力和努力的要求也更高，依照“按劳取酬”的原则，应当制定符合死刑辩护实际的薪酬制度，激发律师对死刑案件的辩护热情。优化死刑辩护薪酬制度，有助于树立“死刑辩护”作为刑辩律师的职业“天花板”形象，重塑死刑辩护律师的职业成就感与尊荣感，从而吸引高素质、经验足的律师投身死刑辩护，不再是新秀律师的“练兵场”。

使辩护人“有利可图”，司法上尊重并反映其劳动价值。指定辩护几无收益，严格且较低的刑事案件律师代理收费标准，造成刑事案件收费差距不大、回报不多、高水平律师不愿承办死刑案件的结果。对此，要推进相关制度改革，尊重律师的辩护意见，承认并容许辩护人对死刑案件审判过程和裁判结果发挥影响。如果法庭注意倾听辩护人的辩护意见，重视辩护人的努力，辩护对死刑案件的审判过程和裁判结果能够产生较大的影响力，死刑辩护便会成为律师成名的绝佳机会，即使无偿，也会有很多律师趋之若鹜。近年人所共知的一些死刑大案要案，如张扣扣案、莫焕晶案等，被告人多系无力支付辩护费用者，但都有高水平的律师免费提供辩护。如果不能形成司法重视死刑辩护的传统，仅靠提高死刑指定辩护的办案补贴，

① 潘少华：《死刑辩护权论》，中国人民公安大学出版社2013版，第62页。

死刑辩护不力的现状也很难有大的改观。

可借鉴日本,创新绩效薪酬管理,提供有竞争力的薪酬。日本法律支援中心不但逐年上调国选辩护人的薪酬基准,还通过绩效薪酬管理,改革薪酬制度,摒弃过去计件付酬制,代之以关注辩护行为、辩护效果的绩效薪酬制度。查阅 2018 年 6 月 1 日施行的最新版《国选辩护人薪酬、费用基准》可知辩护产生的资料印刷费、远距离会见交通费和差旅费、诉讼准备费等各项支出除个别项目总额控制外,都能实报实销。国选辩护人薪酬比较复杂,各阶段、各程序多有不同,可分为基础薪酬和加算薪酬。基础薪酬因案而异,但也有明确规定,如起诉前辩护的薪酬,因会见次数而异,会见 3 次 6 万(日元,本段均省略"日元")、4 次 8.64 万;裁判员法庭(可能判处死刑、无期惩役及禁锢)一审程序的薪酬,以庭前准备次数和庭审天数为基准分四档计酬,独任辩护(单独选任)情况下,庭前准备 4 次以下 17 万(如果是 3 名法官、6 名裁判员法庭则为 24 万),庭前准备 5 次至 7 次且庭审 3 天以上 30 万,庭前准备 8 次至 10 次且庭审 3 天以上 38 万,庭前准备 11 次以上且庭审 4 天以上可达 50 万。加算薪酬是以案件的特殊性、辩护行为、辩护效果等为基准支付的补充性、奖励性薪酬。以裁判员法庭一审程序为例,加算薪酬包括三大类:一是庭审加算,包括庭审时长加算(按照实质审理时长分档加算,按时长分档加算)、补充追诉加算、证人询问加算等;二是远距离会见加算,25 千米以上加算 0.4 万,50 千米以上加算 0.8 万;三是特别加算,包括重大案件(被害死者 2 人以上)加算 25%,特别案件(前任国选辩护人因被告方暴力、威胁而辞任)加算 25%、辩诉交易加算(分 4 万、10 万两档)、特别成果加算(全部无罪加算 100%、部分无罪加算 50%,检方求刑死刑未判死刑加算 30%,等等)。① 举例来说,担任一个裁判员法庭审理的死刑案件(检方求刑死刑)一审国选辩护人,按照最普通的第二档(庭前准备 5 次至 7 次且庭审 3 天)、实质审理时长 3 小时、致死被害人 2 人、最后判处可能性极大的无期惩役,不考虑其他加算的情况下,独任国选辩护人薪酬可达 54 万,复数选任的场合,每位国选辩护人的薪酬最低也有 44 万。统计显示,日本家庭年收入中间值为 440 万、30 岁至 39 岁家庭人均年收入 212.9 万;②平均年龄 42.7 岁的日本国家公务员月均收入 41.5 万、③

① 有关国选辩护人薪酬、费用(资料印刷费、远距离会见的交通费、差旅费、翻译费等),详见日本司法支援中心有关「報酬・費用関係」的规定,http://www.houterasu.or.jp/housenmonka/kokusen/index.html,2023 年 9 月 18 日访问。

② 厚生労働省『2021(令和 3)年 国民生活基礎調査の概況』,2022 年 9 月 9 日。

③ 人事院『公務員白書』の「令和 3 年国家公務員給与等実態調査」,2022 年 6 月。

平均年龄41.8岁的地方公务员月均收入41.3万;①大学毕业在东京就业的初任月均收入分别为:一般行政职18.3万、中小学教师19.7万、初任医师23.3万。② 日本法务省有关法律职业群体收入的最新调查显示:律师税后年均收入的平均值为,入行第2年423万、入行第5年686万、入行第10年1024万,税后年均收入的中间值为:入行第2年391万、入行第5年572万、入行第10年739万。③ 综上可见,日本国选辩护人的薪酬,相对律师业务收入亦算可观,相对于社会其他群体收入而言,堪称丰厚。

通过立法与司法的努力,保障律师的执业权益、降低刑事辩护的职业风险、提高死刑指定辩护办案补贴、调整律师收费标准、尊重律师劳动成果、反映律师辩护价值,既可以保障辩护人的合法收益,还可以调动律师办理死刑案件的积极性。并将彻底解决死刑辩护效果不好、死刑案件质量不高的难题。

---

① 総務省『令和3年地方公務員給与実態調査結果等の概要』,2021年12月22日。

② 総務省『令和3年4月1日地方公務員給与実態調査結果』,2022年8月5日。

③ 法務省『法曹の収入・所得,奨学金等調査の集計結果(平成28年7月)』,2016年7月14日。

第七章　证人出庭作证：以关键证人为中心

“一项成功的改革欲想获得社会公众的认可，成为一种普适性经验，乃至最终被立法所接受，尚有很长的道路要走。其中，接受理论上的挑战和拷问便是必不可少的环节。”①2012 年修正的《刑事诉讼法》，系统规定了证人出庭制度，设立了近亲属出庭作证的豁免制度，明确了证人出庭作证的条件、强制证人出庭作证的情形，并通过相关立法和司法解释规定了证人保护、无正当理由拒不出庭作证的处罚措施。在之后启动的以审判为中心的刑事诉讼制度改革中，最高司法机关通过司法解释不断强调证人出庭作证，并将应当出庭作证的证人范围进一步限定于“关键证人”。

刑事诉讼中证人出庭作证的情况如何？毛主席曾说“没有调查就没有发言权”；瞿同祖先生曾言“研究法律自离不开条文的分析，这是研究的根据。但仅仅研究条文是不够的，我们也应该注意法律的实效问题。条文的规定是一回事，法律的实施又是一回事。”②下文中，笔者将立足经验性事实，运用实证研究方法，以死刑案件为考察对象，考察关键证人出庭作证的现状，思考其未来。

一、死刑案件证人出庭的困境审视

我国刑事诉讼法虽然一直强调证人出庭作证，但态度并不坚决。司法实践中表现为证人出庭作证率极低，在笼统强调证人出庭作证无望实现的情况下，理论界与实务界开始将重点转向关键案件中关键证人的出庭作证，特别是要求死刑案件中关键证人出庭作证，已形成普遍共识，并抱有很高热情和极大预期。笔者观察死刑案件庭审程序发现：与立法规范层面强调关键证人出庭作证的要求相悖，死刑案件审判实践中证人出庭依然极为罕见，充分表现了规范与实践的背离。分析如下。

（一）立法上要求证人出庭作证

“人证调查是庭审调查的主要内容，其调查成效可能在相当程度上决

① 汪建成：《非驴非马的“河南陪审团”改革当慎行》，载《法学》2009 年第 5 期。

② 瞿同祖：《中国法律与中国社会》，中华书局 1981 年版，导论，第 2 页。

定案件的实体处理",[①]证人应当出庭作证,是现代刑事审判的基本原则,在证人普遍不出庭的情况下,证据之间的综合印证被认为是检验证据真实性的最主要方法。[②] 以证据的相互印证代替对证据真实性的独立审查,必然导致证明标准的虚化。相对域外法治国家而言,证人出庭作证率低是一个具有中国"特色"的问题,在实施对抗制审判模式的情况下,证人不出庭势必影响个案的审判结果。[③] 证人出庭本身不是目的,通过证人出庭还原事实真相,并对裁判结果产生影响才是目的。[④]

在死刑案件中,证人不出庭作证可能造成证据失真,进而可能导致死刑的不当适用,实务部门对此一直有着清醒认识。在死刑案件中证人出庭作证问题上,最高人民法院和地方法院的共识是:死刑案件证人出庭极为重要;全部证人出庭困难太大,应优先保障关键证人出庭作证。最高人民法院在《二审开庭通知》《二审开庭规定》中均明确要求死刑案件二审开庭审理中保障证人出庭作证,并在《确保死刑质量意见》中将证人出庭作证的要求推及死刑案件一审程序,考察当时地方司法机关制定发布的规范性文件,均有类似要求。2010 年"两高三部"在联合发布的《死刑案件证据规定》《关于办理刑事案件排除非法证据若干问题的规定》中,对死刑案件的证据审查提出了更高标准、更严要求,经依法通知不出庭作证的证人的书面证言经质证无法确认的,不能作为定案的根据。2012 年修正的《刑事诉讼法》,确立了"四位一体"(证人保护、补偿、强制、制裁)的证人出庭作证制度。[⑤] 2014 年党的十八届四中全会通过的《中共中央关于全面推进依法治国若干重大问题的决定》明确要求:"完善证人、鉴定人出庭制度"。2015 年 2 月发布《人民法院第四个五年改革纲要》(以下简称《法院四五改革纲要》)提出"严格落实证人、鉴定人出庭制度"。2016 年 6 月,原中央全面深化改革领导小组通过的《关于推进以审判为中心的刑事诉讼制度改革的意见》再次要求"落实证人、鉴定人、侦查人员出庭作证制度,提高出庭作证率。"2017 年,最高人民法院《全面推进以审判为中心的刑事诉讼制度改革的实施意见》《人民法院办理刑事案件第一审普通程序法庭调查规程(试行)》,进一步强调证人出庭作证问题。2019 年发布的《法院五五改革纲要》提到

---

① 龙宗智:《我国刑事庭审中人证调查的几个问题》,载《政法论坛》2008 年第 5 期。

② 龙宗智:《印证与自由心证——我国刑事诉讼证明模式初探》,载《法学研究》2004 年第 2 期。

③ 田国宝:《中国刑事证人出庭作证激励机制反思与重构》,载《法学》2021 年第 2 期。

④ 罗苟新:《职务犯罪二审证人出庭率研究——以 W 中院 2011-2015 年案件为样本》,载《山东大学学报(哲学社会科学版)》2018 年第 1 期。

⑤ 余方晟、叶成国:《庭审中心视野下强制证人出庭作证研究》,载《河北法学》2016 年第 3 期。

“完善法庭调查程序,落实证人、鉴定人、侦查人员出庭作证制度”。

十余年来,为了落实证人出庭作证,最高人民法院也算是“操碎了心”,证人出庭作证,已经成为事关全面推进以审判为中心的诉讼制度改革,备受理论界、实务界共同重视的重点问题。具体到死刑案件而言,法学界就关键证人出庭作证的必要性早已达成基本共识,最高司法机关不断强化和推动落实,地方司法机关也在积极制定相关规范,致力于证人出庭作证问题上顶层设计的具体落实。

总而言之,对于死刑案件关键证人出庭作证问题,理论界智识支援、立法上建章立制、最高人民法院不断强调、地方司法机关积极探索,一切都在向着好的方向发展。如果仅注目于规范层面而言,死刑案件关键证人出庭作证制度早已确立,相关保障也已到位。应然来讲,如果纵向观察死刑案件的审判实践,证人出庭应该有一个较为明显的正向变化。实际情况到底如何? 下文将依托实证资料深入剖析。

(二)实践中证人不出庭现状未改观

死刑案件关键证人出庭作证的要求,在审判实践中屡遭尴尬,证人不出庭作证依然是死刑案件审判实践中的常态。绝大多数死刑案件的证据中存在证人证言,而且证人数量相对更多。根据陈泽宪教授领衔的“死刑案件辩护调查课题组”的实证调查:247 例死刑案件中,95.5% 的案件有证人证言作为证据。① 笔者收集的死刑案例也显示:23912 例死刑案件中,无论一审还是二审,97% 的案件之定案证据中有证人证言。2012 年《刑事诉讼法》修正后,有学者研究证人出庭作证情况后认为:②证人出庭作证情况总体变化不大,仍然呈现出庭率普遍不高的特点,虽然加强了证人保护,但增加的出庭证人主要是辩方证人,庭审中很少出现控方证人。

对于我国刑事审判的证人出庭率,学界关注颇多,“出庭率较低”也早已成为学界共识,这方面的实证结论可以信手拈来:2012 年修正的《刑事诉讼法》实施前,“据各地的调查,证人出庭的概率,通常只有 3% ~5%,最多不超过 10%”;③“中级法院证人出庭率不足 0.5%”;④东营中院 2003 ~2006 年刑事案件证人出庭率只有 1%;⑤左卫民教授调查某市法院系统刑

---

① 陈泽宪主编:《死刑案件的辩护》,中国社会科学出版社 2006 年版,第 53 页。

② 余为青:《刑事证人出庭作证实施问题研究》,载《西南民族大学学报(人文社会科学版)》2017 年第 10 期。

③ 崔敏:《死刑考论——历史 现实 未来》,中国人民公安大学出版社 2008 年版,第 250 页。

④ 吴丹红:《司法场景中的证人作证》,载《国家检察官学院学报》2006 年第 3 期。

⑤ 樊崇义主编:《刑事审判程序改革调研报告》,中国人民公安大学出版社 2008 年版,第 24 页。

事证人出庭率显示：整体出庭率仅0.38%；①陈卫东教授的调研结论是：刑事二审证人出庭率普遍偏低，鉴定人基本不出庭；②一位从事刑事辩护12年的律师称："很少碰上证人出庭的情况。……很多证言的质证过程就是面对白纸黑字"。③ 2012年修正的《刑事诉讼法》实施后，海南省H市2013～2014年以来刑事案件证人出庭作证情况统计显示：出庭公诉案件总数1582例，其中证人出庭案件5例7人，证人出庭率0.3%；④陈光中教授领衔的"庭审实质化与证人出庭作证实证研究"课题组的调研显示：温州市中级法院2014年一审刑事案件证人出庭率为1.35%，二审刑事案件证人出庭率为7.83%，齐齐哈尔市2013～2015年审理刑事案件7900例，证人出庭共21例，出庭率为6.66%。⑤ 有学者运用大数据调研2019～2020年审结的80351例被告人不认罪的刑事案件的结论是：一审普通程序中证人出庭率总体为0.26%，并具有比较明显的地域差异。⑥

死刑案件审判实践中证人出庭作证的情况也未出现多大改观。笔者原本以为，在全国法院上下共同营造的积极推动死刑案件关键证人出庭作证之良好氛围之中，死刑案件的证人出庭作证情况应该有明显改观，至少应该比非死刑案件要好一些。但实证调研和学界同行的相关研究揭示的事实并非如此：死刑案件审判实践中证人出庭作证情况基本没有改观，出庭率依然极低，也无证据表明死刑案件的证人出庭状况比非死刑案件更好。在最高人民法院收回死刑复核权、大力推动死刑案件二审开庭审理改革情况下，广东高级人民法院开庭审理的死刑二审案件显示：证人、鉴定人等出庭的比例不足3%；⑦最高人民检察院公诉厅时任副厅长黄河表示："在死刑二审案件中，有的省其证人出庭比例不超过5%，甚至有一个省去年全年只有1件案子有证人出庭"。⑧ 笔者对死刑案件主审法官的问卷调

① 左卫民等：《中国刑事诉讼运行机制实证研究》，法律出版社2007年版，第304页。

② 陈卫东主编：《刑事二审开庭程序研究》，中国政法大学出版社2008年版，第277页。

③ 黄洁、李松、郝丽娜：《死刑案件关键证人拟出庭幕后》，载《法制日报》2007年1月31日，第8版。

④ 李雪峰：《刑事诉讼证人出庭作证相关问题探讨》，载《广西政法管理干部学院学报》2014年第2期。

⑤ 陈光中、郑曦、谢丽珍：《完善证人出庭制度的若干问题探析——基于实证试点和调研的研究》，载《政法论坛》2017年第4期。

⑥ 周文章、聂友伦：《刑事诉讼证人出庭——基于80,351份判决书的分析》，载《清华法学》2021年第5期。

⑦ 刘慧卓等：《进一步提高死刑二审案件庭审效能的途径》，载郑鄂主编：《南粤司法热点问题研究》（上），广东人民出版社2008年版，第65页。

⑧ 肖山：《我国死刑案件12%被发回重审》，载《报刊文摘》2008年7月23日，第A04版。

查显示：95%的法官表示死刑案件关键证人出庭作证率不高（见图37）；笔者统计的22442例死刑案件中，证人出庭①率低得可谓令人惊诧莫名：即便97%的死刑案件都有证人证言作为定案证据，但在被告人被判处死刑（含死缓）的一审案件中，证人出庭率仅为0.2%；开庭审理的死刑二审案件，证人出庭率仅为0.28%（见图38）；即便一些案件中辩护方对书面证人证言提出强烈质疑，也未见证人出庭作证。在笔者十余次旁听死刑案件庭审、出庭办理重罪案件的经历中，也从未遇到证人出庭的情况。

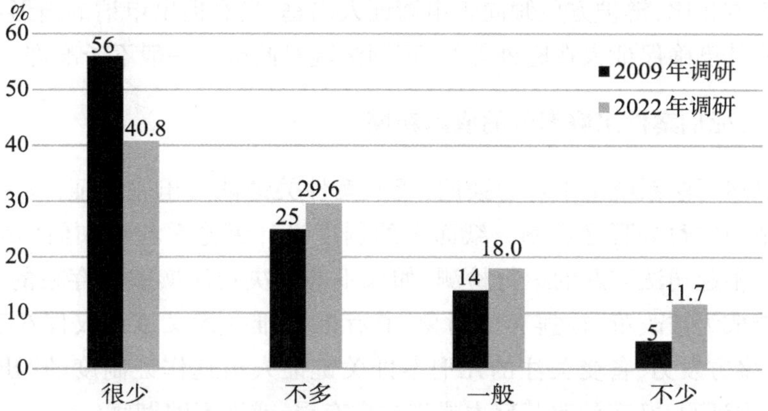

图37　死刑案件主审法官眼中的证人出庭情况

注：有几位法官特别注明从未遇到证人出庭作证的情况，因为没有设计比“很少”更少的选项，故都选择了“很少”。

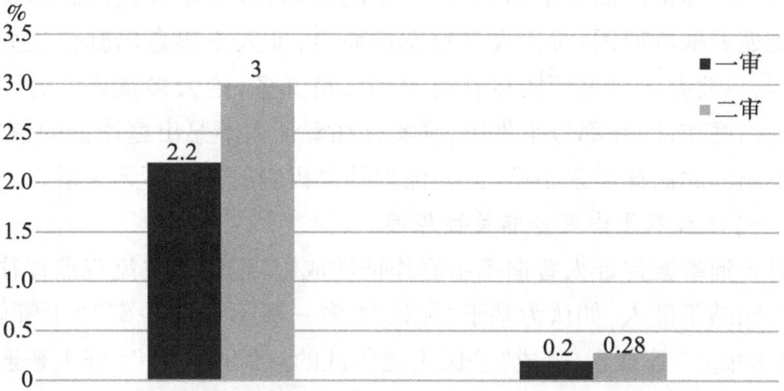

图38　22442例死刑案件的证人及出庭情况

---

① 根据最高人民法院《法院刑事诉讼文书样式》的要求：裁判文书应当列明出庭人员。笔者在死刑裁判文书的分析和统计中，对于裁判文书中列明的出庭人员中没有证人的，均推定为无证人出庭作证。

行文至此,可以得出的基本的结论是:对比最高人民法院强调死刑案件二审、一审关键证人出庭前后,对比2012年修正的《刑事诉讼法》实施前后,证人出庭作证的情况并未发生明显改观。

考察死刑案件关键证人出庭作证制度的文本规范和审判实践可知,规范和实践的分野是其鲜明特征。规范上一再强调关键证人应当出庭,并要求办案机关切实履行通知、确保证人到庭义务,实践中关键证人出庭作证的情况依然极为罕见;确保甚至通知证人出庭的工作往往由申请方负责;与控诉方相比,辩护方更倾向于申请证人出庭,当庭提出申请的情形不少,但除非其已确保证人在庭外等候,否则法院对此申请一般不予准许。

二、死刑案件出庭率低的成因新探

纵然司法系统上下着力强调,死刑案件关键证人出庭作证,终未能逃脱规范与实践分野之怪圈。纸面上的制度设计无论看起来如何"美妙",如果经不起司法实践的运行检测,如果不能解决司法实践中存在的难题,就只能成为被改革、被摒弃的对象,其存在的唯一意义或许仅仅在于"试错"。多方发力、备受关注的死刑案件关键证人出庭作证制度的"出师不利"再次证明:既有的改革努力或许方向有误,或许不够彻底。

笔者以为,因为庭审的直接言辞原则和传闻证据排除规则没有确立,导致庭审中证据调查的书面化、承认书面证言的有效性,造成办案机关对于证人出庭作证的热情不高、动力不足的结果,这才是证人出庭作证问题积重难返的根本原因;对于大多数案件而言,证人不愿意出庭作证并非关键原因,只要办案机关切实尽到通知和动员义务,绝大多数证人并不会坚持拒绝出庭作证;在部分案件中,确实存在着证人不愿出庭作证的情形,这与拒不出庭的法律后果不严、证人保护补偿机制的缺失不无关系。

(一)证人不愿出庭并非关键原因

对于刑事案件证人普遍不出庭作证的成因,理论界主流观点往往将主要责任归结于证人,如认为基于"无讼""多一事不如少一事""少管闲事""怕打击报复"等观念,造成"公民出庭作证的意识很淡漠""证人普遍不愿出庭""证人缺乏作证的积极性"等。笔者承认,传统诉讼文化中"厌讼""贱讼"等观念确实与证人不愿出庭作证有一定联系,但难以解释侦查人员、被害人、与当事人关系密切证人的不出庭作证。有两点需要说明。

第一,实证资料证明:"证人不愿意出庭作证"的说法实属"想当然"。有学者就证人出庭作证进行的试点实验中,涉及53名证人,经过通知或动员,最终有44名证人出庭作证,无论是法院、检察院还是辩护方通知证人出庭,无论是电话通知还是上门通知,到庭率均在 70% 以上。① 据有学者 2004 年在湖北省对两千多人就死刑问题的问卷调查显示:②对于“您是否愿意到法庭为一起死刑案件做证人”的问题,66.2% 的受调查者愿意出庭“做控方证人”,65.6% 的受调查者愿意出庭“做辩方证人”;另有 22.3% 和 23.5% 的受调查者选择“看情况”,对这部分举棋不定的犹豫观望者,如果做好通知、动员工作,估计大多数不会拒绝出庭作证;只有极少数受调查者选择“不愿意作证”(见图 39)。近二十年来,国民的权利意识、诉讼观念均已发生很多变化,证人的作证意愿应该还会更高。另外,司法实践中存在着证人在侦查阶段作证后不愿出庭作证的情况,其诱因或在于侦查人员取证效率低(三番五次询问证人)、证人的错误观念(认为公检法系一家,向谁作证都一样)、要求重复作证使其感到不被信任等,对此类证人,只要做好解释说服工作、改善侦查人员的取证表现,即可消解其对出庭作证的排斥情绪。据此可见,至少 70% 的证人并非“不愿出庭作证”者,习惯性地将证人不出庭的主要责任推到证人身上,实在是有些“想当然”。

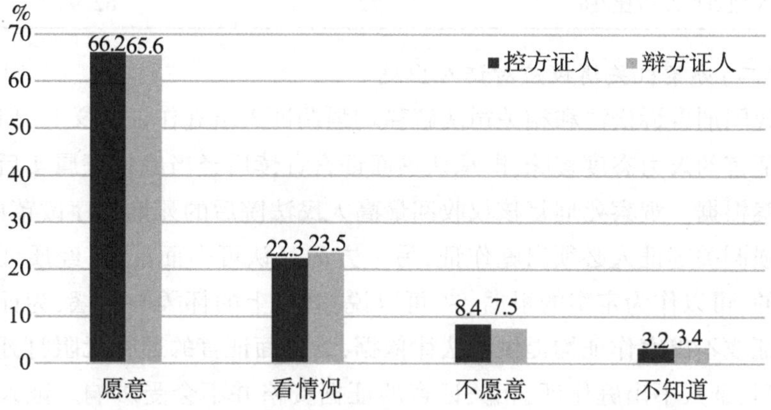

图 39　您是否愿意作为一起死刑案件的控方证人出庭作证

注:1806 人回答“控方证人”问题,1688 人回答“辩方证人”问题。

第二,证人愿意向警察和检察官作证,“怕打击报复不愿出庭”的说法经不起推敲。龙宗智教授将我国证人作证现状概括为“三大怪状”:③证人

① 通知主体不同对到庭率的影响:法院通知的证人到庭率占 85.29%,检察院通知的证人到庭率占 87.50%,辩护方通知的证人到庭率 72.72%。通知方式不同对到庭率的影响:电话通知的证人到庭率 79.49%,上门通知的证人到庭率 92.86%。参见左卫民等:《中国刑事诉讼运行机制实证研究》,法律出版社 2007 年版,第 305、309 页。

② 康均心:《理想与现实——中国死刑制度报告》,中国人民公安大学出版社 2005 年版,第 109 ~ 110 页。

③ 龙宗智:《我国刑事作证制度之三大怪状评析》,载《人民法院报》2001 年 6 月 1 日,第 3 版。

向警察和检察官作证，不向法院作证；证人不出庭，庭审中书面证言通行无阻；警察不作证。在笔者收集的死刑案件中，22442 例①收集到了较为完整的证人证言信息：死刑案件案均证人数将近 8 人，大多数案件有 5 个以上证人（见表 42）。如果证人“怕打击报复不愿出庭”的说法成立，基于趋利避害的考虑，证人不向警察作证才最安全，向警察作证事实上已将其暴露于遭受报复的风险之中，而且出庭作证并不会明显增大遭受报复的风险，证人既然敢于走进“案卷”，自然也敢于走上“法庭”。再者，作为侦查人员的警察也普遍不出庭作证，显然不能解释为“怕打击报复不愿出庭”。

表 42　22442 例死刑案件之证人数量

证人情况	12874 例死刑一审案件	10938 例死刑二审案件
案均证人数	9. 1	7. 8
最多证人数	80	85
证人数≥5 人占比/%	76. 72	62. 93

（二）办案机关消极应对证人出庭

我国刑事诉讼法和相关司法解释均强调证人出庭作证的义务，但又对书面证言的效力态度暧昧，即承认书面证言宣读后经当庭查证属实后可作为定案根据。观察死刑复核权收回最高人民法院后的死刑程序改革中，一方面强调关键证人必须出庭作证，另一方面又认可书面证言，经质证能够确认的，可以作为定案的根据。② 可以说，立法上的怀柔与摇摆，为证人出庭作证或不出庭作证均提供了法律依据，为书面证言的通行无阻打开了方便之门，证人不出庭作证，相关证言的证据资格并不会受影响。证人的庭外证言笔录，在证据效力上与其当庭陈述在立法上并无实质差别，证人出庭作证成为一种对检察官、法官收益不大的累赘，办案机关因此在对待证人出庭的问题上普遍持消极态度。当庭宣读证言的方式，也将本来应该激烈对抗的法庭逐渐空洞化，不利于帮助法官发现案件争议，压缩了证人出

① 有些案例源于最高人民法院出版物、公告案例，能够判断有证人，但无法确认证人数、证言内容，故未计人。

② 如《确保死刑质量意见》第 32 条规定：“……经人民法院依法通知，被害人、证人、鉴定人应当出庭作证；不出庭作证的被害人、证人、鉴定人的书面陈述、书面证言、鉴定结论经质证无法确认的，不能作为定案的根据。”

庭的空间。① 正是由于相应证据规则的缺失,造成证人不出庭与检察官、法官追求办案效率的目的更为契合,以至于检察官、法官在证人出庭作证方面缺乏动力。②

现行立法和司法解释将证人应否出庭作为一个法官自由裁量的问题,法官对证人出庭作证的程序意识淡漠,甚至认为证人出庭意义不大,习惯于运用书面证言,普遍形成了一种不需要证人出庭作证的思维定式。事实上,庭审实质化语境下的证人出庭作证,并不仅仅是指证人与出席法庭审判,更应该强调的是辩护方拥有庭审中对证人质证的机会,并且这种机会必须是充分、公正以及不受无理干预的。③

对法官而言,在没有证据规则压力的情况下,证人出庭作证既增加时间、经济上的耗费,同时又增加了案件事实认定上的复杂程度,尤其是证人当庭证言与其庭外证言笔录矛盾时,无论是采用庭外证言笔录还是庭上证言,都增加了法官在案件事实认定上的难度和风险。既然书面证言既简单易行,又符合法律规定,法官无疑会做此选择。

即便最高司法机关一再强调、不断推动的死刑案件关键证人出庭作证,也未能成为例外。笔者对死刑案件主审法官的问卷调查(见图 40)显示:近十五年来,对于死刑案件中的证人出庭作证,死刑案件主审法官们的认识也在发生变化,越来越多的法官们开始认识到死刑案件中关键证人出庭作证的重要性,2009 年调研时,回答“很有必要”的法官为 52%,2022 年调研时,这一比例上升到了 71.8%,回答“无所谓”“没有必要”的法官人数,从 2007 年的 7% 下降到了 3.4%。

在死刑案件审判实践中,如果法官遇到证人书面证言的可靠性遭受怀疑的情况,在证人不出庭作证的情况下,会寄希望于庭前、庭后研读案卷的方式,通过证据之间的相互印证来确认证人证言的证明力。这一论断,可以从死刑案件裁判文书对证人证言的表达(见图 41)中得到佐证:法官习惯于将相关证言放在一起进行综合认定,将近 40% 的裁判文书并不会列举证人证言的具体内容,只是通过简要概括证人证言的内容或者仅列举证人姓名,重点关注证言之间的印证关系,通过同类证言之间的比对,只要其间存在同向印证关系,即可安然下判。

---

① 黄伯青、伍天翼:《“需求侧”改革:刑事证人出庭作证实证分析》,载《法律适用》2017 年第 3 期。

② 郑好:《我国刑事证人出庭作证问题研究》,中国政法大学 2008 年博士学位论文,第 93 页。

③ 尹冷然:《刑事证人出庭作证与庭审实质化》,载《华东政法大学学报》2018 年第 1 期。

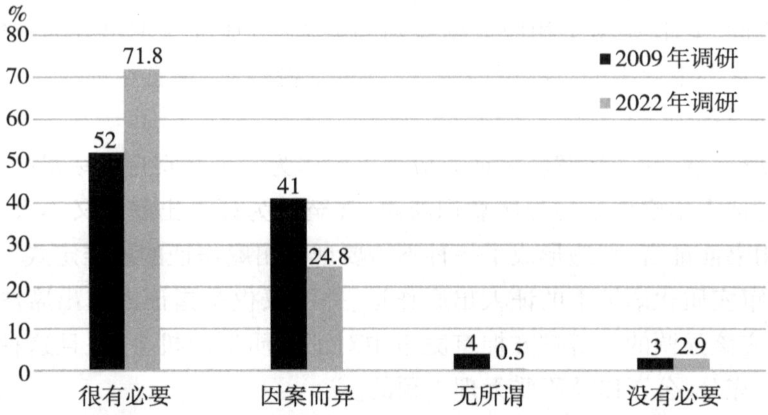

图 40　死刑案件主审法官对死刑案件证人出庭作证的态度

注:2009 年调研时问题“证人出庭的必要性”,2022 年调研调整为“关键证人出庭的必要性”。

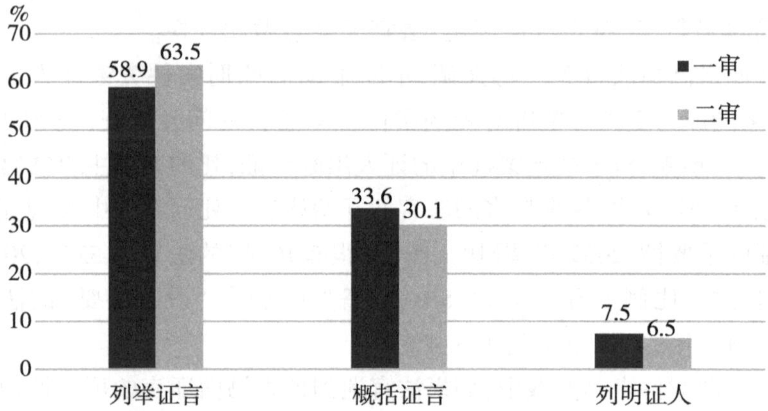

图 41　22442 份死刑案件裁判文书对证人证言的表达方式

注:“列明证人”是指裁判文书仅仅列举证人姓名,不涉及其证言内容;“概括证言”是指将具有同向证明关系(例如出罪、入罪、同一对象等)的证言合并概括说明;“列举证言”即指事无巨细地对证人证言关键内容逐一列举。

对检察官来说,相对于证人出庭作证,宣读庭外书面证言既节约时间,还可避免因辩护方质证可能对证言证明力造成的减损。既然证人出庭与否在证言证明力上并无实质差别,控方证人不出庭作证便成为公诉方的最优选择。书面证言同样能够获得法官确认,证人出庭完全可能因为辩护方的当庭质证陷控诉于不利,甚至很可能导致指控失败,证人不出庭显然更容易达到胜诉的目的。检察官并无申请证人出庭作证的动机,只要法院不要求证人出庭,检察官便不会主动申请证人出庭,甚至可能想方设法阻挠辩护方申请证人出庭作证。正如有学者所言:“大量控方证人拒绝出庭作证，归根结底是检察官、法官、证人在我国现行法律条件下，对出庭作证或者拒绝出庭作证两者之间‘成本—收益’自觉或不自觉衡量的结果。”①

辩护人也习惯于运用书面证言，多不申请证人出庭作证，即便申请证人出庭，也很难得到法官支持。笔者研读死刑案件裁判文书发现：辩护意见质疑控方书面证言的情况不少，虽然不了解申请证人出庭作证的情况，但裁判文书显示证人出庭作证的比例极低。实践观察和既有理论研究也表明，在辩护方当庭申请证人出庭作证的情况下，法官批准的概率不大，要么无视，要么直接拒绝，这样的办案习惯促使辩护人不得不“习惯”于运用书面证言。在针对控方证人提出异议的案件中，由于预料到很难获得法官支持，辩护人也就不申请证人出庭作证。法官即便准许证人出庭作证，也倾向于以证言笔录否定当庭证言，例如，北京市一中院下辖基层法院2005年度审结的刑事案件中，出庭作证的辩方证人证言，基本未被法官采信。②

（三）证人不出庭之法律制裁不易

无论是刑事诉讼法还是相关司法解释，虽然都在强调证人具有出庭作证的义务，但均缺失相应的法律后果设定。虽然2012年修正的《刑事诉讼法》规定了应当出庭的证人无正当理由拒不出庭、出庭后拒不作证的，可以予以训诫、拘留，但这一条款几乎处于“沉睡”状态，司法实践中法庭作出强制证人出庭决定的极为罕见，即便启动强制出庭程序往往也无疾而终，③这与强制证人拒不出庭之制裁规定粗略单一、缺乏明确具体操作不无关系。

证人出庭与否全凭自觉，办案机关无有效手段确保证人履行出庭作证“义务”，对于拒不履行法定作证“义务”者，手段也很有限。如果完全任由证人自由选择作证或不作证，不作证自然会成为第一选择，致使立法层面的“义务”设定只能停留于纸面，难以转化为审判实践中的出庭作证行为。证人拒不出庭显然是一种妨碍诉讼顺利进行的行为，理应受到法律制裁。放眼域外，无论是大陆法系国家还是英美法系国家，对经通知无正当理由拒不到庭的证人，立法除规定可以强制到庭外，还可诉诸惩罚。在证人普遍不排斥出庭作证的情况下，立法将证人出庭作证设定为义务，并设定拒不出庭作证的法律后果，证人出庭作证便成为顺水推舟之事。

证人拒不出庭之法律后果的缺失可能陷出庭证人于“不义”。死刑案件攸关被告人生死，证人出庭可能产生“一言致死”“一言还生”的重大效果。如果

---

① 郑好：《我国刑事证人出庭作证问题研究》，中国政法大学2008年博士论文，第31页。

② 李郁：《法院力推证人出庭缘何孤掌难鸣》，载《法制日报》2007年4月17日，第8版。

③ 陈光中、郑曦、谢丽珍：《完善证人出庭制度的若干问题探析——基于实证试点和调研的研究》，载《政法论坛》2017年第4期。

证人选择不出庭作证,对其无任何不利影响,一些证人便不愿意看到因其一言而"置人于死地"的情形;仅仅基于"正义"观念驱动的出庭证人还会被认为"多事""没事找事",被告人很可能会认为证人故意"与其过不去",迁怒于证人,进而生蓄意报复之念。如果法律对拒不出庭证人课以较为严重的法律后果,一定程度上能够消解被告人对证人的敌对态度和报复欲望。

综上可见,立法上明确证人拒不出庭的法律后果,不仅是法律设定出庭作证"义务"的题中应有之义,还是"鼓励"拟出庭证人、推动"犹豫证人"大胆出庭作证的大力推手。可以料想,设定证人拒不出庭的法律后果,再辅之以证人保护补偿机制,办案机关尽到通知、动员之努力,证人出庭难题的破解并不会太难。

（四）出庭证人保护补偿机制不足

不能使证人因其"正义"的作证行为陷自身于危险与不安之中,国家有义务确保证人免受因出庭作证遭受报复等不利后果,是故证人保护成为必要;同理,也不能使证人因其"正义"的作证行为招致额外的经济负担,国家有义务补偿证人因出庭作证产生的经济损失,是故有必要完善证人补偿机制。

导致证人拒不作证、拒不出庭的一个不容忽视的因素即来自案件当事人的报复风险,在攸关生死的死刑案件中,这种风险更大。趋利避害是人之本能,确实可能导致一部分证人不愿意出庭作证。对证人的保护力度不足,证人面临打击报复风险,直接导致了证人不敢作证、不愿作证、出庭作证率低的现象。① 由于现行法设立的证人保护机制存在着严重缺陷,几乎形同虚设,司法实践中也确实存在证人遭受打击报复的情形,尤其是正在面临现实的恐吓、威胁的情况下,又积极要求其出庭作证,"对证人显然施加了过重的负担"。② 办案机关在动员证人出庭作证时,只能空谈"出庭是公民的义务",面对证人"如果因出庭作证将来遭到当事人及其亲属的报复怎么办"的诘问,一些办案机关"读法条"式的回复往往难以令人满意。

经济补偿机制的缺位也是造成部分证人不愿意出庭的因素。证人出庭作证不但要花费时间、投入精力、承受心理压力,还很可能打乱其正常的工作和生活节奏,而且必然会产生差旅费、食宿费、误工费等。对于证人因出庭作证造成的合理费用,国家理应予以补偿,不能让证人承担本可不承担的作证义务③而使其遭受经济损失,避免因为可预期的经济损失诱逼证

---

① 李利:《构建与完善:刑事诉讼证人作证方式研究》,载《兰州学刊》2018 年第 3 期。

② 李昌盛:《证人出庭难的应对方案》,载《当代法学》2021 年第 3 期。

③ 证人作证是以证人自愿为前提的,证人完全可以用很多理由(如坚称对案件没有感知)来规避作证。

人拒不作证或拒不出庭。基于此,构建证人保护体系时,需要着重考虑证人保护的投入与司法公正之间的效益均衡问题。① 对于证人补偿机制,2012年修正的《刑事诉讼法》第63条规定对出庭证人的交通、住宿、就餐等合理费用予以补助,但缺乏证人如何申请补助、具体补助标准、对补助费用有异议如何申诉等规定,②导致证人因担心经济损失而不愿出庭作证的问题依然没有得到实质解决。实践中一些法院确立了补偿机制,一定程度上打消了证人因补偿问题拒绝出庭作证的情况,但也存在一些现实问题,如因为财政保障不足难以实质落实、制度设计不合理、③消极落实证人补偿④等,亟待设计规范统一和行之有效的补偿制度。

三、死刑案件证人出庭的出路新解

死刑复核权收回最高人民法院以来,理论界高度关注死刑案件关键证人出庭作证,司法实务部门也努力推动,制定发布了大量保障性规范,但时至今日,死刑案件证人出庭作证问题依然是很难解决的"老大难"之一。在证人普遍不出庭的情况下,法官只能依据证人的庭前书面证言认定案件事实,控辩双方无法通过交叉询问证人确定证言真伪,导致庭审无法贯彻直接言词原则,交叉询问规则"发现事实真相的最佳法律装置的作用"⑤根本无从发挥。

正如庞德教授所言:"让运行中的法与纸上的法相一致是法律人的工作。他不可能通过对法的门外汉枯燥无用的训诫达到;同样,无论如何慷慨激昂的话语都无法说服人们去服从法律,只有我们让纸上的法被服从,并且提供一个迅速、经济、有效的法律适用模式,才能达到这个效果。"⑥死刑案件关键证人出庭作证的问题,面临的既有规范落实不力之难题,显然不能通过对外行的"训诫"以及对内行的"说服"来实现,必须立足于既有制度环境、分析规范本身的成败得失、优化构建相关制度,提供一个易于落

---

① 杨郁娟:《美国证人保护制度及其启示》,载《人民检察》2017年第21期。

② 余方晟、叶成国:《庭审中心视野下强制证人出庭作证研究》,载《河北法学》2016年第3期。

③ 例如,有法院设定的证人补偿标准规定:出庭作证产生的误工费,农村证人50元每天,城镇证人100元每天。笔者以为,我国城乡之间存在差别,没有必要在这个小问题上制造差别待遇。事实上,农村证人因交通、通讯等方面的落后,为出庭作证显然要下更大的决心、要花费更多的心力,不但没有对其给予额外补偿,反而设立歧视性标准,实在不甚合理。

④ 例如,有些法院明确规定:证人出庭作证有权获得经济补偿,但在具体执行时或需要证人提出申请,或"诱导"证人放弃经济补偿要求,如要求证人填写是否愿意放弃经济补偿的文件。

⑤ 樊崇义等:《刑事诉讼法修改专题研究报告》,中国人民公安大学出版社2004年版,第481页。

⑥ [美]约翰·莫纳什、[美]劳伦斯·沃克:《法律中的社会科学》,何美欢、樊志斌、黄博译,法律出版社2007年版,第13页。

实的适用模式,才能达到预期效果。

即便理论界不断倡导、司法系统不断强调,死刑案件关键证人依然普遍不出庭作证,根本原因既有办案机关消极应对的体制性难题,也有证人保护补偿机制不足、出庭通知义务落实不到位等微观规则不到位的问题。解决死刑案件证人出庭作证这一固有难题的出路,既有待于刑事审判程序的整体完善,也离不开相关微观规则的优化构建。

(一)确保关键证人出庭作证

以审判为中心的诉讼制度改革,要求以证据裁判原则为核心,强化庭审功能,健全证人出庭作证制度。① 强调死刑案件关键证人出庭作证的方向是正确的,也是符合我国司法实际的。在死刑案件审判实践中,控辩双方对多数证人证言并无很大异议,要求案件的所有证人全部出庭作证,既无必要,司法资源也无力承受。关键证人,其证言对于案件的定罪、量刑具有重大影响力,不出庭作证,可能导致案件实体裁判出现重大错误。判断关键证人的"关键"就在于其对于案件的"重大影响力"。欧洲人权法院的判例认为,"重大影响力"就是证言对于特定案件的定罪、量刑而言具有唯一性,能够对案件裁判走向产生决定性影响,②亦即该证人证言所具有的不可或缺性、不可替代性。③

鉴于关键证人出庭作证对于死刑案件的事实认定和法律适用具有重大影响力,应确保所有关键证人全部出庭作证,唯其如此,方能保证死刑适用的公正与准确。现行司法解释对于"关键证人"的规定基本合理,但还有两方面尚须进一步明确。其一,"关键证人"在主体范围上应做广义理解,应当包括证人、被害人、鉴定人、侦查人员。我国现行立法并未将侦查人员排除在证人之外,侦查人员完全有可能成为控辩双方争议或对定罪量刑有重大影响的"关键证人",应强调其出庭作证义务。其二,分别划定死刑案件一审、二审、三审(复核程序诉讼化改造后)程序的"关键证人"范围。一审中的"关键证人"可延续现行法规定:控辩双方有异议的证人、对案件定罪量刑有重大影响的证人、法院认为有必要出庭作证的证人。二审、三审中的"关键证人"范围可划定为:控辩双方有异议的证人,对案件

① 古卫爽:《刑事证据保全制度新论——化解关键证人出庭难的新思路》,载《学习论坛》2018 年第 8 期。

② 孙志伟:《关键证人出庭作证的欧洲模式及其借鉴意义》,载《重庆大学学报(社会科学版)》2017 年第 2 期。

③ 杜磊:《审判中心视野下证人出庭作证必要性问题研究》,载《中国刑事法杂志》2020 年第 2 期。

定罪量刑有重大影响的证人，一审、二审程序终结后出现的新证人，一审、二审程序中可能作伪证的证人，法院认为有必要出庭作证的证人。

此外，对于作为关键证人的“非健全证人”，①建议改变先审查证据能力再审查其证明力的做法，直接审查其证明力，更能提高这类证人出庭作证的实效性。②

（二）调动办案机关的积极性

对于司法实践中证人普遍不出庭作证的问题，我们曾经习惯性地将主要责任归结于证人，前文的论述已经证明，办案机关的消极应付才是最关键因素，其根本诱因在于法官以案卷为基础的裁判模式，内生于书面审理的印证证明方式被法官惯性地运用于对书面证言的审查判断，使证人的作证功能难以充分发挥。③ 如果不能从根本上改变办案机关消极应对证人出庭作证的态度，即便建立完善的强制证人出庭作证、证人保护补偿制度，死刑案件关键证人出庭作证问题依然难以根本解决。

改变办案机关消极应对证人出庭作证的态度，两个方面不容回避。

其一，在刑事审判中贯彻直接言词原则，废除重罪案件起诉的案卷移送制度，使法官形成通过庭审产生裁判的行为模式。贯彻直接言词原则，证据调查过程必须以言词方式进行，控辩双方直接对关键证人交叉询问，法官当庭进行事实认定和证据认证，通过反诘问、对质权及察言观色即可确保证言的真实与可信。④ 从 1996 年修正的《刑事诉讼法》对“一本状主义”的追求，到实践中庭后案卷移送的制度化，再到 2012 年修正的《刑事诉讼法》对案卷移送制度的恢复，不得不说是在诉讼制度上的巨大倒退，尤其在以审判为中心的诉讼制度改革背景下，法官庭前全面阅卷，难以防止其审前预断，也加剧了庭审虚置，完全背离庭审实质化改革。在速裁程序适用颇高的当下，废除重罪案件起诉的案卷移送制度，走向“一本状主义”，既能使法官避免“先定后审”，促使其通过“纯粹”庭审形成确实的心证，也能与速裁程序形成良好互动，不会对刑事诉讼的效率带来显著的负面影响。⑤

其二，确立“关键证人”证言的传闻规则。“关键证人”之所以“关键”，

① 指尚未发育成熟、发育不成熟或发育成熟后受后天因素影响而不健全的证人。

② 林志毅：《论我国非健全证人作证制度的转型》，载《政法论坛》2021 年第 1 期。

③ 左卫民等：《中国刑事诉讼运行机制实证研究》，法律出版社 2007 年版，第 352 页。

④ 林钰雄：《刑事诉讼法》（上册），中国人民大学出版社 2005 年版，第 368 页。

⑤ 李子龙：《起诉状一本主义：我国刑事案卷移送制度改革再思考》，载《清华法学》2021 年第 3 期。

即在于其对案件实体处理具有举足轻重的重大影响力，死刑案件生杀予夺，如果允许传闻作为证据，势必导致关键证人不出庭作证，实质剥夺对方（尤其是辩护方）的质证权。正如有学者所言：强调证人出庭，并不是强调作证，"而是作为证言的提供者参与质证当中"，①证人证言只有经受住法庭"质证"考验，才能成为定案证据。换言之，关键证人的有效作证方式只有一种，即出庭作证，排除书面证言的证明力。单纯的高调宣传、观念变革，根本不可能彻底改变办案人员消极应对证人出庭作证的态度，只有从立法上设定其消极应对证人出庭作证行为的不利后果，才能从根本上调动其对死刑案件关键证人出庭作证的积极性。

在现行法框架内，辩护人阅卷是其准备辩护的最主要方式，虽然2012年修正的《刑事诉讼法》进一步保障了律师的辩护权，但现实当中依然存在限制律师的阅卷范围和阅卷时间等问题。②《刑事诉讼法》第182条第2款规定"在开庭以前，审判人员可以召集公诉人、当事人和辩护人、诉讼代理人，对回避、出庭证人名单、非法证据排除等与审判相关的问题，了解情况，听取意见。"由此确立了庭前会议制度。事实上，我国庭前会议最早源于学术界对证据开示制度进行的积极研究，③但2012年《刑事诉讼法》的修正最终并未植入该制度的核心内容。④ 在未确立证据开示制度的情况下，控辩双方很难通过庭前会议来判断特定证人是否属于"关键证人"，而且必然争议不断。只有充分了解对方证据，才不致在庭审中因判断"关键证人"屡生争议，也才能避免当庭申请证人出庭作证导致的庭审中断。事实上，在死刑案件审判实践中，提高庭审效率、避免庭审中断，也正是法官简单粗暴地拒绝辩护方当庭申请证人出庭的原因所在。无论是死刑被告人辩护权的保障，还是关键证人出庭作证制度的顺利运行，都不可避免地要求提前的证据信息交换。

建立庭前证据开示程序，利于对"关键证人"的判断，也有利于关键证人出庭作证制度的顺畅运行。通过证据开示制度确定"关键证人"的基本程序可设定为：案件审理法官组织控辩双方在庭审前或庭审会议期间证据开示，但须为控辩双方的庭前准备留下合理期间；公诉方应出示侦查、起诉

① 叶扬：《审判中心主义视阈下证人出庭作证制度研究》，载《南昌大学学报（人文社会科学版）》2017年第2期。

② 陈思民：《全面保障律师执业权利的设想》，载《中国检察官》2015年第17期。

③ 王俊娥：《论庭前会议制度存在的问题及完善》，载《法学杂志》2015年第12期。

④ 刘根、刁剑平：《刑事庭前会议制度的功能、程序及其改进》，载《南昌大学学报（人文社会科学版）》2016年第4期。

阶段获得的与案件指控事实相关的所有证据材料,辩护方应出示其拟在法庭上提交的证据材料;[①]改变法院对应当出庭作证之“关键证人”单方面独断专行的决定权,[②]由控辩审三方在证据开示程序中共同确定“关键证人”,对己方证人可直接提请法官确认为“关键证人”,申请将对方证人列为“关键证人”需说明理由并经法官确认;除了证据开示后出现的新证人,庭审中控辩双方不得再针对“关键证人”的判断提出异议。

(三)明确证人出庭确保责任

保证证人出庭作证涉及寻找证人、协调证人出庭时间安排等诸多具体繁杂的实际问题。现行法明确规定,法院承担通知证人出庭作证的义务,法院在开庭3日前向证人发出到庭作证的通知,即可认为完成了通知义务。但是,实践中证人普遍不出庭作证的问题并非法院不通知证人,而在于该通知的质量不高。前文已述及,证人是否出庭作证不但与通知主体有关,还与通知方式有关。一般而言,与辩护人通知相比,作为国家公权力机关的法院、检察院通知,证人出庭作证的可能性更高;与简单发送通知相比,通知并做说服动员,证人出庭作证的可能性更高。因此,对于证人出庭作证的通知,可以分解为通知出庭作证和确保出庭作证两个层次。基于证人出庭作证系向法庭作证的考虑,由法院承担通知证人出庭作证应该是合理的;基于司法固有的中立、被动、消极等特征,其无确保证人出庭作证的动机,也无确保证人出庭作证的动力,因此,由法院承担确保证人出庭作证的义务并不合理。而控辩双方了解证人相关信息,也有确保证人出庭作证的动机和动力,由其承担确保证人出庭作证的义务更为合理。

在确立庭前证据开示程序和“关键证人”证言传闻规则的基础上,对通知证人出庭的责任可划分为:法院承担主持证据开示、会同控辩双方确定“关键证人”、制作用于通知证人出庭作证的通知书等责任。该通知书应载明有关证人出庭作证的义务、不出庭作证的法律后果、证人保护补偿等内容。控辩双方承担确保己方证人出庭作证的义务,如果“关键证人”不出庭作证,其将承担举证不能的不利后果,因此可由控辩双方负责向本方证人送达通知书,同时可依据法院颁发的通知书所载内容进行说服动员工作。对法院认为有必要出庭作证的“关键证人”,该通知和确保义务应由法院承担。如此设计,即可将法院从勉力而为的通知工作中解放出来,也可强化控辩双方确保证人出庭的工作。事实上,司法实务界已有类似尝

① 龙宗智:《刑事庭审制度研究》,中国政法大学出版社2001年版,第195~199页。

② 陈瑞华:《刑事诉讼的中国模式》,法律出版社2008年版,第182页。

试。例如,广东省公检法司四部门为落实死刑案件二审开庭审理工作,联合发布的《关于做好死刑第二审案件开庭审理律师辩护和代理工作的通知》,在确保证人出庭问题上即采取了"谁取证,谁落实"的原则;四川省公检法司四部门制定的《关于死刑第二审案件证人、鉴定人出庭作证的若干意见》也有类似要求:控辩双方对其申请出庭的证人、鉴定人,确保证人、鉴定人按时到庭作证。

(四)完善证人保护补偿机制

证人保护制度,指为保证证人及其近亲属的人身安全、名誉及财产不因出庭作证受到损害或危险而采取的保护性措施。虽然我国刑法设立了有关证人保护的专门罪名,如妨害作证罪、打击报复证人罪,但规定得过于笼统,再加上事后惩罚性保护不足以打消证人的顾虑。有学者实证调研显示:"法院能采取的保护手段和力度有限,往往需要公安机关提供支持。实践中,证人保护措施较少"。①

死刑案件数量相对较少,"关键证人"更少,确立证人保护制度的成本需求并不高,操作难度并不大。有学者提出分层设定证人保护的建议颇具新意:以证人是否出庭为标准,设立审判前证人保护、出庭证人保护两种证人保护模式。②

对于证人保护制度的完善,笔者以为可从以下几点着手。

其一,在保护对象上,不仅要保护证人本人及其近亲属,还应当包括其他与证人有特殊关系的人。具体而言,其范围应包括证人及其近亲属,以及与证人有特殊关系的其他人。

其二,在保护方式上,要注意证前、证中、证后保护相结合。证前注意信息保密,防止遭受恐吓,以免证言失真;证中注意保护证人信息,例如采取相应的隔离措施允许证人以匿名方式作证,但也要考虑对匿名作证的严格限制,以便将匿名作证的不利影响降到最低。③ 有学者在推动温州三所法院试点视频作证、遮蔽容貌或不披露身份作证等证人出庭的全新方式,证人出庭率得到了显著提升,其中温州中院的刑事案件证人出题率达到了98.21%;④证后加强证人保护侵害的事前预防,尽量避免侵害的实际发

---

① 汪海燕:《刑事审判制度改革实证研究》,载《中国刑事法杂志》2018 年第 6 期。

② 彭海青:《我国出庭作证证人的特殊保护问题——由泸州李波案引发的反思》,载《法律适用》2018 年第 19 期。

③ 郝万爽:《完善刑事诉讼中证人出庭制度——欧洲人权法院的判例及其启示》,载《烟台大学学报(哲学社会科学版)》2020 年第 1 期。

④ 陈光中、郑曦、谢丽珍:《完善证人出庭制度的若干问题探析——基于实证试点和调研的研究》,载《政法论坛》2017 年第 4 期。

生;加强关键证人信息的保密,严禁辩护人泄露证人信息。比如有学者提出的建议就颇具可行性:当证人的身份信息确实不便透露时,法官对隐蔽作证的理由和"必要性"进行详细说明,①禁止避免被告人直接接触证人,由辩护人进行质证,并禁止辩护人泄露证人信息,即可实现出庭作证与证人权益保障的最大限度平衡。②

其三,普遍建立专门的证人保护机构。给证人提供有效的保护,首先要有专门的证人保护机构,例如澳大利亚新南威尔士州在检察系统专门设置证人服务部门,该部门有专门人员为证人提供法律咨询。③ 我国《刑事诉讼法》及相关司法解释笼统地规定公、检、法均有证人保护之义务,但检察、公安机关并无在其他诉讼阶段对证人进行保护的配套衔接机制,出现证人保护不全面、断层现象。没有分工的义务设定不可避免地招致扯皮、推诿。可以通过立法要求公安、检察、法院等办案机关在内设机构中明确证人保护的责任机构,或增设专门的证人保护机构,并根据案件类型和现实需要适当扩大公检法机关的职权保护范围,④并明确界定公安、检察、法院在证人保护上的职责。在具体个案中根据案件的实际情况,通过"谁需要,谁保护,保护到底""基础保护不变,新增保护叠加"的原则明确证人保护实施主体,⑤使证人感受到安全感,从而自愿、放心地出庭作证。

证人出庭作证,必然会产生误工费、交通费、食宿费等一系列费用,国家不能使证人因其承担作证义务而遭受损失或"得不偿失",域外许多国家都确立了证人作证的补偿制度。如日本《刑事诉讼法》规定出庭证人有权获得差旅费、日津贴和住宿费;⑥美国纽约州《刑事诉讼法》规定刑事证人有权得到与民事证人同样的酬金和旅费。⑦ 我国《刑事诉讼法》要求同级政府对证人不出庭作证进行财政保障,与司法机关去行政化、去地方化改革潮流不符,宜建立证人保护专项资金。我国证人补偿机制可从以下几点着手完善:其一,以省域为单位设立专项资金,为证人补偿提供切实的财政保障;其二,现行法基本明确了证人补偿的范围包括误工费、交通费、食

---

① 刘广三、李胥:《隐蔽作证程序的限度探析》,载《安徽师范大学学报(人文社会科学版)》2019年第3期。

② 余为青、董茜:《刑事诉讼证人保护制度中存在的问题及对策》,载《学术界》2016年第8期。

③ 陈卫东:《澳大利亚检察系统专设证人服务部门》,载《检察日报》2014年11月11日,第3版。

④ 征汉年:《中国刑事证人保护制度的问题与完善》,载《北京理工大学学报(社会科学版)》2018年第5期。

⑤ 韩旭、徐冉:《庭审实质化背景下证人保护制度实施问题研究》,载《法治研究》2019年第6期。

⑥ 「刑事訴訟法」(昭和23年7月10日法律第131号)第164条第1項による,RONの六法全書on LINE。

⑦ 卞建林译:《美国联邦刑事诉讼规则和证据规则》,中国政法大学出版社1996年版,第58页。

宿费等必要费用,根据不同项目实行实报实销和标准补贴,还需要明确证人补偿标准、建立补偿争议解决程序;其三,证人补偿费用的支付时间,现行法明确规定了事后支付的原则,但对于经济困难的证人,可确立事先预支的例外。

(五)细化不出庭作证的后果

证人拒不出庭作证的,理应承受法律制裁,立法在设定证人作证义务的同时,还须明示拒不出庭作证、出庭后拒不作证的法律责任。

2012年修正的《刑事诉讼法》第188条规定:“经人民法院通知,证人没有正当理由不出庭作证的,人民法院可以强制其到庭,但是被告人的配偶、父母、子女除外。证人没有正当理由拒绝出庭或者出庭后拒绝作证的,予以训诫,情节严重的,经院长批准,处以十日以下的拘留。被处罚人对拘留决定不服的,可以向上一级人民法院申请复议。复议期间不停止执行。”这一规定对拒不出庭作证的法律后果规定过于模糊,缺乏层次性和可操作性。

考察域外经验可知:对证人拒不出庭作证行为,域外很多国家普遍有法律后果,立法规定了罚金、罚款、拘传、拘禁等多种制裁措施,设立有藐视法庭罪,法官可以直接判处。如日本将证人拒不到庭的行为规定为犯罪,可以并处罚金和拘留;①法国重罪法庭开庭审理期间,如果证人经通知没有到庭,法庭可以强制其到庭作证,证人拒不出庭、拒不宣誓、拒不作证的,法庭可以处以罚金;②德国刑事诉讼法规定:经通知而不到场的证人,要承担由于应到而不到庭所产生的费用,可处以秩序罚款或秩序拘留,并可对证人进行强制拘传。③

我国立法应该明确规定关键证人必须出庭作证,并在可以强制证人到庭作证的基础上,细化、分层设立拒不出庭作证行为的制裁措施。理论界和实务专家早已提出过不错的立法建议。例如,最高人民法院一位法官提出的三层次关键证人法律责任追究机制就颇为可取:司法警告、罚款或拘留(可比对违反法庭纪律处罚)、刑事责任(“拒证罪”)。④ 当然,确立证人拒不出庭的法律后果的目的并不在于制裁本身,设定法律后果仅仅是督促证人出庭作证的一种迫不得已的手段,还需谨慎适用。

---

① 「刑事訴訟法」(昭和23年7月10日法律第131号)第151条による,RONの六法全書 on LINE。特别说明,此“拘留”非中国语境的“拘留”,在日本属于自由刑的刑种之一,拘禁时长为1日至30日。

② 罗结珍译:《法国刑事诉讼法典》,中国法制出版社2006年版,第241页。

③ 李昌珂译:《德国刑事诉讼法典》,中国政法大学出版社1995年版,第13页。

④ 董超:《重要证人出庭作证制度之构建——以死刑案件为视角》,载《山东审判》2006年第5期。

第八章　庭审实质化:实现“以审判为中心”

刑事审判是解决被告人刑事责任、实现国家刑罚权的核心程序,是落实刑事诉讼法打击犯罪、保障人权双重目的之中心环节,是整个刑事诉讼的重心,是谓“审判中心主义”。

关注我国的死刑问题,不仅要关注适用死刑的数量,更要关注适用死刑的质量,尤其要关注死刑案件审判程序本身的公正性,必须通过正当法律程序确保死刑案件经过公正审判。①

庭审程序的弱化已成为制约我国死刑案件公正审判的程序瓶颈,甚至成为影响我国刑事审判公正性的关键难题。以审判为中心的刑事诉讼制度改革以来,虽然有所改观,但仍有较大改革空间。下文以死刑案件庭审形式化为考察对象,分析其现状、研讨其成因、探求其对策。

一、死刑案件庭审形式化的现状分析

在大多数比较轻微的刑事案件中,尤其是在认罪认罚案件的速裁程序中,基本都做到了以庭审为中心,法官一般不愿意、也很难在庭审前后耗费更多心力。而在备受社会关注和涉及法益重大的刑事案件中,庭审往往并未成为裁判形成的最核心环节,庭审实质化改革隐藏着“形式上实质化、实质上形式化”②的风险,案件的处理更多依赖于法官在庭审前后的工作。尤其在死刑案件审判中,庭审程序常常被架空,其典型表现主要集中于以下三个方面。

(一)合议庭有形无实

案件承办人制度异化了合议庭的职能。应然而言,合议庭审判应该是审判长主持、全体合议庭成员共同参与审理、评议、裁判的过程,合议庭成员共同负责案件的事实认定和法律适用。但在刑事司法实践中普遍存在着案件承办人包案负责制度,虽然合议庭成员均参加庭审,但并不实质性参与案件合议,案件审理往往主要由承办人决定,其他成员只须知道结果、

① 孙长永:《中国死刑案件的司法程序——基于国际准则的分析》,载陈泽宪主编:《死刑——中外关注的焦点》,中国人民公安大学出版社 2005 年版,第 326 页。

② 孙长永主编:《中国刑事诉讼法制四十年:回顾、反思与展望》,中国政法大学出版社 2021 年版,第 622 页。

签字确认即可。在案件承办人制度之下,非承办人在庭审中往往无心听案,这也是在审判员作为承办人的案件中,审判长往往难以流畅主持庭审的原因。可以说,案件承办人制度异化了合议庭的审判职能,造成合议庭有形无实、形合实独的现象。近年来,不少法院反思并改良这一制度,如实施由老中青三代法官组成相对固定的合议庭,并集体负责的办案模式。

法院内权力主体割据死刑案件合议庭的裁判权。由于死刑案件涉及利益极为巨大、社会影响极为广泛,法院在做出死刑裁判时往往慎之又慎,庭长、主管副院长、院长、审委会都可能介入死刑案件的裁判过程。有学者曾对刑事法官的问卷调研显示:院长、庭长的意见对定罪量刑具有较大的影响力。笔者对法官的问卷调研也验证了法院内权力主体对死刑案件审判的巨大影响力:在合议庭意见不一致时,大多数情况下即案件承办人成为少数派的情况,往往要征求院长、庭长意见,合议庭会因多数意见得到院长、庭长支持对案件处理有一定影响力,而如果合议庭意见与院长、庭长意见相悖,其对案件处理的影响力就较弱。

死刑案件审判中人民陪审员参与有限。合议庭是审理死刑案件的基本组织形式,根据我国《刑事诉讼法》《人民陪审员法》的规定,中级人民法院审理死刑案件,可以由审判员、人民陪审员组成3人合议庭或7人合议庭。

笔者收集的376所中级人民法院审结的12874例一审死刑案件中,12586例收集到合议庭组成信息:190所中级人民法院3388例死刑案件有人民陪审员参与,包括审判员、人民陪审员组成“3+4”的7人合议庭100例,“3+2”的5人合议庭10例,①3人合议庭3278例,其中审判员、人民陪审员组成“1+2”合议庭208例、“2+1”合议庭3070例。案例数超过120例或者陪审案例数超过30例的中级人民法院陪审统计请见表43。

表43　3388例死刑案件的陪审情况

中级人民法院	案例数/例	陪审案例数/例	陪审率/%	中级人民法院	案例数/例	陪审案例数/例	陪审率/%
浙江湖州	37	36	97.30	湖南益阳	61	40	65.57
浙江杭州	98	94	95.92	内蒙古呼伦贝尔	87	55	63.22
四川成都	243	231	95.06	北京二	144	89	61.81
四川广安	42	39	92.86	云南曲靖	133	73	54.89
浙江宁波	127	116	91.34	上海一	103	55	53.40
浙江嘉兴	62	56	90.32	上海二	118	61	51.69

① 均为“人民陪审员制度改革试点法院”在《人民陪审员法》实施前开庭或审结的案件。

续表

中级人民法院	案例数/例	陪审案例数/例	陪审率/%	中级人民法院	案例数/例	陪审案例数/例	陪审率/%
浙江温州	115	103	89.57	浙江台州	65	31	47.69
广东东莞	138	123	89.13	云南昆明	355	168	47.32
北京一	59	52	88.14	云南德宏	119	32	26.89
浙江绍兴	42	37	88.10	北京三	123	11	8.94
广东佛山	123	106	86.18	云南大理	171	11	6.43
四川凉山	165	139	84.24	广东广州	730	9	1.23
新疆乌鲁木齐	53	44	83.02	福建福州	132	1	0.76
江苏南京	54	42	77.78	辽宁沈阳	149	1	0.67
云南西双版纳	412	290	70.39	云南红河	176	1	0.57
江西宜春	91	63	69.23	黑龙江哈尔滨	139	0	0
重庆二	97	64	65.98	合计/均值	12586	3388	26.92

观察上表可知:就笔者收集到的案例来说,近一半中级人民法院在死刑案件审判中不适用陪审合议庭,适用陪审的法院呈现出明显的因法院而异的特征,且无显著的省域特征。需要特别说明的是,2016 年以来,有 38 所中级人民法院在 112 例死刑案件中适用了 5 人合议庭(3 位审判员 +2 位人民陪审员)、7 人合议庭(3 位审判员 +4 位人民陪审员),其中案例数最多的江苏南京中院 40 例、湖南张家界中院 8 例、贵州黔南中院 6 例。有法官的实证研究也表明:①法院是否使用 7 人合议庭,受制于法院科层制的约束,以法院依职权决定为主,依申请启动的极少,适用 7 人合议庭审结的刑事案件中,判处死刑的案件占比极低。

对比陪审合议庭审理的 3388 例、无陪审合议庭审理的 9196 例一审案件的死刑判处情况发现:陪审合议庭审结案件的死刑(立即执行)占比为 16.84%,而无陪审合议庭审结案件的死刑(立即执行)占比为 24.22%。在大多数死刑案件不陪审、不掌握影响是否陪审的决定性要素②的情况下,虽然不能草率地得出陪审有利于死刑控制的结论,但笔者认为陪审对死刑控制的积极作用颇值期待。

虽然法官群体并不排斥人民陪审员参与死刑案件审判(见图 42),但

① 禹得水:《刑事案件适用七人合议庭的范围:现状、问题与出路》,载《法学家》2023 年第 4 期。

② 2018 年 4 月 27 日公布并实施的《人民陪审员法》第 16 条将死刑案件列为陪审员参审的 7 人合议庭的范围,删除了草案中对适用 7 人合议庭的义务性("应当")规定,造成死刑案件是否陪审存在争议。2022 年 8 月二审的"劳荣枝案",辩方曾对一审未适用 7 人陪审合议庭提出异议,该案二审裁定书载明是否陪审由法院"依职权决定"。

实践中陪审参与率并不高，而且在卷宗高度依赖的庭审模式下，对人民陪审员的参与质量亦不敢抱太乐观期待。如果证人出庭，参与质量就会好很多；若证人不出庭，连篇累牍卷宗大概率也会使其不得要领。① 可见，在合议庭本身有名无实的情况下，人民陪审员“陪”与“不陪”缺乏彰显司法民主之实质意义。越是严重的犯罪案件，民众越是应当有效参与审判，既是人民司法传统的内在要求，也是增强司法公信力的必要措施。②

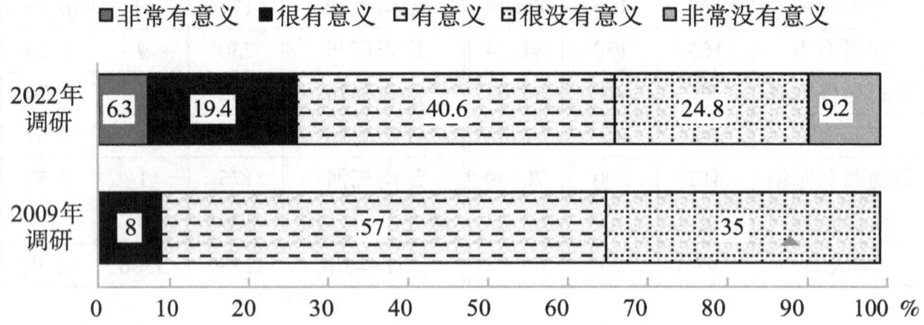

图 42　死刑案件主审法官眼中人民陪审员参审的意义

注：2009 年调研时设有很有意义、有一定意义、意义不大 3 个选项。

（二）法庭审理快速化

我国死刑案件的开庭审理在同一程序中很少有超过两次的，每次开庭基本都是半日了结，很少有超过一日的，这是笔者研读裁判文书、法庭旁听的基本判断。笔者自建的“死刑案例数据库”中：一审死刑案件 12874 例，根据裁判文书所记载的开庭日期，③共有 5537 例采集到开庭时间，其中 532 例系一案判处两人及以上死刑的共同犯罪案件，开庭时间为 1 日的 4723 例，开庭时间为 2 日的 725 例，开庭时间为 3 日的 74 例，开庭时间为 4 日的 14 例，开庭时间为 5 日的 1 例。二审死刑案件 10938 例，裁判文书明确载明开庭审理的 2586 例、不开庭审理 7319 例；开庭审理的 2586 例中，共有 1080 例采集到开庭时间，其中 523 例系一案判处两人及以上死刑的共同犯罪案件，开庭时间为 1 日的 1066 例，开庭时间为 2 日的 12 例，开庭时间为 3 日的仅 2 例。在一例 5 名被告人判处 4 人死缓的运输毒品犯罪一审案件④中，裁判文书载明“于 2018 年 8 月 1 日公开开庭对本案进行了审理”。

---

① 魏晓娜：《以审判为中心改革的技术主义进路：镜鉴与期待》，载《法商研究》2022 年第 4 期。

② 孙长永、王彪：《论刑事庭审实质化的理念、制度和技术》，载《现代法学》2017 年第 2 期。

③ 凡是裁判文书载明的开庭日期，均计算为 1 工作日，实践经验告诉我们事实上很可能是半个工作日。

④ 四川省攀枝花市中级人民法院刑事判决书，(2018)川 04 刑初 18 号。

庭审的高效率背后即是程序运行的高度简易，在前述短暂的庭审中，除了对被告人的简单讯问外，卷宗依赖依然是导致刑事庭审流于形式的原因。① 高度简易的程序运行表明法官对证据的审查、事实的认定并不是通过庭审而是通过庭前或庭后的阅卷来完成的，庭审在事实认定中并未发挥实质性作用。② 庭审完全不实行直接言辞原则，如果被告人坚称无罪或指陈刑讯逼供，在不启动非法证据排除程序的情况下，检察官往往以宣读侦查机关出具的（没有刑讯逼供的）“情况说明”的方式予以驳斥。即便证人当庭推翻侦查阶段的证言，法官通常会以“庭上证言与庭前多次笔录证言不符”为由不予采信。③ 以书面证据取代证人出庭，使得辩护方无法行使发问、质证的权利，④即便辩护人当庭比对证人证言发现矛盾并提出异议，法官也往往只是一句“合议庭会考虑”终结异议，既不通知证人出庭作证，也不允许进一步辩论。在合议庭对案件无实质裁判权的情况下，要求冗长的庭审过程，不仅是不可能的，也是不必要的。

（三）审委会裁判

审判委员会讨论判处死刑，是我国法院系统的长期传统，新中国成立之初，最高人民法院即确立了判处死刑之类的“重大案件……必须经审委会讨论”⑤的制度。考察最高人民法院的司法解释，审判委员会对死刑案件的裁判权，经历了一个逐渐强化的过程。最高人民法院的《刑事诉讼法解释》不断强化审判委员会对死刑案件的裁判权的同时，也在不断简化提交审判委员会的程序。

最高人民法院 1998 年《刑事诉讼法解释》第 114 条规定：对于“拟判处死刑的”案件，“合议庭认为难以作出决定的，可以提请院长决定提交审判委员会讨论决定”。

最高人民法院 2007 年发布的《确保死刑质量意见》第 34 条规定：“第一审人民法院和第二审人民法院审理死刑案件，合议庭应当提请院长决定提交审判委员会讨论。最高人民法院复核死刑案件，……对于疑难、复杂的案件，合议庭认为难以作出决定的，应当提请院长决定提交审判委员会讨论决定”。开始将审委会讨论死刑案件的授权性规定变更为义务性规定。

---

① 李奋飞：《论刑事庭审实质化的制约要素》，载《法学论坛》2020 年第 4 期。

② 汪海燕：《刑事审判制度改革实证研究》，载《中国刑事法杂志》2018 年第 6 期。

③ 郭航：《刑事庭审实质化的权利推进模式研究》，载《政治与法律》2020 年第 10 期。

④ 李晓丽：《论庭审实质化的体系化构建——以“顾雏军案”再审为例》，载《浙江工商大学学报》2019 年第 6 期。

⑤ 最高人民法院：《最高人民法院华东分院关于纠正对反革命犯的轻刑倾向的指示》，1950 年 11 月 14 日发布实施。

最高人民法院2012年《刑事诉讼法解释》第178条规定：对于“拟判处死刑的案件……，合议庭应当提请院长决定提交审判委员会讨论决定”。

最高人民法院2021年《刑事诉讼法解释》第216条规定：“拟判处死刑立即执行的案件”及中级人民法院拟判死缓的案件，“合议庭应当提请院长决定提交审判委员会讨论决定”。

最高人民法院2019年发布的《关于健全完善人民法院审判委员会工作机制的意见》更是删去了“提请院长决定”环节，直接规定“拟判处死刑的案件，应当提交本院审判委员会讨论决定”。

综上可见，死刑案件，无论是一审还是二审，所有死刑裁判均由审委会讨论决定。笔者对法官的问卷调研也显示：死刑案件主审法官普遍认同审委会讨论死刑案件的必要性（见图43、图44），对审委会普遍存在依赖心理。

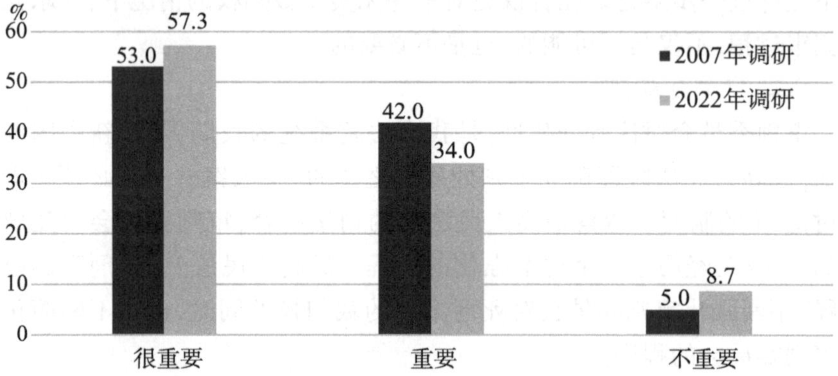

图43　死刑案件主审法官眼中审判委员会对死刑裁判的作用

注：2007年调研时，设有选项“毫不重要”，但无人选择；2022年调研时，选项“非常重要”占26.2%，“很重要”占31.1%，上图合并计入“很重要”。

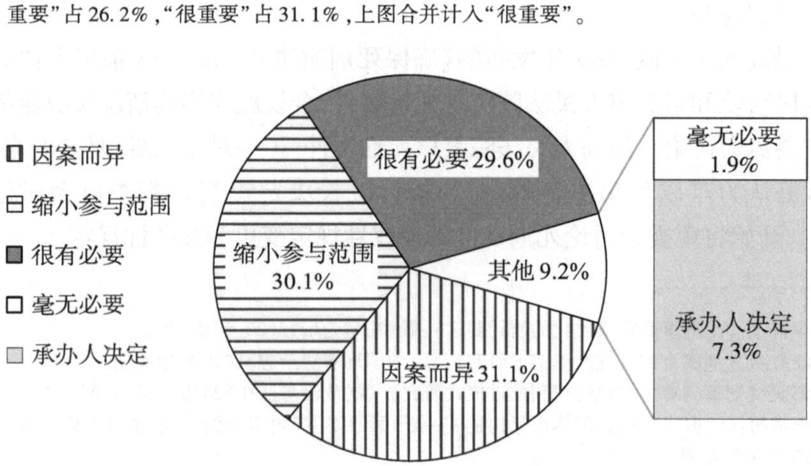

图44　死刑案件主审法官眼中审判委员会对死刑案件的作用

注：本题预设在审判中心诉讼制度改革中，实现“让审理者裁判、让裁判者负责”。

根据《法院组织法》第38条的规定，审委会讨论案件时，同级检察院检察长、受检察长委托的副检察长可以列席。死刑案件审判实践中也确实存在着检察长委托案件公诉人列席审委会的情形，甚至有些地方司法机关进一步扩大解释并将其制度化，这为审委会在讨论死刑案件过程中及时听取控诉方意见提供了便利。检察长列席审委会讨论案件，将会在很大程度上对案件的最终判决结果产生一定的影响，①审委会吸收公诉方列席，却将被告方排斥在外，辩护方意见很难全面准确地传达至审委会，进一步加剧了控强辩弱的不平等诉讼格局。

二、死刑案件庭审形式化的积弊分析

庭审形式化已成为制约我国死刑案件审判程序乃至整个刑事审判程序改革深入推进的根本性难题，阻碍了死刑案件审判程序改革措施的实际落实，消弭了改革产生的实际效果。

（一）影响二审开庭效果发挥

为了完善死刑案件审判程序、保证死刑案件质量、加强司法人权保障、从制度上保证死刑裁判的公正和准确，最高人民法院始终强调二审开庭对死刑适用的重要性。

观察笔者收集的10938例二审死刑案件，裁判文书载明审理方式的共计9905例，其中开庭审理的2586例、不开庭审理7319例，共审理原判死刑（含死缓）被告人11530人，审理方式及裁判情况请见表44。

表44　9905例二审死刑案件的审理方式及裁判情况

审理方式	审理人数	裁判情况					
		向轻改判数/人	向轻改判率/%	发回重审	发回重审率/%	判处死刑数/人	判处死缓数/人
开庭审理	3292	999	30.35	184	5.59	809	2028
不开庭审理	8238	504	6.12	118	1.43	51	7672

注："死刑"指死刑立即执行；二审不开庭审理的51例死刑案件，均为附带民事部分单方上诉。

观察上表可知：死刑案件的二审程序中，开庭审理与不开庭审理对裁判走向有较为显著的影响，开庭审理的案件中，向轻改判率、发回重审率均高于不开庭审理的案件。笔者与死刑案件主审法官访谈中也谈及此问题，有法官反馈这或许与办案习惯有关：合议庭通过庭前阅卷，大致确定裁判

① 李文军：《庭审实质化改革的成效与路径研究——基于实证考察的分析》，载《比较法研究》2019年第5期。

走向后，再决定采取何种审理方式，一般来说，对于立法未明确要求开庭审理的死缓案件，倾向于维持原判的大多不开庭审理，倾向于改判、发回重审的，一般会选择开庭审理。

考察二审法院办理死刑二审案件的实践，考察二审开庭审理改革前后的变化确实可以感知：开庭审理越来越多，确实推动了死刑适用得更严格、更慎重。笔者以为，如果彻底实现庭审实质化，死刑案件二审开庭审理的效果将有更高预期。在现行庭审过程弱化的情况下，不论是否开庭审理，合议庭均须全面研读案件卷宗；不论是否开庭审理，合议庭对于死刑案件均无最终裁判权，都需要经院内质控程序，最终都要由审委会讨论决定。在法官庭前预断难免、审理与裁判分离问题没有根本性改变的情况下，二审开庭审理在提高死刑案件质量、加强司法人权保障方面的功能尚未得到充分发挥，二审开庭审理所能彰显者仅在表明法院对死刑案件更为慎重。

总之，庭审形式化影响着死刑案件二审开庭审理改革的预期效果充分实现，只要庭审形式化问题依然存在，二审开庭审理的改革就难以收获最大实效。

（二）弱化关键证人出庭作证

最高人民法院要求，死刑案件不论一审还是二审，关键证人均须出庭作证，各地办案机关也纷纷出台相应的规范性文件，在关键证人出庭作证方面，形成了上下高度强调的良好局面。但实际落实的情况并不乐观，关键证人出庭作证的情形依然罕见。即使为数不多的证人被允许出庭作证，并作出异于庭前陈述的证言，法院对此往往也不予采纳，只有当证人对其证言作出合理解释，并有其他证据相互印证的情况下，法院才会采信庭上证言。①

证人出庭率低，出庭作证受冷遇，证人出庭状况不佳，笔者认为证人出庭意愿并非主要原因，最根本原因在于办案机关的消极应对。

无论立法及司法解释如何规定，审判实践基本上还是依据侦查机关制作的卷宗定案，②即便考虑庭审效率，不必然排除侦查阶段形成的书面证据，关键证人因其对案件的“关键”价值，不应该以书面证据替代庭上证言，而应以交叉询问的方式进行调查。③

总之，庭审形式化促使办案机关弱化关键证人出庭作证，只要庭审形

① 李奋飞：《论刑事庭审实质化的制约要素》，载《法学论坛》2020年第4期。

② 左卫民：《地方法院庭审实质化改革实证研究》，载《中国社会科学》2018年第6期。

③ 马静华、夏卫：《日本刑事庭审程序对我国庭审实质化改革的借鉴价值——以“江歌案”庭审为分析样本》，载《江苏行政学院学报》2019年第1期。

式化问题依然存在,关键证人出庭作证问题就不可能得到根本解决。

(三)加剧死刑辩护保障难度

在死刑案件审判程序改革中,最高人民法院一再强调重视辩护意见、提高指定辩护的质量,地方办案机关对此也表现出积极支持的态度。能否对审判过程和裁判结果产生影响,是判断死刑辩护是否有效的标准。

党的十八届四中全会提出"推进以审判为中心的刑事诉讼制度的改革",以审判为中心的刑事诉讼制度,实质上是充分保障犯罪嫌疑人、被告人及其辩护律师辩护权的诉讼制度,①中央文件的要求只有具体落实才有意义。

根据前文对死刑辩护的实证考察可知,虽然从形式上来看强制辩护得到了基本落实,但就辩护的有效性而言,无论是指定辩护还是委托辩护,对死刑案件审判过程和裁判结果的影响均极为有限。辩护准备不足、辩护意见不受重视、指定辩护保障不力、律师参与热情不高等都是直接诱因。

进一步分析,庭审形式化正是辩护保障难的深层根源:庭审形式化使辩护人很难对审判过程产生影响,审理和裁判的分离使辩护意见更难以对裁判结果产生影响,并最终招致辩护律师对死刑辩护心灰意冷、不愿参与。辩护质量不高使得辩护权流于形式,庭审实质化也无法得到实现与保障,②死刑辩护保障难的问题就形成了恶性循环。

总之,庭审形式化使有关死刑辩护保障的努力收效甚微,只要庭审形式化问题不彻底解决,死刑辩护的有效性就难以保障,律师不愿参与死刑辩护的现实就难以改变。

(四)导致庭审程序变形

为了革除审前预断、先定后审的弊病,1996 年修正的《刑事诉讼法》曾将公诉方式修改为"复印件主义",公诉机关只须提交起诉书并附上证据目录、证人名单和主要证据复印件或照片,限制了审前移送材料的范围。"复印件主义"在一定程度上避免了法官审前预断的形成,但在未确立证据开示制度、辩护方取证困难的情况下,同样限制了辩护方可查阅材料的范围,导致辩护人在法庭上无话可说的尴尬,弱化了辩护职能。多种因素综合作用下,2012 年修正的《刑事诉讼法》停下了向"一本状主义"努力的脚步,重新拥抱"案卷移送制度",此举虽然加大了法官审前预断的风险,但确实为辩护保障带来了一定利好。

虽然《刑事诉讼法》规定了证人应当出庭作证,证人证言必须经过庭

---

① 顾永忠:《以审判为中心背景下的刑事辩护突出问题研究》,载《中国法学》2016 年第 2 期。

② 胡婧:《刑事普通程序庭审实质化的强化路径》,载《甘肃社会科学》2021 年第 2 期。

审质证,只有确保真实性才能作为定案证据的制度,但又欠缺具体可操作的制度安排,《刑事诉讼法解释》又对免于出庭作证的范围进行了扩大解释。在立法层面,则一直存在着“规范冲突”,立法要求证人出庭作证,必要时还可强制;但又对庭外证言笔录进行质证,导致证人长期被排斥在法庭之外。① 由此造成了刑事审判实践中证人出庭作证极为罕见的现实,法庭上当面质证和当庭认证的法定要求不得不被省略,异化为对侦查笔录的书面调查。证据调查的书面进行,辩护方无法有效对抗公诉指控,必然导致法庭审判流变为确认侦查结论的过程,庭审形式化在所难免。

在公诉方主导的法庭证据书面调查环节,检察官往往选择最有利于控诉的部分,通过“节录式宣读”和“概括说明式解读”②的方式出示有关证言笔录。在法官调查庭前证言笔录并予采信的制度下,证人出庭与否不影响控诉证明,检察官对申请证人出庭作证没有积极性。③ 加之刑事证据材料基本都由控方提供,辩护人基本不行使调查取证权,在法庭调查阶段缺乏有效对抗,④辩护方很难提出有力的辩护意见,庭审中法庭调查进程就取决于检察官宣读卷宗的范围和语速。法官仅仅依靠这种异常快捷的书面调查进行证据认证、事实认定,未免令人难以放心。1996 年修正《刑事诉讼法》后,通过司法解释确立了庭后案卷移送,2012 年修正的《刑事诉讼法》将起诉方式从“复印件主义”调整为“案卷移送制度”,庭后阅卷不再必要。正是一直运行的庭后、庭前的案卷移送制度,打消了法官的前述不安,使案卷成为影响法官形成心证的主导性因素,庭审一定程度上沦为案卷信息的正式核实和确认程序,⑤“以阅代审”“依卷定案”足以令法官将注意力转移到庭外,⑥促使法官不再重视庭审过程,而是专注于庭审前、庭审后的阅卷过程。随着以审判为中心的刑事诉讼制度改革的推进,庭审的重要性理应凸显,法庭审理、庭后合议对死刑适用的影响理应提升,而笔者对死刑案件主审法官的问卷调研(见图 45)显示:近年来,虽然庭审对死刑裁判的影响力有了一定的提升,庭审前后的阅卷依然具有重要影响,可喜的是,庭审的重要性正在提升。

---

① 元轶:《庭审实质化压力下的制度异化及裁判者认知偏差》,载《政法论坛》2019 年第 4 期。
② 李昌盛:《论对抗式刑事审判》,中国人民公安大学出版社 2009 年版,第 263 页。
③ 郭航:《刑事庭审实质化的权利推进模式研究》,载《政治与法律》2020 年第 10 期。
④ 陈实:《刑事庭审实质化的维度与机制探讨》,载《中国法学》2018 年第 1 期。
⑤ 魏晓娜:《以审判为中心的诉讼制度改革:实效、瓶颈与出路》,载《政法论坛》2020 年第 2 期。
⑥ 兰荣杰:《刑事判决是如何形成的?——基于三个基层法院的实证研究》,北京大学出版社 2013 年版,第 95 页。

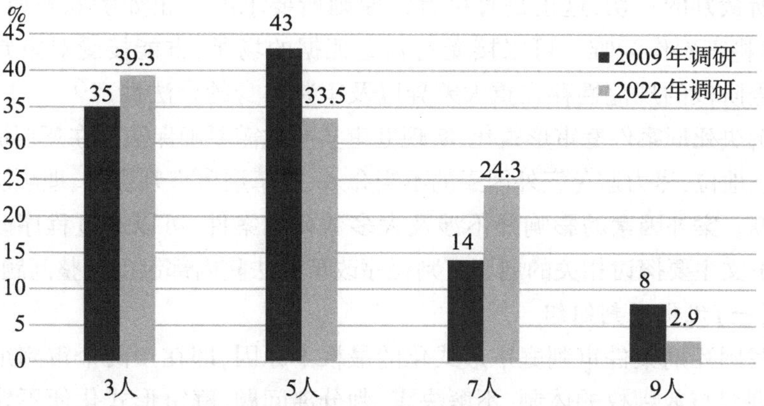

图45　死刑案件主审法官眼中审判环节对死刑适用的影响力

注:2009年调研未设置"庭后评议"选项。

二审程序对卷宗的高度依赖。1996年修正《刑事诉讼法》后,形成了二审可以书面审理的制度。2006年以来,最高人民法院不断强化死刑案件质量要求,二审开庭审理改革成为重要抓手。前文实证考察显示,死刑案件的二审确实做到了开庭审理,并且对死刑适用也有一定的影响。但相对于一审法官只有侦查笔录,二审法官还能审阅一审法院审理相关的材料,如案件审理报告、合议庭、审判委员会讨论的意见等,其卷宗依赖程度更高,使法官形成庭前心证,先定后审的情并不少见,进而产生冲击庭审程序的负面影响,①使二审开庭的实质功能大打折扣。正如有学者所言:"法官对于案件的评估固然可以参考案卷信息,但是却不能将之作为裁判依据。"②否则,开庭审理很大程度上只是一种彰显国家死刑适用慎重态度的仪式存在。

三、死刑案件庭审实质化的实现路径

以审判为中心,对控辩双方的平等性、审判的程序性提出更为严格的要求。"以审判为中心"就是"在法庭明真伪",即要求事实查明在法庭,只有通过控辩双方在庭上对事实与证据的举证和辩驳,做到事实证据调查在法庭、定罪量刑辩论在法庭、裁判结果形成于法庭,裁判才具科学性。以审判为中心的诉讼制度改革,最直接的要求就是要在庭审程序中最大限度地做到公开、公正,至少要让法官看到被告人的自我辩护,看到被害人的激愤,看到切实的证据,看到证人的真实与否,看到鉴定人负责任的说明,看

① 陈实:《刑事庭审实质化的维度与机制探讨》,载《中国法学》2018年第1期。

② 李奋飞:《论刑事庭审实质化的制约要素》,载《法学论坛》2020年第4期。

到他所裁判的一切,这正是直接言词原则所要求的。正如萨默斯所说的:“只有将审判作为唯一可以接受的判定证据的场所,方能接受对审判阶段与侦查阶段的规范性存在重大差异以及审判本身的合法性。”①

解决死刑案件庭审形式化、实现庭审实质化需要确保法院在死刑适用上的独立地位,尽力避免案外因素的不当介入、改革刑事审判程序、理顺法院内部制度。案外因素的影响并不涉及大多数死刑案件,可以通过程序改革解决。下文主要探讨相关的刑事审判程序改革和法院内部制度调整问题。

(一)优化审判组织

我国死刑案件审判庭审形式化的最根本原因,即在于两个审判组织分占审理权与裁判权的体制,不解决审、判分离问题,庭审形式化便不能得到彻底解决。而探讨死刑案件审、判分离,陪审问题是不可回避的,运用好陪审制,审、判分离问题就能得到妥善解决。对于死刑案件审判的民众参与,我国的妥当选择是人民陪审制度而非西方式陪审制,理由主要在于:其一,我国法官和民众在心理层面并无接纳陪审制的基础。其二,我国民众普遍抱有“杀人偿命”的思想和重刑观念,引入陪审制可能会使我国严格控制死刑适用的刑事政策落空。人民陪审员比职业法官或许更倾向于判处死刑,职业法官经常面临生死抉择,基于对生命的敬畏,在下判死刑时可能更加理性和谨慎,而在控强辩弱的局势下,民众陪审可能更容易作出死刑判决。美国的民意调查也显示:②大多数受过大学教育的人反对死刑,而多数选民却并不反对死刑;法官群体所在社会阶层通常不处于暴力犯罪日常威胁的环境中,法官们往往迷恋于曾经大学时代的反死刑学术观点,在迫不得已适用死刑时会更为慎重。日本引入陪审制失败的一个重要原因正是民众重刑观念造成重判倾向,导致多数国民消极应对陪审、当事人极力排斥陪审,《陪审法》实施效果不佳,最终名存实亡。③

要切实解决死刑案件审、判分离的问题,优化我国死刑案件审判组织,可以通过下列改革实现。

(1)设立专业性审委会。从审委会讨论死刑案件的运作实务来看,能够从法律上严格把关,在案件处理上提出实际意见的往往是长期从事刑事审判的委员,特别是刑事审判业务的主管副院长,而其他一些委员则可能

---

① [瑞士]萨拉·萨默斯:《公正审判:欧洲刑事诉讼传统与欧洲人权法院》,朱奎彬、谢进杰译,中国政法大学出版社 2012 年版,第 114 页。

② [美]哈格、[美]康拉德:《死刑论辩》,方鹏、吕亚萍译,中国政法大学出版社 2005 年版,第 182 ~ 183 页。

③ 丁相顺:《日本“裁判员”制度建立的背景、过程及其特征》,载《法学家》2007 年第 3 期。

由于欠缺刑事审判经验及处理死刑案件的责任心。[①] 有实务部门的学者在强调审委会有利于死刑案件事实认定和刑罚裁量的同时,也认为审委会的改革方向应该是委员专业化、业务范围明确化。[②] 对于审委会的专业化改革,国内法学界早已达成共识,也为最高人民法院发布的各版"改革纲要"所吸纳:2004 年发布的《法院二五改革纲要》明确提出设立刑事专业委员会、将审委会活动由会议制改为审理制、改革审委会表决机制等改革措施;2009 年发布的《法院三五改革纲要》对审判委员会改革再无进一步的表态,仅强调完善审委会讨论案件的范围和程序,规范审委会的职责和管理工作;2015 年发布的《法院四五改革纲要》提出改革审委会工作机制,审判委员会委员担任审判长参加合议庭审理案件,审判委员会主要讨论法律适用问题,并建立先行过滤机制,规范审委会讨论案件的范围;2019 年发布的《法院五五改革纲要》提出健全审委会讨论决定案件法律适用问题机制,建立拟提交审委会前的审核、筛选机制,深化审委会事务公开,裁判文书中公开审委会讨论案件的决定及其理由,审委会引入资深法官。笔者以为,就严控死刑适用、提高死刑案件办案质量而言,在审委会设立刑事专业委员会仍然应该是改革的方向,这一改革的落实尚须最高人民法院的强力推动。基于死刑案件的特殊性,实践中已有法院尝试类似的改革,如某高级人民法院在审委会设立了"死刑案件审查小组",专司死刑案件讨论,在一定程度上避免了审委会讨论死刑案件时专业性不足的问题。

(2)还权合议庭,限制提交审委会讨论的案件范围,规范审委会对死刑案件的参与方式。审委会设立刑事专业委员会,只是改革的第一步,如果不还权合议庭、不限制提交审委会讨论的案件范围、不改革审委会参与案件的方式,庭审形式化的现状难有实质改观。从最高人民法院的立场来看,各版本的"法院改革纲要"都在强调合议庭依法独立判案的审判职责。笔者以为,对于大多数合议庭意见一致、案外干预不多、社会影响较小的死刑案件,应该完全交由合议庭独立审判;对于案外干预多、社会影响大的案件,可以由院长、庭长、审委会委员领衔组成合议庭进行审理;只有那些合议庭意见分歧严重、案外因素介入、社会影响不大的案件才有必要提交审委会讨论决定;除提交审委会讨论的死刑案件之外,"法院院长、副院长、庭长、审判委员会对于自己没有参与审理的案件不得干预"。[③] 另外,在公诉方列席审委会讨论的死刑案件中,应该确保辩护方也有陈述意见的机会;

---

① 龙宗智:《收回死刑复核权面临的难题及其破解》,载《中国法学》2006 年第 1 期。

② 陈华杰:《论死刑适用的标准》,人民法院出版社 2005 年版,第 216 ~ 218 页。

③ 樊崇义、叶肖华:《死刑的实体和程序控制》,载《中国司法》2006 年第 8 期。

也要确保议事过程公开透明,并处理好公开与保密的关系,对审委会会议实行全程录音录像,应事先将参加案件讨论的审委会委员相关信息,以适当方式告知当事人,以提高决策透明度,增强审委会委员的责任感。① 此外,有法官提出的送达申请审委会委员回避权利告知书、针对法律适用问题提交书面诉辩意见权利告知书②等建议,笔者也深表赞同。

(3)提高陪审率、扩大合议庭。比较法研究的结论告诉我们,域外一些国家的死刑案件审判程序,在审判组织上多有特殊设计,如配备资深法官、增加法官人数、陪审团审判、适用更严格的合议规则等。在还权合议庭、限制审委会参与范围的情况下,大多数案件要完全依靠合议庭在法庭上的听审进行事实认定和法律适用。目前的审判员 3 人合议庭组织过于简单,笔者对法官的问卷调研显示(见图 46),近半数法官认为死刑案件理想的合议庭人数应为 5 人。前文的数据也显示,修改后的《人民陪审员法》设立的 7 人合议庭,实践中适用率偏低。笔者以为,对于审判员合议庭,有必要增加人数,对于 7 人陪审合议庭,有必要提高适用要求。具体而言:死刑案件的一审,全部适用 7 人陪审合议庭;死刑案件的二审,可以维持现行规定,适用审判员 3 人或 5 人合议庭;死刑复核程序改造为第三审程序后,其合议庭人数可以维持现行 3 人复核合议庭。在死刑数量大幅下降且还会进一步下降的背景下,将原来合议庭、审委会前后两次审理合并为一次审理,事实上避免了司法资源的重复投入,与扩大合议庭的资源加大投入可以互补。

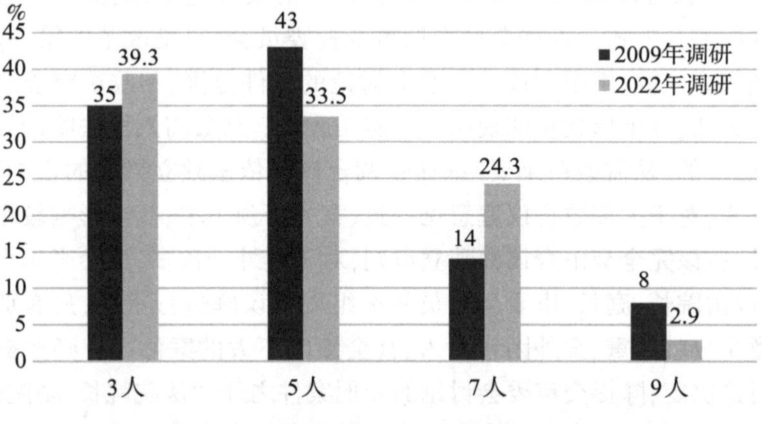

图 46　死刑案件主审法官眼中理想的死刑案件合议庭人数

注:问卷调研中,也有个别法官表示"人多嘴杂",合议庭人数不宜过多。

① 冯之东:《司法体制改革背景下的审判委员会制度》,载《广西大学学报(哲学社会科学版)》2016 年第 2 期。

② 马荣、王小曼:《合议庭与审判委员会衔接问题探析》,载《人民司法》2015 年第 21 期。

(二)完善表决机制

在我国,合议庭、审委会在讨论案件时,似乎并不关注意见发表先后次序的问题,也没有相关制度。笔者和一些法官交流得知,发表意见的顺序存在着多种不同的做法,主要取决于特定法院的传统、内部文化等因素。有习惯于领导、资深法官先表态者,也有领导、资深法官最后发言的,还有按座位顺次表态的,也有领导压阵、其他人随机表态的。这种意见表态机制的缺位,确实造成了实践中领导、资历深的法官往往先表态定调,后续的人员附和应承的情形。对此,笔者认为,合议庭和审委会在意见表态时,应该确立依据法官资历确定表态顺序的机制,即由资历较浅的法官先表态、资深法官、有关领导后表态的机制,这样就可以使各种意见得到最充分的表达,可以避免一些法官听审时身心分离、表态时滥竽充数的情况,也利于对年轻法官的培养。

合议庭成员意见经过充分表达和交流切磋之后,即应表决产生裁判结论。在目前绝大多数死刑案件由 3 人合议庭审理、审委会裁决的体制下,其表决机制都是简单多数。在合议庭扩大到 5 人以上的情况下,就会产生涉及适用与一般刑事案件相同的“简单多数”原则,还是确立适用于死刑案件的特殊表决机制的问题。正如有学者所言:死刑案件如果经受不了现实的检验,是没有资格奢谈所谓的“历史检验”,为避免出现不可饶恕的错误,死刑案件的合议中,必须建立与一般案件“简单多数”不同的规则。①虽然有不少学者主张死刑案件应该采取“绝对一致”的表决机制,国外陪审团审判中也确实存在着这种做法。但笔者以为,我国死刑案件的表决机制应适用“绝对多数”规则,不能适用“完全一致”规则。理由主要有:考察国外的经验可知,实行参审制的法国和日本都强调重罪案件在审判组织上的差异,但均未实行“完全一致”的表决机制。在没有如美国严格遴选并隔离陪审团的制度保障的情况下,合议庭成员难免会受到案外影响,甚至可能出现徇私枉法的情形,要求完全一致无异于给少数人将其意见强加于多数人打开了方便之门,更可能催生并加剧新的司法腐败。而且,笔者就此问题对法官的问卷调研显示:在合议庭人数增加到 5 人至 9 人的情况下,绝大多数法官赞同死刑案件实行“绝对多数”的表决规则,支持“完全一致”的法官为数极少,主张沿用现行“简单多数”的法官也不多(见图 47),这说明法官群体也在反思当前表决机制存在的问题,并已形成基本共识。经年累月适用此类规则的法官对此应该最有发言权,我们提出新的改

① 王敏远:《死刑案件的证明“标准”及〈刑事诉讼法〉的修改》,载《法学》2008 年第 7 期。

革措施,不能不听取其声音,不能不求得其认同。实践中已有法院在这方面进行了大胆的尝试,如上海高级人民法院即规定:审委会2/3以上通过,才能做出判处死刑(立即执行)的决定。①

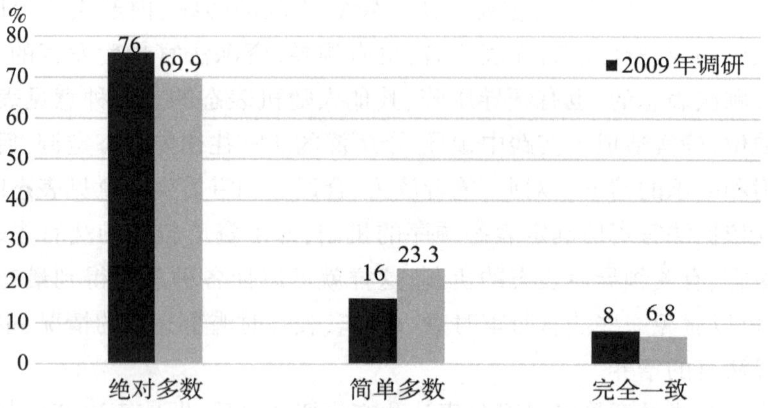

图47　死刑案件主审法官眼中理想的死刑案件表决规则

(三)改革庭审程序

破解死刑案件庭审形式化难题,除了优化审判组织外,庭审方面的改革也须跟进。笔者主张死刑案件由专门的审判组织审理,并适用较一般刑事案件更为严格的程序,就涉及案件受理后、审理前的程序选择问题:如果不改变证据调查书面化的现状,优化审判组织的努力,同样难以收到实质性效果;如果辩护方还是一如既往无话可说,针对公诉方的指控提不出有力的辩护意见,庭审大概率还会沦为确认侦查结论的过程;如果继续保持现行高度依赖案卷的办案习惯,法官就不会真正重视庭审过程,二审开庭还是避免不了其仪式性存在。

笔者以为,要彻底解决死刑案件庭审形式化的问题,庭审前的程序选择、确保证人出庭作证、保障辩护权、改变案卷移送制度和案卷依赖习惯、改革二审开庭准备制度等多个方面,都是需要努力解决的。对于死刑案件中的关键证人出庭作证、辩护保障、二审开庭审理等问题,前文已多有涉及,在此仅就程序选择和改变公诉方主导的证据调查方式问题展开说明。

一审死刑案件的庭审程序选择,应该以检察院的死刑量刑建议为主要标准,对于检察院未提出死刑量刑建议的案件,法院审查认为有必要时也可作为死刑案件审理。根据我国《刑事诉讼法》的规定,死刑一审案件一

① 本刊编辑部:《切实落实死刑二审开庭审理工作　确保死刑案件审判质量》,载《中国审判》2006年第5期。

般都由中级人民法院管辖,死刑案件包括“可能判处死刑”的案件和经过审判“判处死刑”的案件。对于何谓“可能判处死刑”的案件,笔者的观点前文已有交代:该判断权应赋予检察院,并赋予法院对检察官重罪轻诉的修正权。基于前文对死刑案件应该由特殊审判组织适用更严格程序审理的主张,首先要解决中级人民法院受理案件后将哪些案件当作“死刑案件”的问题?即庭审前的程序选择问题,由谁选择?以什么标准进行选择?

考察国外庭审程序选择标准可知:在美国,死刑案件与一般刑事案件的差别主要在于量刑程序上,通过实体法上的重罪规定和程序上的检察官明确死刑指控,解决了死刑案件程序选择问题;在日本,死刑案件与一般刑事案件在审判程序上的区别主要在于国选辩护、裁判员参审等方面,其选择标准是法定刑(死刑或无期)和犯罪结果(故意犯罪致人死亡)。

笔者以为,我国《刑法》规定的法定刑幅度宽、死刑罪名多,在《刑法》未修改的情况下不易将法定刑或罪名作为程序选择标准,死刑案件的庭审程序选择,可以参照《刑事诉讼法》在简易程序选择上的制度设计:确立检察院的量刑建议制度,提起公诉的检察院在提起公诉之时即应选择是否提出死刑量刑建议。以检察院的死刑量刑建议为基础,死刑案件庭审程序的选择问题就迎刃而解了:在检察院提出死刑量刑建议的情况下,法院在庭审前对此无须再做审查,即应按照死刑案件审理;为了避免检察机关以不提出死刑量刑建议的方式重罪轻诉,应赋予法院一定的修正权,即在检察院未提出死刑量刑建议的情况下,法院经过庭前审查认为“可能判处死刑”,可以作为死刑案件审理。就笔者研读的死刑案例来看,不少裁判文书载明公诉人、出庭检察院在庭上提出明确的死刑量刑建议,有为寻求死刑而提出“积极”量刑建议的,也有主张不判死刑而为“消极”量刑建议的,可见这种制度安排具有可行性。

2012 年修正的《刑事诉讼法》,案卷移送制度取代“复印件主义”,废除了备受诟病的庭后阅卷移送制度。案卷移送制度的确立,强化了法官阅卷在诉讼中的地位,使得法官对案件事实产生先入为主的预断,法官审理的客观性和中立性受到挑战,①也“有从不偏不倚的法官角色突然滑向控告一方的危险”,②进一步加深了书面证据、案卷笔录对我国刑事审判的影响。

陈瑞华教授早年考察我国“案卷笔录中心主义”裁判方式后曾得出惊

---

① 李拥军、董辰:《刑事庭审实质化视角下的法官预断排除研究》,载《河北法学》2022 年第 9 期。
② [德]拉德布鲁赫:《法学导论》,米健译,商务印书馆 2017 年版,第 176 页。

人结论：①在“法庭审理流于形式”问题仍然没有得到解决的情况下，任何旨在推进法庭审理程序现代化的立法努力，对于解决我国刑事审判制度的问题注定是没有实质意义的；而要彻底解决庭审形式化的问题，就必须考虑“重建审判制度”的问题，即构建通过庭审产生裁判结论的制度和司法文化。

只有在庭审具有产生裁判结论之能力的情况下审判才具有最低限度的公正。庭审实质化要求裁判者应依据庭审情况做出裁判，而不应以庭外证据笔录为依据进行事实认定并做出裁判。② 随着庭审实质化改革的推进，检察官在法庭上不再以宣读侦查笔录为主要举证方式，辅之以大量关键证人出庭作证、强化死刑案件的辩护保障，庭审将成为公诉人的主战场，控辩双方的博弈将进一步聚焦于法庭审判环节，庭审的对抗性就会增强。③ 身处审判一线的学者早年也曾提出更为激进的主张：④侦查笔录到检察院为止，只具有起诉根据的作用，开庭后笔录即应丧失作用。虽然在现行案卷移送制度之下，完全杜绝侦查笔录对审判的影响尚不现实，但对检察官主导的书面证据调查方式做出调整，强化法庭审判的言词特征，并非没有现实可能。

（四）理顺内部制度

寻求死刑案件庭审形式化的解决对策，如果仅仅立足于庭审程序本身而漠视法院内部制度的影响，就容易将法院内部机制运行不顺引发的问题，归因于庭审程序甚至整个刑事诉讼制度的层面，从而可能造成庭审形式化解决路径上的偏差。在强调审判组织优化、庭审程序改革的同时，也不能忽视法院内部制度在审判实践中事实上存在的重大影响力，必须认真审视其存在的问题，及时化解其可能带来的不利影响。从破解死刑案件庭审形式化难题的立场出发，笔者以为至少下列几项内部制度是亟待认真反思的。

（1）防止法院内权力的过度参与。死刑案件的审判实践中，存在着院内权力多层次介入的问题。党的十八届三中全会通过的《中共中央关于全面深化改革若干重大问题的决定》要求：“改革审判委员会制度，完善主审

---

① 陈瑞华：《案卷笔录中心主义——对中国刑事审判方式的重新考察》，载《法学研究》2006 年第 4 期。

② 褚福民：《案卷笔录与庭审实质化改革》，载《法学论坛》2020 年第 4 期。

③ 韦亚力：《论我国刑事诉讼中的新型诉审关系》，载《人民检察》2016 年第 11 期。

④ 吴情树、李明：《论死刑案件二审开庭的意义及应对——一个生与死的程序运作》，载《刑事法评论》2006 年第 2 期。

法官、合议庭办案责任制，让审理者裁判，由裁判者负责。"要想实现庭审的实质化，就须切实落实《司法机关内部人员过问案件的记录和责任追究规定》，尤其不能因为死刑案件"人命关天""提交审判委员会"等理由使之成为例外。解决院内权力过度介入死刑案件审判的问题，既要鼓励法官坚持其独立办案的权力，也要呼吁法院领导以身作则，尊重并保障办案法官依法审判的权力。院长、主管副院长、庭长等法院内部行政管理主体，不应凭借其行政管理的优势地位，干预法官、合议庭的裁判，代行应由法院和合议庭独立行使的司法裁判权。①

（2）逐步取消内部请示制度。最高人民法院的"二五改革纲要"和"三五改革纲要"都有改革规范内部请示的提法，并已多次重申禁止个案请示。十年前，就有一些地方法院做出内部规定，不就个案向上级法院请示，也不答复下级法院就个案的请示。② 时至今日，实践中仍不乏将个案判不判死刑的问题解释为"法律适用"问题进而向上级法院请示的情形，上级法院也难以拒绝答复。根绝内部请示依然还需努力，尤其是在重大刑事案件办理过程中，上下级法院之间频繁的交流沟通，架空了法庭审理，损害了审级制度的预期功能。此外，在法官员额制改革早已落地生根的今天，审判权与行政权并未实现真正分离，法官也难以抵御法院内部的行政干预。③ 故有学者早就提出过建议：明确以任何方式干预法官裁判都将导致不利后果甚至辞职。④

（3）司法错误惩戒适当。在全面准确落实司法责任制的同时，也需要探索司法豁免制度，明确法官和人民陪审员的正当职务行为不受追究，并不是所有案件一经被认定为错案，就可以不顾错误的大小和产生错误的原因，直接追究法官的责任。⑤ 曾经运行多年的错案追究制度，本意在于防止错案，但在实践中却成为一些冤狱制造的制度诱因。在现有的评价体系下，一个错案可能使一个法院的所有成绩一票否决，严厉处罚的初衷加剧了错案纠正的难度。趋利避害的心理使办案人员想方设法规避风险，甚至于放逐其赖以安身立命的法律职业操守也有可能。有学者深入研究死刑错案生成机制后得出结论："不恰当的办案奖惩机制也是死刑案件错误裁

① 魏晓娜：《以审判为中心的诉讼制度改革：实效、瓶颈与出路》，载《政法论坛》2020 年第 2 期。

② 朱立毅：《涉个案：浙高院禁内部请示》，载《新华每日电讯》2006 年 7 月 23 日，第 2 版。

③ 钟朝阳：《"以审判为中心"新解及司改路径的调整》，载《中国人民公安大学学报（社会科学版）》2018 年第 1 期。

④ 徐昕、黄艳好、汪小棠：《中国司法改革年度报告（2013）》，载《政法论坛》2014 年第 2 期。

⑤ 徐枭雄：《让审理者裁判、由裁判者负责》，载《湖北警官学院学报》2015 年第 3 期。

判的原因之一。”①法院内部对司法错误的惩戒不当,迫使法官漠视程序正义而完全陷入对实体公正的不懈追求,可能直接影响死刑案件实体裁判的准确性。司法错误的惩戒机制亟待改革,惩戒应以存在过错为先决条件,对于审判人员因能力不足所致的错案,以及完全遵循法定程序审慎处理仍未能避免的错案,在处理上要特别慎重。

(4)合理设计司法考评机制。考察我国现行法官考评机制可知:对法官的评价,往往与庭审行为没有直接关系,更多与裁判结果的变更挂钩,个案尤其是死刑案件的裁判变更直接关系着对相关法院、办案法官的绩效考评。例如,法院内部考评中,案件被二审法院“发改”(改判、发回重审),办案法官甚至其所在业务庭都会承受否定性评价,甚至遭受行政乃至经济制裁,所在法院也会在上级法院的考核评比中处于不利局面。基于此,法官为了维护个人利益、法院为了维护自身面子,②在一审法院判处死刑(立即执行)后,一审法官、法院可能,会去努力影响二审裁判,想方设法避免二审法院改判,被一些法官戏称为“审完一审忙二审”“跟踪”二审。笔者在对死刑案件主审法官的访谈中了解到:因为死刑案件的改判牵涉面广,有些法官、法院为了避免死刑案件的二审改判而尽量不判死刑。亟待改变案件质量管理方式和法官评价指标,将发回重审率或改判率从法官考核评价指标中剔除,弱化一审、二审法院之间的科层性。③ 笔者对 10938 例死刑二审案件的观察发现:二审改判更多是将死刑(立即执行)改判死缓,将死缓改判无期刑、有期刑的情况相对少见;改判时二审法院往往先要郑重其事地宣布“原审裁判事实认定清楚、适用法律正确、量刑适当、审判程序合法”,并表明考虑到“本案实际情况”或者“新情况”才不得不改判,字里行间流露着对一审法院的“抱歉”与“遗憾”。笔者虽然没有法官职业经历,难以评判司法考评这一内部制度对整个庭审程序的消极影响,也不具备提出具体完善方案的经验储备和知识积累。但前述事例已经足以提醒我们:在关注宏观制度完善的同时,也应关注法院内部制度可能带来的种种影响,及时清理障碍,才能消解冲突。在此问题上,体制外的理论研究者,只需要提出问题,因为实务界的精英们一旦跳出当局者迷的窘境,自会拿出合理可行的解决方案。

---

① 李建明:《死刑案件错误裁判问题研究——以杀人案件为视角的分析》,载《法商研究》2005 年第 1 期。

② 汪明亮:《定罪量刑社会学模式》,中国人民公安大学出版社 2007 年版,第 212 页。

③ 陈雪珍:《论审判权的独立行使——“让审理者裁判、由裁判者负责”的制约因素与完善》,载《政法学刊》2014 年第 6 期。

结语:中国死刑控制的未来

当今世界一直面临着死刑问题,即便是那些已经废止死刑的国家,也一直持续存在着死刑的话题。虽然当今国际社会对废除死刑尚存争议,但基于死刑的不可克服的诸多重大缺陷,保留死刑的国家应当按正当程序适用死刑、严格控制死刑适用已成为国际社会共识。①

死刑在我国的支持率较高,短期内废除死刑的可能性较小,法学界对废除死刑也尚未达成共识,在追求立法上限制死刑难以取得进展的情况下,通过司法控制死刑,逐渐获得学界认同,但在具体路径上存有分歧。宪法学者主张在生命权入宪的基础上,既要在宪法上寻求死刑控制的稳妥方案,也要在立法限缩死刑罪名、司法上严格适用死刑、执行上进一步人道化,逐步寻求社会共识,最后废除死刑。② 刑事实体法学者普遍主张"司法少判死刑":③强调通过发挥民事赔偿、被害方谅解等酌定量刑情节的作用,严格死刑案件定罪量刑标准,严守死刑政策等,司法上严格控制死刑的适用,关注死刑适用的数量减少,司法限制死刑适用是立法限制死刑"不力""不速"情况下的"替代措施"。刑事程序法学者普遍主张"司法慎判死刑":④强调以完善死刑程序、严格死刑证明、加强死刑辩护保障、强化二审开庭质量、改革死刑复核程序为举措,在司法程序中确保死刑适用的公正与准确,限制死刑的适用,关注死刑适用程序的公正,司法限制死刑是深化死刑程序改革、提高死刑案件办案质量的必然"副产品"。

面向未来,在中国死刑控制的总体思路上,笔者赞成胡云腾大法官有

---

① 赵秉志:《当代中国刑罚制度改革论纲》,载《中国法学》2008 年第 3 期。

② 韩大元等:《死刑的宪法控制》,中国人民大学出版社 2022 年版,第 15 页、第 314 ~ 319 页;刘仁文主编:《死刑改革与国家治理》,社会科学文献出版社 2016 年版,第 97 ~ 107 页。

③ 代表成果如陈兴良:《死刑备忘录》,武汉大学出版社 2006 年版;马松建:《死刑司法控制研究》,法律出版社 2006 年版;[美]杰罗姆 · 柯恩、赵秉志主编:《死刑司法控制论及其替代措施》,法律出版社 2008 年版;彭新林:《酌定量刑情节限制死刑适用研究》,法律出版社 2011 年版;林维:《最高法院如何掌控死刑》,北京大学出版社 2014 年版等。

④ 代表成果如杨正万:《死刑的程序限制》,中国人民公安大学出版社 2008 年版;杨文革:《死刑程序控制研究》,中国人民大学出版社 2009 年版;杨宇冠:《死刑案件的程序控制》,中国人民公安大学出版社 2010 年版;吴宏耀、罗海敏:《死刑的程序控制》,中国政法大学出版社 2014 年版;宋英辉、孟军、何挺等:《死刑案件证据运用指引建议论证稿》,法律出版社 2016 年版。

关中国死刑“三个坚持”的主张,①即坚守“保留死刑”底线、严守“限制死刑”主线、守住“防止错杀”红线。在死刑控制的具体策略上,笔者主张既要注意防范“以不杀止杀”的可能风险,也要恪守“不杀止于杀”的必要限度。

一、可能风险防范:以不杀止杀

做出严控死刑的政治抉择,推动司法控制死刑,毋庸置疑,这是中国法治文明、法治进步的表征。当然,在其仓促上路和匆忙前行之间,还须理性思量这场以司法权控制死刑适用的改革,正视隐忧、防范风险。

在立法上保留死刑罪名、民众普遍支持死刑的背景下,如果司法权以严格控制死刑适用为目标,致力于追求减少死刑数量,对死刑适用过度附加严格条件,约束法官适用死刑,可能造成司法控制与民众期待背道而驰,进而导致司法控制失去社会支持,最终危及司法权威、有损司法形象。

司法控制运用不当,可能面临的巨大风险,笔者将其称为“以不杀止杀”。②

司法控制对死刑数量的减少,可以追求但不能强求,不能将死刑数量明显下降作为司法控制死刑的目标,更不能以死刑数量多寡为评判死刑程序正当与否的依据。死刑数量的减少受制于国家政策、社会需求、民意等多种因素,我国死刑数量下降,会有一个由多到少的过程,不可能也不应该是一个直线下降的突然减少过程。试图“以不杀止杀”,致力于绝对限制、减少死刑数量,或者意图达到事实上废除死刑(应判死刑而不判),是司法权难以承受之重。

司法行为从来不是我国死刑适用过多的主要原因,甚至也不是最重要的原因。司法机关过多判处死刑仅仅是问题的表象,而非问题的实质;立法上死刑配置过多、行政机关的死刑需求过高才是最为重要的原因。立法上死刑配置过多,导致了行政权在社会治理中对死刑的过度依赖。近几年来,在中央强调严格控制死刑适用、支持死刑改革的形势下,行政权表现得相对谦抑,才是死刑数量出现明显下降的关键原因。

我国的历史经验是通过行政限制死刑而非通过司法限制死刑。以清朝死刑为例,年均判处死刑数在 1200 人至 1700 人,经过秋审大典被执行

---

① 胡云腾:《论中国特色死刑制度的“三个坚持”》,载《中国法律评论》2023 年第 4 期。

② 本部分“以不杀之杀”“不杀至于杀”的相关论述,受到了吉林大学法学院王勇教授的启发,借用其语。参见王勇:《不杀止于杀——死刑司法控制中的公众舆论引导研究》,载《法学杂志》2017 年第 3 期。

死刑者不到1%。[①] 胡兴东教授细致考察我国古代死刑制度后得出的结论是:[②]中国古代死刑制度设置相当复杂,历朝历代都力求对死刑适用程序进行规范,以便与慎刑、德治、仁政等政治取向相适应。古代中国对于死刑的态度,滥用从来不是目标,而且一直致力于制约死刑的滥用。为此,创制了严格的初审、复审、复核、核准等裁决程序,再辅以复杂的执行程序,目的就在于减少死刑适用出现问题的可能性。在我国古代,行政权绝对凌驾于司法权,行政权不需要通过向司法权施压即可任意地动用死刑,最高行政权(皇权)通过宽宥、赦免死刑以彰显"慎刑""仁政",实质正是行政权对死刑的主动限制。

考察(前文已述及的)美国的死刑执行、判处情况可见,死刑执行取决于行政权,立法上未废除死刑的情况下,司法权经独立审判后依然会适用死刑。1998年,曾经身陷死囚牢笼的金大中主政韩国后,停止死刑执行,推动韩国"事实上废除死刑"。但是在2010年2月25日,韩国宪法法院依然维持了死刑合宪的立场,[③]在停止执行死刑之后,韩国司法机关依然在不断地宣判死刑。[④] 笔者收集的资料显示:在已经"事实上废除死刑"后的2009年,韩国判处了郑成铉、姜浩淳两例死刑;[⑤]2012年一审法院判处了"水源杀人分尸案"中国籍被告人吴原春死刑,二审改判无期,三审维持了无期裁判;2016年韩国大法院终审维持了"江原道高城郡军营枪杀案"的死刑裁判;[⑥]就在2022年,韩国还终审判处了1例死刑,截至2022年年末,韩国在押死刑囚还有60人。[⑦] 再如泰国,2009年执行最后一例死刑后,已经成为"事实上废除死刑"的国家,但泰国法院并未因此放弃死刑判处,如

---

① 陆侃怡:《死刑刑事政策:近代以来死刑立法的变迁》,中国政法大学出版社2015年版,第60页。

② 胡兴东:《中国古代死刑制度史》,法律出版社2008年版,第540页。

③ 《大韓民国:憲法裁判所の判断により、死刑廃止が後退》,http://www.amnesty.or.jp/,2023年9月18日访问。

④ 韩国自1998年停止执行死刑以来死刑宣告数量:1998年14人,1999年20人,2000年20人,2001年12人,2002年7人,2003年5人,2004年5人,2005年6人。参见[韩]李廷元:《死刑犯罪对象的缩小方案》,载赵秉志主编:《中韩死刑制度比较研究——第五届中韩刑法学术研讨会学术文集》,中国人民公安大学出版社2008年版,第82页。

⑤ 孙振硕:《韩国死刑制将何去何从?》,载《朝鲜日报》2009年2月27日;权祥银:《连环杀人犯姜浩淳一审被判死刑》,载《朝鲜日报》2009年4月23日,详见朝鲜日报中文网:http://chn.chosun.com,2023年9月18日访问。

⑥ Death Sentences and Executions in 2016,载大赦国际,https://www.amnesty.org/en/,2023年9月18日访问。

⑦ Death Sentences and Executions in 2022,载大赦国际,https://www.amnesty.org/en/,2023年9月18日访问。

2020年就曾判处死刑35例,在押死刑囚一度达到235人,①经过泰国国王的大赦,截至2021年年末,在押死刑囚还有158人,②2022年又判处死刑104例,截至2022年年末,在押死刑囚又达到195人。③

避免"以不杀止杀",是域外一些国家死刑控制的经验。以中立、消极为特征的司法权,只能尽可能避免死刑误判,妥当运用量刑自由裁量权慎重宣判死刑。在死刑控制中,真正能有作为的首先是立法权和行政权。立法权可以像法国1981年那样置60%国民的反对于不顾而悍然废除死刑。行政权可以像美国一些州长、日本一些法务大臣、韩国一些总统那样拒签死刑执行命令,事实上停止执行死刑,甚至赦免死刑犯,造成废除死刑的既成事实。有学者梳理近些年法院与公众舆论之间"杀"与"不杀"的博弈后认为:④因为宽、严失调,轻实质标准、重酌定情节,常识与专业知识冲突等原因,法院强推"不杀"遭遇公众舆论"杀"的强烈反弹。

二、恪守必要限度:不杀止于杀

司法控制是实现死刑适用公正的有效路径,死刑判处数量的下降,应当是一个渐进的过程,不可能也不应该是直线下降的突然减少过程。推动死刑改革,死刑民意无法回避,必须"引导公众理解和支持死刑改革"。⑤因为民意支持率居高不下,立法上死刑罪名进一步削减死刑面临巨大困难,转而求诸司法,意图通过司法程序减少死刑,可能招致民意的强烈对抗。理性的策略为:司法控制死刑,不能高举"不杀"的招牌,要通过司法程序公正、准确地适用死刑,由此向社会传递死刑适用("杀")的极度慎重和迫不得已,"求其生"的努力和"求不得"的无奈,进而引导社会公众的死刑观念转变,赢得社会的舆论支持,逐步完善死刑适用的司法标准,在"杀"与"不杀"的博弈中,司法要避免"不杀"的成见。

通过司法控制死刑,需要控制在必要限度,笔者将其称为"不杀止于杀"。

---

① Death Sentences and Executions in 2020,载大赦国际,https://www.amnesty.org/en/,2023年9月18日访问。

② Death Sentences and Executions in 2021,载大赦国际,https://www.amnesty.org/en/,2023年9月18日访问。

③ Death Sentences and Executions in 2022,载大赦国际,https://www.amnesty.org/en/,2023年9月18日访问。

④ 王勇:《不杀止于杀——死刑司法控制中的公众舆论引导研究》,载《法学杂志》2017年第3期。

⑤ 赵秉志、张伟柯:《略论死刑的民意引导——以慎用死刑为视角》,载《国家检察官学院学报》2013年第4期。

通过完善司法程序公正、准确、慎重地适用死刑,是司法控制死刑的合理路径。死刑在我国具有深厚的社会传统根基和民众观念支撑,未来相当长的时期内可能都不具备废除死刑的可能,“保留死刑、严格控制死刑”也会是相当长时期内必须坚持的基本死刑政策。“人命关天”的死刑的误判难纠和生命不可逆转,要求死刑司法程序要严之又严、慎之又慎,尽最大努力防错纠错。通过司法控制死刑,可确保死刑适用的公正与准确,可避免误判错杀,客观上自然会减少死刑数量。要使死刑裁判经得起时间检验,要想推动我国死刑走向废除,不仅需要建构更为严格的死刑程序,通过司法程序落实严控死刑的国家政策,通过司法程序确保死刑适用的公正与准确,还须手握生杀大权的裁判者以理性之眼在法律规范和案件事实间往返逡巡,以慎刑之心斟酌生死存留,引领社会的死刑观念由报应走向宽容。

近年来我国死刑数量较大幅下降,并非司法有意控制死刑的直接结果。以最高人民法院收回死刑复核权为肇始而启动的死刑程序改革,牵涉所有办案机关,涵盖了死刑案件的侦诉审全部诉讼环节,对我国死刑适用影响深远。从结果来看,确实出现了死刑数量明显下降的死刑控制成果。笔者对此的解读是:一系列改革增强了死刑程序的正当性,促进了死刑适用过程的公正与适用结果的准确;过去可能存在不该判处死刑者被判处死刑的情况,客观上造成了死刑适用更多;在中央强调严格控制死刑适用、支持死刑程序改革的形势下,地方的死刑需求被抑制,对于死刑案件处理的行政干预相对较少,基本任由司法机关按照司法的方式裁决;死刑案件的司法程序设置和运行,如法院内部对死刑案件的严格把关,死刑案件的错案责任追究极其严厉和彻底,复核程序重点审查“轻罪重判”、不太关注“重罪轻判”等,对法官和法院形成了少判、不判死刑的诱导,对司法产生了不当制度激励。一位办理过大量死刑案件的法官表示:“为了尽量控制判处死刑的数量,他们要千方百计论证各种酌定情节,对罪轻情节的重视往往远远超过对罪重情节的重视。”①

对于我国死刑控制的未来,笔者主张通过完善死刑司法程序、保障法院依法独立行使审判权,确保死刑适用的公正与准确,通过量刑自由裁量权发挥死缓的替代作用,避免误判错杀,就可以避免死刑适用过多(不应判处死刑者被判死刑),也可以在一定程度上减少死刑数量。近几年死刑数量较大幅度下降的事实,已经足以证明司法程序在严格适用死刑、避免死

① 赵俊甫:《我国死刑司法控制的隐忧——以被害人为视角的分析》,载李洁、张军、贾宇主编:《和谐社会的刑法现实问题》,中国人民公安大学出版社2007年版,第836页。

刑过多适用方面空间广阔、大有可为,未来可期。

以公正的程序适用死刑,使“不杀止于杀”,就能逐步消解死刑适用过多问题。死刑的公正具有更大的符号意义,死刑案件往往是社会矛盾的聚集点,社会影响大,死刑案件的办理过程及结果,社会关注度高。通过程序严控死刑适用,“引导民意向理性化方向发展,进而争取使民意成为削减死刑适用司法改革的基础力量”,才是“未来我国刑法改革和发展的合理路径”。[①] 通过投入更多的司法资源,对死刑案件在司法程序上予以特殊关照,如实现三审终审、量刑程序独立化等,必然提高死刑案件的办案质量,自然也能减少死刑适用的数量。认真对待和妥善解决死刑司法程序存在的问题,确保死刑适用过程及结果的公正,充分体现国家对待死刑的慎重态度,中国死刑的适用数量必将不断减少。

① 刘宪权:《中国刑法发展的时代脉动——97 刑法颁布实施 20 年刑事法治纵览与展望》,载《法学》2017 年第 5 期。

参考文献

一、中文著作

[1][德]彼得·舒斯特:《欧洲死刑史》,朱谅谅译,中信出版社2018年版。

[2][德]卡尔·布鲁诺·莱德:《死刑:起源、历史及其牺牲品》,王银宏译,上海人民出版社2019年版。

[3][德]托马斯·魏根特:《德国刑事程序法原理》,江溯等译,中国法制出版社2021年版。

[4][法]阿德玛·艾斯梅因:《欧陆刑事诉讼史》,郭烁等译,法律出版社2023年版。

[5][法]加缪:《思索死刑》,石武耕译,北京大学出版社2018年版。

[6][美]Jerome A. Cohen、赵秉志主编:《中美死刑制度现状与改革比较研究》,中国人民公安大学出版社2007年版。

[7][美]巴里·内科尔、[美]肯尼斯·A. 哈迪:《死刑的任意性》,赖早兴译,法律出版社2019年版。

[8][美]富兰克林·E. 齐姆林:《美国死刑悖论》,高维俭等译,上海三联书店2008年版。

[9][美]哈格、[美]康拉德:《死刑论辩》,方鹏、吕亚萍译,中国政法大学出版社2005年版。

[10][美]杰罗姆·柯恩、赵秉志主编:《死刑司法控制论及其替代措施》,法律出版社2008年版。

[11][美]琳达·E. 卡特等:《美国死刑法精解》,王秀梅等译,北京大学出版社2009年版。

[12][日]田口守一:《刑事诉讼法(第七版)》,张凌、于秀峰译,法律出版社2019年版。

[13][瑞士]萨拉·萨默斯:《公正审判:欧洲刑事诉讼传统与欧洲人权法院》,朱奎彬、谢进杰译,中国政法大学出版社2012年版。

[14][英]罗吉尔·胡德、[英]卡罗琳·霍伊尔:《死刑的全球考察》(第4版),曾彦等译,中国人民公安大学出版社2009年版。

[15][英]罗吉尔·胡德:《死刑的全球考察》,刘仁文、周振杰译,中国人民公安大学出版社2005年版。

[16]陈海平:《日本死刑控制研究》,法律出版社2022年版。

[17]陈超:《故意伤害罪死刑限制与废止研究》,人民法院出版社2017年版。

[18]陈虎:《制度角色与制度能力》,北京大学出版社2021年版。

[19]陈华杰:《论死刑适用的标准》,人民法院出版社2005年版。

[20]陈兴良:《死刑备忘录》,武汉大学出版社2006年版。

[21]陈兴良主编:《中国死刑检讨——以"枪下留人案"为视角》,中国检察出版社2003年版。

[22]陈泽宪主编:《死刑案件的辩护》,中国社会科学出版社2006年版。

[23]陈泽宪主编:《死刑——中外关注的焦点》,中国人民公安大学出版社2005年版。

[24]崔敏:《死刑考论——历史 现实 未来》,中国人民公安大学出版社2008年版。

[25]高维俭等:《中国死刑问题的社会学研究》,中国人民公安大学出版社2007年版。

[26]韩大元等:《死刑的宪法控制》,中国人民大学出版社2022年版。

[27]何荣功、杨俭等:《毒品类死刑案件的有效辩护》,中国政法大学出版社2017年版。

[28]胡常龙:《死刑案件程序问题研究》,中国人民公安大学出版社2003年版。

[29]胡兴东:《中国古代死刑制度史》,法律出版社2008年版。

[30]胡云腾:《存与废——死刑基本理论研究》,中国检察出版社2000年版。

[31]胡云腾:《死刑通论》,中国政法大学出版1995年版。

[32]贾宇主编:《死刑研究》,法律出版社2006年版。

[33]李贵方、张燕生:《死刑案件的有效辩护》,中国政法大学出版社2017年版。

[34]李洁、张军、贾宇主编:《和谐社会的刑法现实问题(中卷:死刑的司法限制适用问题研究)》,中国人民公安大学出版社2007年版。

[35]李立丰:《中国死刑适用的民意拟制与导入机制研究》,上海三联书店2020年版。

[36]李运才:《毒品犯罪的死刑限制与废止》,中国人民公安大学出版社2013年版。

[37]林维:《最高法院如何掌控死刑》,北京大学出版社2014年版。

[38]刘仁文:《死刑的全球视野与中国语境》,中国社会科学出版社2013年版。

[39]刘仁文主编:《死刑改革与国家治理》,社会科学文献出版社2016年版。

[40]陆侃怡:《死刑刑事政策:近代以来死刑立法的变迁》,中国政法大学出版社2015年版。

[41]吕泽华:《死刑证据控制的理论与实践》,中国社会科学出版社2018年版。

[42]马松建:《死刑司法控制研究》,法律出版社2006年版。

[43]莫洪宪主编:《中国当代死刑制度改革的探索与展望》,中国人民公安大学出版社2012年版。

[44]莫洪宪主编:《死刑辩护——加强中国死刑案件辩护技能培训》,法律出版社2006年版。

[45]潘少华:《死刑辩护权论》,中国人民公安大学出版社2013年版。

[46]彭新林:《酌定量刑情节限制死刑适用研究》,法律出版社2011年版。

[47]宋英辉、孟军、何挺等:《死刑案件证据运用指引建议论证稿》,法律出版社2016年版。

[48]孙长永主编:《中国刑事诉讼法制四十年:回顾、反思与展望》,中国政法大学出版社2021年版。

[49]王剑波、章政:《犯罪动机与死刑适用》,中国政法大学出版社2018年版。

[50]王晓辉:《死刑的终结:英国废除死刑问题的历史考察》,中央民族大学出版社2016年版。

[51]王秀梅等:《美国死刑制度与经典案例解析》,北京大学出版社2018年版。

[52]吴光侠:《死刑裁量论》,法律出版社2016年版。

[53]吴宏耀、罗海敏主编:《死刑的程序控制》,中国政法大学出版社2014年版。

[54]吴宏耀、周媛媛:《美国死刑案件的无效辩护标准》,中国政法大学出版社2014年版。

[55]吴志光:《生活在一个没有死刑的社会》,台北,辅仁大学出版社2005年版。

[56]杨文革:《死刑程序控制研究》,中国人民公安大学出版社2009年版。

[57]杨宇冠:《死刑案件的程序控制》,中国人民公安大学出版社2010年版。

[58]杨正万:《死刑的程序限制》,中国人民公安大学出版社2008年版。

[59]张栋:《美国死刑程序研究》,中国人民公安大学出版社2007年版。

[60]张文等:《十问死刑——以中国死刑文化为背景》,北京大学出版社2006年版。

[61]赵秉志:《死刑改革之路》,中国人民大学出版社2014年版。

[62]赵秉志主编:《中韩死刑制度比较研究——"第五届中韩刑法学术研讨会"学术文集》,中国人民公安大学出版社2008年版。

二、日文著作

[1]王雲海『死刑の比較研究:中国、米国、日本』(成文堂,2005年)。

[2]斎藤充功『恩赦と死刑囚』(洋泉社,2018年)。

[3]司法研修所編『裁判員裁判における量刑評議の在り方について』(法曹会,2012年)。

[4]杉田宗久『裁判員裁判の理論と実践』(成文堂,2012年)。

[5]川出敏裕=金光旭『刑事政策 第3版』(成文堂,2023年)。

[6]北原みのり『毒婦。木嶋佳苗100日裁判傍聴記』(講談社,2017年)。

三、中文论文

[1][美]克莱·S.康拉德:《死刑、陪审与偏见——美国死刑案件的陪审员选择程序》,徐小平编译,载《国外社会科学文摘》2002年第6期。

[2]卞建林:《统一行使死刑案件核准权:十年回顾与展望》,载《甘肃政法学院学报》2017年第3期。

[3]卞建林:《刑事程序法向度的量刑规范化研究》,载《云南社会科学》2022年第1期。

[4]蔡桂生:《死刑在印度》,载《刑事法评论》2008年第2期。

[5]蔡元培:《辩护律师程序异议机制初探》,载《法学杂志》2020年第

10 期。

[6]陈光中、唐露露:《我国死刑复核程序之完善刍议》,载《法学杂志》2020 年第 2 期。

[7]陈光中、郑曦、谢丽珍:《完善证人出庭制度的若干问题探析——基于实证试点和调研的研究》,载《政法论坛》2017 年第 4 期。

[8]陈国庆:《量刑建议的若干问题》,载《中国刑事法杂志》2019 年第 5 期。

[9]陈海平、刘丰:《从"有"辩护到"有效"辩护:死刑辩护的万例大样本分析》,载《河北法学》2019 年第 6 期。

[10]陈海平、孙爽:《刑法学者的死刑观——基于研究成果的分析》,载《法制与经济》2021 年第 12 期。

[11]陈海平、王雨琦:《死刑适用与民意的交锋》,载《燕山大学学报(哲学社会科学版)》2022 年第 2 期。

[12]陈海平、赵春莲:《司法控制死刑:可能与限度》,载《河北法学》2018 年第 3 期。

[13]陈海平:《"可能判处死刑"之判断》,载《人民检察》2011 年第 1 期。

[14]陈海平:《美国死刑案件审判程序的特色考察》,载《河北法学》2011 年第 5 期。

[15]陈海平:《死刑案件二审开庭审理的现在与未来》,载《中国刑事法杂志》2011 年第 12 期。

[16]陈虎:《论剩余怀疑——兼论美国死刑案件"留有余地的判决"》,载《环球法律评论》2021 年第 3 期。

[17]陈群:《死刑量刑程序的现状反思与模式重塑——基于实证的分析》,载《江西社会科学》2017 年第 8 期。

[18]陈瑞华:《通过行政方式实现司法正义?——对最高人民法院死刑复核程序的初步考察》,载《法商研究》2007 年第 4 期。

[19]陈瑞华:《刑事辩护制度四十年来的回顾与展望》,载《政法论坛》2019 年第 6 期。

[20]陈实:《刑事庭审实质化的维度与机制探讨》,载《中国法学》2018 年第 1 期。

[21]陈卫东、程雷:《隔离式量刑程序实验研究报告——以芜湖模式为样本》,载《中国社会科学》2012 年第 9 期。

[22]陈卫东、刘计划:《死刑案件实行三审终审制改造的构想》,载《现

代法学》2004 年第 6 期。

[23]陈卫东:《改革开放四十年中国司法改革的回顾与展望》,载《中外法学》2018 年第 6 期。

[24]陈兴良:《死刑适用的司法控制——以首批刑事指导案例为视角》,载《法学》2013 年第 2 期。

[25]陈学权:《死刑复核程序中的辩护权保障》,载《法商研究》2015 年第 2 期。

[26]陈学权:《刑辩律师激活人民陪审员制度研究》,载《西北大学学报(哲学社会科学版)》2022 年第 5 期。

[27]陈永生:《论刑事法律援助的保障机制——以法律援助范围之扩大为分析重点》,载《政治与法律》2022 年第 6 期。

[28]陈永生:《死刑与误判——以美国 68% 的死刑误判率为出发点》,载《政法论坛》2007 年第 1 期。

[29]储槐植:《错案、死刑与法治——死刑改革应立法和司法两路并进》,载《中外法学》2015 年第 3 期。

[30]褚福民:《案卷笔录与庭审实质化改革》,载《法学论坛》2020 年第 4 期。

[31]董坤:《论死刑复核案件中对被告人的法律援助——从〈中华人民共和国法律援助法〉第 25 条第 1 款第 5 项切入》,载《现代法学》2022 年第 6 期。

[32]杜开林:《书面审理向何处去——由死刑二审案件全面开庭审理引发的思考》,载《法律适用》2007 年第 5 期。

[33]杜磊:《审判中心视野下证人出庭作证必要性问题研究》,载《中国刑事法杂志》2020 年第 2 期。

[34]樊崇义、叶肖华:《死刑的实体和程序控制》,载《中国司法》2006 年第 8 期。

[35]方文军、何鑫:《当前毒品犯罪适用死刑的若干问题》,载《法律适用》2021 年第 9 期。

[36]冯军:《死刑适用的规范论标准》,载《中国法学》2018 年第 2 期。

[37]高铭暄:《略论我国死刑制度改革中的两个问题》,载《法学家》2006 年第 1 期。

[38]高通:《最高人民法院死刑复核全面审查原则再检视》,载《法学家》2017 年第 3 期。

[39]高一飞、张金霞:《死刑统计数据应当公开》,载《同舟共进》2006

年第 1 期。

[40]高一飞:《对美国死刑案件诉讼程序的考察》,载《当代法学》2008 年第 1 期。

[41]顾永忠:《关于加强死刑案件辩护的若干问题》,载《法学家》2006 年第 4 期。

[42]郭天武、卢诗谣:《我国刑事二审审理方式的异化与回归》,载《华南师范大学学报(社会科学版)》2020 年第 2 期。

[43]韩红:《独立量刑程序的理论剖析》,载《学习与探索》2011 年第 5 期。

[44]韩旭、徐冉:《庭审实质化背景下证人保护制度实施问题研究》,载《法治研究》2019 年第 6 期。

[45]何显兵:《量刑建议权控辩审互动运行机制的规范与完善》,载《暨南学报(哲学社会科学版)》2022 年第 5 期。

[46]侯学宾、陈越瓯:《人民法院的运动式治理偏好》,载《吉林大学社会科学学报》2020 年第 6 期。

[47]胡常龙:《论程序正义视域中死刑案件二审开庭问题》,载《法学论坛》2008 年第 2 期。

[48]胡铭:《程序法视域中的争议性死刑案件——吴英案引发的程序法思考》,载《南京大学法律评论》2013 年第 2 期。

[49]胡云腾:《减少死刑的设想及理由》,载《法学》1995 年第 3 期。

[50]胡云腾:《论中国特色死刑制度的"三个坚持"》,载《中国法律评论》2023 年第 4 期。

[51]黄素萍:《论我国刑法中死刑限制的途径》,载《浙江社会科学》2009 年第 8 期。

[52]冀祥德:《我国死刑复核法律援助制度的发展与重构——以〈法律援助法〉颁行为研究视角》,载《环球法律评论》2022 年第 5 期。

[53]江溯:《律师对毒品犯罪死刑态度的实证研究》,载《清华法学》2020 年第 5 期。

[54]姜明:《死刑复核程序中检察权行使的完善》,载《学习与探索》2015 年第 8 期。

[55]姜涛:《死刑废除的刑法教义学言说何以可能》,载《南京师大学报(社会科学版)》2022 年第 4 期。

[56]劳东燕:《死刑适用标准的体系化构造》,载《法学研究》2015 年第 1 期。

[57]李波:《美国废除死刑历程的法律社会学分析——以大卫·加兰德的死刑社会学研究为视角》,载《国外社会科学》2022 年第 5 期。

[58]李昌盛:《证人出庭难的应对方案》,载《当代法学》2021 年第 3 期。

[59]李奋飞:《最高人民法院死刑复核程序新探》,载《国家检察官学院学报》2014 年第 5 期。

[60]李建明:《死刑案件错误裁判问题研究——以杀人案件为视角的分析》,载《法商研究》2005 年第 1 期。

[61]李文军:《庭审实质化改革的成效与路径研究——基于实证考察的分析》,载《比较法研究》2019 年第 5 期。

[62]梁根林、陈尔彦:《中国死刑民意:测量、解构与沟通》,载《中外法学》2020 年第 5 期。

[63]梁根林、马永强:《中国民众的死刑观念:观察、猜想与解析》,载《清华法学》2020 年第 6 期。

[64]梁根林、王华伟:《死刑替代措施的中国命运:观念、模式与实践》,载《中国法律评论》2020 年第 5 期。

[65]林维:《死刑的误判与废除》,载《东北师大学报(哲学社会科学版)》2017 年第 3 期。

[66]林维:《中国死刑七十年:性质、政策及追问》,载《中国法律评论》2019 年第 5 期。

[67]林喜芬:《论量刑建议制度的规范结构与模式》,载《中国刑事法杂志》2020 年第 1 期。

[68]刘方权:《刑事二审抗诉实证研究——以 M 省数据为主要对象的分析》,载《地方立法研究》2022 年第 5 期。

[69]刘桂华、吴仕春:《毒品共同犯罪中的死刑适用》,载《人民司法(案例)》2016 年第 14 期。

[70]刘仁文、陈妍茹:《死刑改革的重要进展——以〈刑法修正案(九)〉为视角》,载《法学杂志》2017 年第 2 期。

[71]刘夏:《女性与死刑:美国经验与本土探索》,载《北方法学》2016 年第 5 期。

[72]刘奕君:《强制辩护制度:域外经验与中国启示》,载《浙江工商大学学报》2022 年第 1 期。

[73]龙宗智:《收回死刑复核权面临的难题及其破解》,载《中国法学》2006 年第 1 期。

[74]龙宗智:《刑事诉讼中防止突袭性裁判问题研究》,载《政法论坛》2022年第4期。

[75]卢建平:《死缓制度的刑事政策意义及其扩张》,载《法学家》2004年第5期。

[76]马静华、夏卫:《日本刑事庭审程序对我国庭审实质化改革的借鉴价值——以"江歌案"庭审为分析样本》,载《江苏行政学院学报》2019年第1期。

[77]毛立新:《联合国关于死刑的政策和立场——联合国人权高专办考察报告》,载《河北法学》2014年第4期。

[78]孟军:《量刑制度改革背景下的死刑案件量刑程序:转型、模式及基础》,载《山东社会科学》2019年第7期。

[79]莫洪宪、刘夏:《进一步推进死刑改革的设想——废除女性犯罪死刑适用》,载《吉林大学社会科学学报》2014年第6期。

[80]穆远征:《死刑复核程序中律师辩护的困境与改革》,载《法学论坛》2014年第4期。

[81]聂鑫:《中国最高审判体制的刑民分立——传统与现代化》,载《中国法学》2022年第4期。

[82]彭江辉:《论我国死刑案件有效辩护制度的构建》,载《湖南科技大学学报》2016年第9期。

[83]秦宗文:《中国控制死刑的博弈论分析——以最高人民法院行使死刑复核权为背景》,载《法商研究》2009年第1期。

[84]邱兴隆:《死刑的程序之维》,载《现代法学》2004年第4期。

[85]任惠华:《毒品犯罪死刑适用问题的调查与思考》,载《甘肃政法学院学报》2015年第5期。

[86]时延安:《死刑立即执行替代措施的实践与反思》,载《法律科学》2017年第2期。

[87]孙世彦:《公开死刑资料:联合国的要求以及中国的应对》,载《比较法研究》2015年第6期。

[88]孙长永、王彪:《论刑事庭审实质化的理念、制度和技术》,载《现代法学》2017年第2期。

[89]孙长永:《通过正当的法律程序控制死刑——从公正审判权的国际标准谈我国死刑司法程序的完善》,载《南京大学法律评论》2008年Z1期。

[90]万志鹏:《军事法治视野下军事死刑废止研究》,载《湘潭大学学

报(哲学社会科学版)》2019 年第 3 期。

[91]汪海燕:《中国刑事审判制度发展七十年》,载《政法论坛》2019 年第 6 期。

[92]汪建成:《非驴非马的"河南陪审团"改革当慎行》,载《法学》2009 年第 5 期。

[93]王禄生:《我国司法改革的内卷化风险及其治理》,载《法商研究》2022 年第 3 期。

[94]王敏远、胡铭、陶加培:《我国近年来刑事辩护制度实施报告》,载《法律适用》2022 年第 1 期。

[95]王燕玲:《死刑案件的有效性辩护——基于 6517 份判决书的实证分析》,载《华南师范大学学报(社会科学版)》2021 年第 6 期。

[96]王勇:《不杀止于杀——死刑司法控制中的公众舆论引导研究》,载《法学杂志》2017 年第 3 期。

[97]王勇:《中国死刑立法改革的过程叙事及其突围》,载《吉林大学社会科学学报》2017 年第 4 期。

[98]王喆:《论死刑量刑程序独立化之进路》,载《河南师范大学学报(哲学社会科学版)》2016 年第 1 期。

[99]王志祥、单奕铭:《论废止死刑与加重生刑的关系》,载《南都学坛》2021 年第 1 期。

[100]王志远:《以审判为中心的诉讼模式核心要义:评价中心主义》,载《法律科学》2020 年第 4 期。

[101]魏昌东:《美国宪法修正案与其死刑制度改革》,载《法学评论》2014 年第 1 期。

[102]魏晓娜:《论死刑案件的权威结构》,载《中国刑事法杂志》2015 年第 2 期。

[103]魏晓娜:《以审判为中心改革的技术主义进路:镜鉴与期待》,载《法商研究》2022 年第 4 期。

[104]吴宏耀、王凯:《死刑复核案件的法律援助制度研究》,载《法学杂志》2022 年第 2 期。

[105]吴宏耀、张亮:《死刑复核程序中被告人的律师帮助权——基于 255 份死刑复核刑事裁定书的实证研究》,载《法律适用》2017 年第 7 期。

[106]吴尚聪、万颖颖:《终身监禁对于死刑的"功能替代"及其"总则化"构建——以死刑制度改革为切入点》,载《郑州大学学报(哲学社会科学版)》2020 年第 2 期。

[107]武晓雯:《再议死刑之存废与替代》,载《河北法学》2016年第11期。

[108]肖扬:《历史的回声——纪念最高人民法院收回死刑核准权十周年》,载《中国法律评论》2017年第1期。

[109]熊秋红:《有效辩护、无效辩护的国际标准和本土化思考》,载《中国刑事法杂志》2014年第6期。

[110]徐岱:《美国死刑适用的最新现状及走向》,载《当代法学》2014年第2期。

[111]徐楠:《阶段性废除贪污受贿犯罪死刑的路径构想》,载《中州学刊》2020年第3期。

[112]杨彩霞、禹婷婷:《运输毒品罪死刑裁量的影响因素研究——基于2018-2020年全国运输毒品罪死刑裁判文书的分析》,载《政法学刊》2021年第6期。

[113]杨春洪、付凌云:《论死刑案件指定辩护的有效性》,载《政法学刊》2014年第5期。

[114]杨文革:《从"审被告"到"审证人"——诉讼制度改革背景下刑事庭审模式转型刍议》,载《北方法学》2017年第1期。

[115]杨宇冠:《批准〈公民权利和政治权利国际公约〉相关问题研究》,载《甘肃社会科学》2016年第4期。

[116]姚莉、陈虎、李涛:《死刑二审案件审级对应式公诉模式之改造》,载《人民检察》2008年第3期。

[117]姚莉:《死刑案件量刑阶段的轻刑推定原则》,载《中国法学》2021年第2期。

[118]叶青:《以审判为中心的诉讼制度改革之若干思考》,载《法学》2015年第7期。

[119]阴建峰、周恺:《我国死刑政策中的人权蕴含及其彰显》,载《人权》2022年第5期。

[120]印波:《死刑案件辩护有效性研究:状况、困境与出路》,载《法学杂志》2018年第3期。

[121]余为青:《刑事证人出庭作证实施问题研究》,载《西南民族大学学报(人文社会科学版)》2017年第10期。

[122]禹得水:《刑事案件适用七人合议庭的范围:现状、问题与出路》,载《法学家》2023年第4期。

[123]元轶:《庭审实质化压力下的制度异化及裁判者认知偏差》,载

《政法论坛》2019 年第 4 期。

[124]袁彬、徐永伟:《我国现阶段死刑制度改革之立法前瞻——对〈刑法修正案(十一)〉死刑修正的设想》,载《学术界》2020 年第 4 期。

[125]袁希利、何荣功:《新型毒品犯罪的死刑判处要慎之再慎》,载《云南大学学报(法学版)》2012 年第 6 期。

[126]詹建红:《刑事案件律师辩护全覆盖的实现模式》,载《中国刑事法杂志》2022 年第 4 期。

[127]张建伟:《异地异级调用检察官制度的法理分析》,载《政治与法律》2021 年第 9 期。

[128]张晶:《日本死刑基准及其逻辑构造——"永山事件"的展开》,载《法律适用(司法案例)》2018 年第 24 期。

[129]张明楷、陈兴良、车浩:《立法、司法与学术——中国刑法二十年回顾与展望》,载《中国法律评论》2017 年第 5 期。

[130]张伟珂:《腐败犯罪死刑立法改革的特殊性研究》,载《中国刑事法杂志》2015 年第 2 期。

[131]张文、黄伟明:《死缓应当作为死刑执行的必经程序》,载《现代法学》2004 年第 4 期。

[132]赵秉志、商浩文:《论死刑改革视野下的终身监禁制度》,载《华东政法大学学报》2017 年第 1 期。

[133]赵秉志、王鹏祥:《中国死刑改革之路径探索》,载《中州学刊》2013 年第 6 期。

[134]赵秉志、袁彬:《我国死刑司法改革的回顾与前瞻》,载《社会科学》2017 年第 2 期。

[135]赵秉志、张伟珂:《论运输毒品罪死刑废止的可行性》,载《河北法学》2020 年第 11 期。

[136]赵秉志:《当代中国死刑改革争议问题论要》,载《法律科学》2014 年第 1 期。

[137]赵天红:《法律援助经费保障制度研究——以我国〈法律援助法〉为导向》,载《法学杂志》2022 年第 2 期。

[138]郑涛:《中国司法改革七十年的逻辑与进路》,载《哈尔滨工业大学学报(社会科学版)》2020 年第 2 期。

[139]周光权:《量刑的实践及其未来走向》,载《中外法学》2020 年第 5 期。

[140]周文章、聂友伦:《刑事诉讼证人出庭——基于 80,351 份判决书

的分析》,载《清华法学》2021 年第 5 期。

[141]周新:《论检察机关的公诉模式转型》,载《政治与法律》2020 年第 1 期。

[142]周振杰:《日本死刑司法控制的经验及其借鉴》,载《法学》2017 年第 6 期。

[143]左卫民:《地方法院庭审实质化改革实证研究》,载《中国社会科学》2018 年第 6 期。

[144]左卫民:《死刑控制与最高人民法院的功能定位》,载《法学研究》2014 年第 6 期。

四、日文论文

[1]「ロー・フォーラム　裁判と争点　被害者 1 人、異例の死刑判決　闇サイト殺人で名古屋地裁」法学セミナー 54 巻 6 号(2009 年)。

[2]安田好弘「国家と死刑」現代思想 32 巻 3 号(2004 年)。

[3]倉橋基「裁判員制度導入後の量刑判断についての」龍谷大学大学院法学研究 9 号(2007 年)。

[4]柴寄雅子「死刑論議の諸前提」国際研究論叢 22 巻 1 号(2008 年)。

[5]角田猛之「裁判員裁判の現状の一端と問題点」關西大學法學論集 68 巻 3 号(2018 年)。

[6]井田良「わが国における量刑法改革の動向」慶應法学 7 号(2007 年)。

[7]木村朗「裁判員制度における人権侵害の落とし穴——鹿児島高齢者夫婦殺害事件を題材に」立命館法学 333・334 号(2010 年)。

[8]片岡健「裁判員裁判初の少年死刑判決が確定」金曜日 32 巻 24 号(2016 年)。

[9]平川宗信「死刑存廃論の法的理論枠組みについて」現代刑事法 3 巻 5 号(2001 年)。

[10]辻本典央「上訴放棄及び取下の諸問題」近畿大学法学 55 巻 1 号(2007 年)。

[11]丸田隆「裁判官と裁判員の事実認定方法」法社会学 79 号(2013 年)。

[12]小島透「裁判員裁判による量刑の変化」中京法学 49 巻 3・4 号(2015 年)。

[13]佐藤舞「日本の世論は死刑を支持しているのか」法律時報 87

卷2号(2015年)。

[14]葛野尋之「裁判員制度と刑事司法改革」法社会学79号(2013年)。

五、网络资料

以下[1]~[13]均出自:美国死刑信息中心,http://www.deathpenaltyinfo.org:

[1]2021 Gallup Poll: Public Support for Capital Punishment Remains at Half-Century Low.

[2]Abolitionist and Retentionist Countries.

[3]As Biden Administration Mulls Federal Death-Penalty Policy, Study Finds U.S. Support for Capital Punishment at Lowest Point Since 1960s.

[4]DPIC Analysis: U.S. Enters Longest Period in 40 Years Without Any State Carrying Out an Execution.

[5]DPIC RESOURCE: The Military Death Penalty.

[6]Descriptions of Cases for Those Sentenced to Death in U.S. Military, MILITARY Facts and Figures.

[7]DPIC's Year End Report(2008—2022).

[8]Gallup Poll—Fewer than Half of Americans, a New Low, Believe Death Penalty is Applied Fairly.

[9]States with and without the death penalty -2021

[10]States With No Recent Executions.

[11]The Federal Government Restarts Federal Executions Amid Procedural Concerns and a Pandemic.

[12]U.S. Death Penalty Support at 60%.

[13]U.S. Death Penalty Support Stable at 63%.

[14]Death Sentences and Executions in 2016 - 2021, https://www.amnesty.org/en/.

[15]「2008年の死刑執行は世界で2390件、うち72%は中国」, https://www.amnesty.or.jp/。

[16]「大韓民国:憲法裁判所の判断により、死刑廃止が後退」, http://www.amnesty.or.jp/。

[17]「弁護報酬・費用関係」,日本司法支援中心法テラス　ウエブサイト。

[18]「裁判員等経験者に対するアンケート調査結果」(2020—2022

年版),裁判所ウエブサイト。

[19]「裁判員制度10年の総括報告書」(2019年5月),裁判所ウエブサイト。

[20]CrimeInfo「死刑執行数」「死刑確定者 年末収容人員・入出所人員」,https://www. crimeinfo. jp。

[21]衆議院調査局法務調査室「死刑制度に関する資料」(2008年6月),衆議院ウエブサイト。

[22]联合国大会2016年4月19日通过的第S-30/1号决议,《我们对有效处理和应对世界毒品问题的共同承诺》,联合国官网,https://www. un. org/zh/documents/treaty/A-RES-S-30-1。

附录1:死刑案件主审法官问卷调查（2009年）

本问卷属于无记名调查统计,仅供学术研究之用。

下列问题除特别注明多选者外均为单选,请勾选出你认为最合理的选项。

1. 对于我国死刑的存废,你的态度是:(　)

A. 尽快废除　　B. 坚决保留、限制适用

C. 逐步废除　　D. 其他(请简要注明:____)

2. 与刑法规定的死刑罪名相比,你认为你所在法院对死刑的适用:(　)

A. 过多　　B. 合适

C. 过少　　D. 其他(请简要注明:______________)

3. 和其他刑事案件的审判相比,你认为你所在法院对待死刑案件审判的总体态度是:(　)

A. 大致相同　　B. 比较慎重　　C. 很慎重

D. 非常慎重　　E. 其他(请简要注明:____)

4. 就你审理死刑案件的经历来说,你认为影响死刑裁判的最重要因素是(可多选):(　)

A. 法律因素　　B. 政策因素　　C. 被害方因素

D. 辩护方因素　　E. 治安因素　　F. 民意

G. 其他(请简要注明:________________)

5. 对你所在法院近几年死刑案件的审判质量,你的评价是:(　)

A. 很高　　B. 较高　　C. 一般

D. 较低　　E. 很低　　F. 其他(请简要注明:____)

6. 你对现行死刑案件审判程序的总体看法是:(　)

A. 过于简化,亟待完善　　B. 基本合理,适当完善

C. 过于繁杂,适当简化　　D. 无须完善,维持现状

F. 其他(请简要注明:________________________)

7. 在你所在法院,你认为最能影响死刑案件裁判的主体是:(　)

A. 承办法官　　B. 合议庭　　C. 审判委员会

D. 院长　　E. 庭长、主管院长

F. 其他(请简要注明:________________________________)

8. 在死刑案件审判中,对你形成案件裁判意见最有影响的环节是:(　)

A. 庭前阅卷　　B. 法庭审理　　C. 庭后阅卷

D. 承办法官意见　　E. 庭长、院长意见

F. 其他(请简要注明:________________________________)

9. 你所在合议庭在合议死刑案件时,意见有分歧时产生裁判结论的原则是:(　)

A. 以多数意见为准

B. 以承办法官意见为准

C. 意见分歧时提请报送审判委员会

D. 意见分歧时先听取庭长、院长意见

E. 其他(请简要注明:________)

10. 在你看来,审判委员会在死刑案件裁判过程中的作用:(　)

A. 非常重要　　B. 重要　　C. 不重要

D. 毫不重要　　E. 其他(请简要注明:________)

11. 你认为死刑案件的合议庭成员人数多少最为合适:(　)

A. 3 人　　B. 5 人　　C. 7 人　　D. 9 人

E. 其他(请简要注明:________)

12. 如果死刑案件合议庭成员扩大到 5 人至 9 人,你认为理想的合议规则是:(　)

A. 简单多数　　B. 绝对多数　　C. 完全一致

D. 其他(请简要注明:________)

13. 就你审理死刑案件的经历来说,如有陪审员参与,陪审员意见对死刑裁判结论的形成:

A. 意义不大　　B. 有一定意义　　C. 很有意义

D. 其他(请简要注明:________)

14. 你认为死刑案件的审理期限(一审、二审)如何设定更为合理:(　)

A. 3 个月以内　　B. 5 个月以内　　C. 7 个月以内

D. 1 年以内　　E. 不强制规定审理期限,仅做原则性要求即可

F. 其他(请简要注明:____________)

15. 在死刑案件裁判中,对于辩护方意见,你的态度是:(　)

A. 都会认真考虑　　B. 一般会考虑　　C. 一般不会考虑

D. 其他(请简要注明:______)

16. 就你审理死刑案件的经历来看，你认为辩护人参与死刑案件：(　)

A. 意义不大　　B. 有一定意义　　C. 意义较大

D. 意义重大　　E. 其他(请简要注明：________)

17. 就你审理死刑案件的经历来看，指定辩护的情况：(　)

A. 很多(80%以上)　　B. 不少(60%～80%)

C. 一般(40%～60%)　　D. 不多(20%～40%)

E. 很少(20%以下)　　F. 其他(请简要注明：________)

18. 就你审理死刑案件的经历来看，在指定辩护案件中，你对辩护人的表现如何评价：(　)

A. 很尽职　　B. 基本尽职　　C. 基本不尽职

D. 极不尽职　　E. 其他(请简要注明：____)

19. 就你审理死刑案件的经历来看，被害方对死刑案件审判程序的参与：(　)

A. 参与很少　　B. 基本没有参与　　C. 参与较多

D. 参与很多　　F. 其他(请简要注明：________)

20. 在死刑案件审判中，对于非法收集的言词证据，你的处理是：(　)

A. 绝对排除　　B. 绝对不排除　　C. 一般排除

D. 一般不排除　　E. 具体案件具体对待

F. 其他(请简要注明：________)

21. 在你参与审理的死刑案件中，关键证人出庭作证的情况：(　)

A. 很高　　B. 较高　　C. 一般　　D. 较低

E. 很低　　F. 其他(请简要注明：____)

22. 对于死刑案件审判中关键证人出庭作证，你的态度是：(　)

A. 很有必要　　B. 没有必要　　C. 无所谓

D. 因案而异　　F. 其他(请简要注明：____)

23. 在死刑案件审判中，如在量刑方面存在难以排除之合理怀疑，你的处理是：(　)

A. 降格适用死缓　B. 不适用死刑　　C. 报送审判委员会

D. 其他(请简要注明：____)

24. 对于构建死刑案件独立量刑程序，你的态度是：(　)

A. 很有必要　　B. 没有必要　　C. 无所谓

D. 其他(请简要注明：________)

25. 对于构建更为严格完善的死刑案件审判程序，你的态度是：(　)

A. 很有必要　　B. 没有必要　　C. 无所谓

D. 其他(请简要注明：________)

附录2:死刑案件主审法官问卷调查(2017年至2022年)

本问卷不记名,仅用于学术研究。敬请转发邀请有死刑案件承办经验的法官填写。

下列问题均为单项选择,请点选您认为最合理的选项。

1. 您从事死刑案件审判的时间有多长?

A. 2年以下　　B. 3~5年　　C. 6~10年

D. 10~15年　　E. 16年以上

2. 对于我国死刑的存废,您的态度是

A. 尽快废除　　B. 保留并限制适用　　C. 逐步废除

3. 您现在就职的法院是

A. 最高人民法院　　B. 高级人民法院　　C. 中级人民法院

4. 您目前的学历是

A. 法学博士　　B. 法学(法律)硕士　　C. 法学本科、大专

D. 非法学博、硕　　E. 非法学本科、大专

5. 在死刑案件审判中,您担当的职能是

A. 一审程序　　B. 二审程序　　C. 死刑复核

6. 与2007年前相比,您认为您所在法院的死刑适用数量

A. 减少30%以下　　B. 减少30%~60%　　C. 减少60%~90%

D. 减少90%以上　　E. 差不多　　F. 增加了

7. 和其他刑事案件的审判相比,您认为您所在法院对待死刑案件审判的总体态度是

A. 大致相同　　B. 比较慎重　　C. 很慎重

D. 非常慎重

8. 就您审理死刑案件的经历来说,除法律规定以外,下列哪项对死刑裁判的影响最大?

A. 治安形势　　B. 刑事政策　　C. 被害方态度

D. 辩护表现

9. 对您所在法院近十年死刑案件的审判质量,如果按十分制评分,您的评分是

A. 很高 9 ~ 10 分　　B. 较高 7 ~ 8 分　　C. 一般 5 ~ 6 分
D. 较低 3 ~ 4 分　　E. 很低 1 ~ 2 分

10. 在您看来,审判委员会在死刑案件裁判过程中的作用
A. 非常重要　　B. 很重要　　C. 重要
D. 很不重要　　E. 非常不重要

11. 近十年来,死刑数量下降比较明显的原因中,您认为最重要的是
A. 最高人民法院收回死刑复核权　　B. 严格控制死刑的理念深入人心
C. 刑事诉讼制度日渐完善　　D. 恶性犯罪案件数量下降
E. 其他原因

12. 您对现行死刑案件审判程序的总体看法是
A. 过于简化,亟待完善　　B. 基本合理,适当完善
C. 过于繁杂,适当简化　　D. 无须完善,维持现状

13. 在您所在法院,您认为下列哪个主体最能影响死刑案件的裁判?
A. 承办法官　　B. 合议庭　　C. 审判委员会
D. 院长　　E. 庭长、主管院长

14. 在死刑案件审判中,下列哪个环节对您形成裁判意见最有影响?
A. 庭前阅卷　　B. 法庭审理　　C. 庭后阅卷
D. 承办法官意见　　E. 庭长、院长意见

15. 在以审判为中心诉讼制度改革背景下,为了“让审理者裁判、让裁判者负责”,对于审判委员会讨论死刑案件,您的态度是
A. 毫无必要　　B. 很有必要　　C. 因案而异
D. 交承办法官决定　　E. 缩小审委会参与范围

16. 您认为死刑案件的合议庭成员人数多少最为合适?
A. 3 人　　B. 5 人　　C. 7 人　　D. 9 人

17. 如果死刑案件合议庭成员扩大到 5 人至 9 人,您认为理想的合议规则是
A. 简单多数　　B. 绝对多数　　C. 完全一致

18. 就您审理死刑案件的经历来说,如有陪审员参与,陪审员意见对死刑裁判的形成的意义如何?
A. 非常有意义　　B. 很有意义　　C. 有意义
D. 很没有意义　　E. 非常没有意义

19. 在死刑案件裁判中,对于辩护方意见,您的态度是
A. 都会认真考虑　　B. 一般会考虑　　C. 一般不会考虑
D. 完全不考虑

20. 就您审理死刑案件的经历来看,您认为辩护人参与死刑案件

A. 非常有意义　　B. 很有意义　　C. 有意义

D. 很没有意义　　E. 非常没有意义

21. 就您审理死刑案件的经历来看,指定辩护的情况

A. 很多(80%以上)　　B. 不少(60%~80%)　　C. 较多(40%~60%)

D. 不多(20%~40%)　　E. 很少(20%以下)

22. 就您审理死刑案件的经历来看,在指定辩护案件中,您对辩护人的总体表现如何评价?

A. 很尽职　　B. 基本尽职

C. 基本不尽职　　D. 极不尽职

23. 就您审理死刑案件的经历来看,被害方对死刑案件审判程序的参与

A. 参与很少　　B. 基本没有参与

C. 参与较多　　D. 参与很多

24. 在死刑案件审判中,对于非法收集的言词证据,您的处理是

A. 绝对排除　　B. 绝对不排除　　C. 一般排除

D. 一般不排除　　E. 因案而异

25. 在您参与审理的死刑案件中,关键证人出庭作证的情况

A. 很多(70%以上)　　B. 不少(50%~70%)　　C. 一般(30%~50%)

D. 不多(20%~30%)　　E. 很少(10%以下)

26. 对于死刑案件审判中关键证人出庭作证,您的态度是

A. 很有必要　　B. 没有必要　　C. 无所谓

D. 因案而异

27. 在拟判死刑的案件中,如在量刑方面存在难以排除之合理怀疑,您的意见是

A. 降格适用死缓　　B. 不适用死刑　　C. 报送审判委员会

D. 依据其他证据裁判

28. 对于死刑案件三审终审化,您的态度是

A. 很有必要　　B. 没有必要　　C. 无所谓

29. 对于构建更为严格完善的死刑案件审判程序,您的态度是

A. 很有必要　　B. 没有必要　　C. 无所谓

30. 对于构建死刑案件独立量刑程序,您的态度是

A. 很有必要　　B. 没有必要　　C. 无所谓

31. 问卷到此结束,再次表示感谢! 敬请您留下通邮地址:__________

____

成果出版后将奉上拙作,请您惠阅雅正(本题可不作答)。

后　记

相对来说，立法上限制死刑的障碍在未来，司法上控制死刑的障碍却在当下。在立法削减死刑罪名空间减小、司法控制死刑难度渐增的当下，死刑控制必然要经历一个渐进式的、漫长曲折、艰难反复的过程，有赖于整个刑事程序的理性化，有赖于司法理念、司法程序、司法规则的革新。

虽然死刑程序改革还有待深入，虽然改革的前方障碍重重，虽然死刑适用的现状依然难以令人满意，但正如卡多佐所言：期望司法过程立即理性化，是无论如何都应抛弃的无稽之谈，但不能因此而拒绝竭尽全力。可喜的是，严控死刑适用已成共识，司法控制死刑已有所成，改革还在路上，且在不断深入、全面深化，也许道阻且长，好在前方有光。

笔者关注死刑问题，迄今已十五年有余，因为我国死刑问题的特殊性，长期以来面临实证资料收集不易、实证研究资料相对有限的困难。基于死刑相关实证研究薄弱，以及理论建构方面能力有限的自知之明，笔者选择立足公开的死刑案件裁判文书，获取实证资料推动研究，提取裁判文书所载的实体法、程序法信息，自建了“死刑案例数据库”，力图丰富死刑研究实证资料，用数字展示中国死刑控制的进展。

本书是笔者承担的国家社科基金后期资助项目研究成果，原计划2020年结项。近年来，随着国家司法公开力度的不断加强，加大了死刑案件裁判文书的公开力度，大量往年裁判文书上网公开，为案例收集提供了新的机遇。笔者不得已选择延期结项，继续加强“死刑案例数据库”建设，经历多轮次筛选、比对、检测、优化操作后，入库案例从项目申请立项时的9037例增加到结项时的24908例，最终成为本书展开实证研究的基础数据。

一份死刑裁判文书，承载着若干人的一生。研读大量文书、提取海量信息的烦琐，“劳力”之苦不算苦；面对每一位被害人、死刑被告人的人生沉浮，感叹生命的渺小脆弱，受不了生死离合、见不得人间疾苦，深深的无力感，“劳心”之苦才是真的苦。当死刑下判、尘埃落定后，多向度观察死刑被告人，看到的不仅仅是“罪行极其严重”抑或“罪大恶极”，更多的是对世事难料、生命无常的感慨。

回头来看，以裁判文书为基础开展实证研究，确实是一条比较艰难的研究之路。随着研究的深入,面对被筛选后公开的死刑案件裁判文书,到底能在多大程度上反映中国死刑适用的现状?是笔者不断反思的问题。本研究的推进过程,也是不断否定、不断自我说服的过程。由此,造成本书在得出结论时不得不小心翼翼,有些时候只能把重点放在对实证数据的描述上,也导致本书在学术立场、观点表达上显得瞻前顾后、守正有余、出奇不足。

在集中精力撰写、修改本书的2022年,笔者所在城市先后遭遇三波疫情的袭击。笔者作为志愿者进校支援,抗疫与写作的生活相互交织,一边应对威胁生命的新冠病毒,一边思考剥夺生命的死刑问题,细碎的生活与宏大的研究来回切换,是本书写作的特殊体验。

虽然殚精竭虑、不懈努力,依然留下了不少遗憾。一直有意跳出程序法的范畴,系统梳理量刑情节对命案、毒品犯罪死刑适用的影响,有意探讨死刑适用基准问题。然而,面对极为丰富、深入的既有研究成果,随着阅读的深入、研究的推进,深感实体法方面学养的不足,唯恐差之毫厘、谬以千里,只能留待日后继续努力。

披沙砾金、铢积寸累,终成前篇。死刑制度改革之势正隆,本研究仅及重点问题,难免挂一漏万,尚待同仁共同努力;注目问题盲点、竭力追求新解,或许拙稚非常,唯祈方家不吝赐教;力求"老题新做",受制于能力有限,或许"新瓶老酒",恭请前贤教正;对于前贤学说,本书援引、评论或有不当,亦请海涵指正!

多年后回望来路,我之所以走上死刑研究之路,最初的机缘或许在1994年的冬天,当时正在读高一,学校组织同学们到人民广场参加公判大会,在荷枪实弹的"解放"卡车旁边,我超近距离观察了被宣判死刑、即将押赴刑场执行的死刑犯,多年后,那位年方二十俊朗小伙的样子依然清晰。这一经历使我在选择考研时更为关注刑事法。从读研、读博到博士后,受高一飞教授(硕士期间导师)、孙长永教授(博士期间导师)、叶青教授(博士后期间导师)、王云海教授(一桥大学访学期间导师)的指导与鼓励,使我踏上并不断坚持死刑研究之路,一直以中国、日本的死刑问题为学术关注重点,研究视角逐渐聚焦于死刑控制,研究方法最终落在实证研究、比较研究。

巧合的是,本书的前期撰写、后期修改均在日本完成,不得不感叹这一段颇为奇妙的缘分。2018年9月5日,我的首度日本访学之旅结束,时逢25年来最强台风"飞燕"过境日本,暴风骤雨致归国航班取消,无奈只能滞留两日,期间获悉国家社科基金后期项目立项公示,我以常驻研究室半年间撰写的书稿进行了申报，所幸进入立项名单，获得肯定，颇受鼓舞。本应及早结项，却因各种原因延宕至今，当我即将为本研究画上句号时，正是我二度赴日本一桥大学访学，两次均受到王云海教授的指导和关照。王云海老师的言传身教，对学生无微不至的关怀，让同为师者的我颇受感动，让身在异国他邦的我备感温暖，也促使我决心把这份责任、这般温暖传递给更多的学生们。

本书能与读者见面，离不开家人的无私支持，我才能躲进书斋专一事，也得益于任教单位的宽容，我才能放下功利心，心无旁骛地“十余年磨一剑”。我任教燕山大学、兰州大学期间指导的研究生，为本研究的实证数据收集付出了巨大努力，与你们并肩前行的经历，值得我永远珍视。两度调研死刑案件主审法官，得到了诸多司法实务界朋友的支持，在此谨致谢意。

本书的顺利出版，获得了兰州大学法学院的出版经费资助；在案例数据库的建设过程中，很多同学参与其中，助益良多：燕山大学 2018 级、2019 级研究生，兰州大学 2018 级、2019 级法学专业本科生，兰州大学 2020 级、2021 级法律硕士研究生参与了数据的录入或核对工作，在此谨致谢意。我指导的兰州大学 2022 级研究生多次校对书稿，法律出版社的张雪纯、孙东育、李群、屈瑶等编辑老师，给予了诸多帮助，尤其是本书的大量图表，给屈瑶老师的编辑工作带来了额外的辛劳，特致谢忱。

一路走来，抚今追昔，得遇良师益友，是我人生最大的幸运，千言万语道不尽心底谢意，如果没有诸多师友的支持和帮助，本书不可能与读者见面。

感谢国家社科基金评审专家的修改建议，感谢你们的宽容和提携！

对于其他未能具名的师友，我会把这份谢意深藏心底，永远感念！

陈海平

2022 年 12 月 6 日初稿　兰州大学齐云楼

2023 年 9 月 28 日二稿　日本一桥大学国际交流会馆

2024 年 10 月 6 日定稿　兰州大学齐云楼